J.-E. CERISIER

LE PASTEUR

NICOLAS OLTRAMARE

1611-1680

SON ORIGINE

SA VIE ET SON TEMPS

AVEC DES ILLUSTRATIONS

ET UNE PRÉFACE DE M. LE PASTEUR P. DE FÉLICE

GENÈVE & BALE
GEORG & C°
Libraires-Éditeurs

PARIS
LIBRAIRIE FISCHBACHER
33, rue de Seine

1905

LE PASTEUR

NICOLAS OLTRAMARE

1611-1680

ERRATA

Page	2	ligne	9	au lieu de	Tregellius lire *Tremellius.*
»	3	»	2	»	amené lire *amenés.*
»	3	»	30	»	menbres lire *membres.*
»	7	»	9	»	pans lire *dans.*
»	11	»	16	»	praticiens lire *patriciens.*
»	32	»	5	»	1315 lire *1305.*
»	32	»	25	»	1300 lire *1350.*
»	52	»	5	»	le fameux lire *petit-fils du fameux.*
»	55	»	note	»	figlisulo lire *figliolo.*
»	56	»	6	»	1625 lire *1629.*
»	70	»	10	»	diligenten lire *diligentem.*
»	107	»	10 & 13	»	adchisse lire *adresse.*
»	124	»	2	»	le lire *la.*
»	148	»	13	»	Genève lire *Leyde.*
»	152	»	7	»	Nasparus lire *Gasparus.*
»	154	»	3	»	de Rieu lire *du Rieu.*
»	159	»	4	»	1727 lire *1627.*
»	162	»	13	»	Tregellius lire *Tremellius.*
»	163	»	28	»	Fregero lire *Fregoso.*
»	164	»	9	»	Tregellius lire *Tremellius.*
»	164	»	14	»	Bulliger lire *Bullinger.*
»	169	»	29	»	per lire *nam.*
»	175	»	7	»	moi lire *mois.*
»	176	»	15	»	Croiz lire *Croix.*
»	179	»	6	»	Joanna lire *Joannes.*
»	186	»	24	»	moindre lire *plus élevée.*
»	196	»	2	supprimer	« *archevêque de Spalato* »
»	222	»	24	au lieu de	clerinum lire *clericum.*
»	223	»	2	»	ares lire *acres.*
»	237	»	11	»	1861 lire *1681.*

J.-E. CERISIER

LE PASTEUR

NICOLAS OLTRAMARE

1611-1680

SON ORIGINE

SA VIE ET SON TEMPS

AVEC DES ILLUSTRATIONS

ET UNE PRÉFACE DE M. LE PASTEUR P. DE FÉLICE

GENÈVE & BALE
GEORG & C°
Libraires-Editeurs

PARIS
LIBRAIRIE FISCHBACHER
33, rue de Seine

1905

TABLE DES MATIÈRES

AVANT-PROPOS

En me demandant d'écrire quelques lignes en tête de son ouvrage, M. Cerisier m'a fait un honneur dont je n'étais guère digne. Il me demande, en effet, de parler de ce que je n'ai point étudié. Sans doute, d'une manière générale, le Refuge ne m'est pas resté entièrement étranger. Mais le peu que j'en sais a surtout trait au Refuge français. Je n'ai donc que peu ou point de lumières sur le Refuge italien, en Suisse, en Angleterre, ou ailleurs. Or, le nom seul d'Oltramare indique déjà qu'il s'agit d'une famille italienne, et le lecteur verra qu'il exerça son ministère presque uniquement en Angleterre. J'aurais donc dû décliner la proposition trop bienveillante de M. Cerisier.

Pourtant je ne l'ai pas fait, d'abord à cause d'une vieille amitié, puis pour deux raisons. La première, parce que tout ce qui, de près ou de loin, touche à la Réforme, m'intéresse vivement ; et la seconde, parce que l'importance personnelle du pasteur Oltramare n'est pas telle qu'il faille, pour en parler aussi peu que j'aurai à le faire, un homme exceptionnellement compétent. Il y aura donc moins de disproportion qu'il ne serait à craindre.

Le fait est que Nicolas Oltramare, quelle qu'ait pu être sa valeur religieuse et morale, n'a laissé, son biographe lui-même en convient, que peu de traces dans l'histoire. Il faut donc admirer la piété familiale, qui n'a pas hésité malgré cela — en faisant il est vrai une assez large place aux Oltramare, en général — à élever au bout de deux siècles, ce modeste monument historique. Et il faut encore admirer M. Cerisier d'avoir réussi, avec des données aussi absolument restreintes, à composer tout un volume. Sans doute, il a dû parler de bien d'autres choses que du héros même de son livre, et la disproportion entre le tableau et le cadre qui l'entoure ne laisse pas de frapper le lecteur. Mais M. Cerisier y a mis tant de bonne volonté ; il a, pour documenter son livre, consulté tant de sources diverses, frappé à tant de portes en France et à l'étranger, que le lecteur, s'il n'est pas aussi renseigné parfois qu'il l'aurait désiré sur Nicolas Oltramare, trouve cependant son compte, à cause de tout ce que l'auteur a accumulé de renseignements sur les divers milieux et les circonstances diverses, dans lesquels la vie d'Oltramare s'est écoulée.

Je ne dirai pas que cette méthode n'ait pas eu quelques inconvénients, ni présenté quelques dangers. Il était sinon impossible, du moins particulièrement difficile à l'auteur, à cause même de la multiplicité des sujets qu'il a abordés, d'avoir partout une sûreté d'information suffisante. On aimerait trouver, en certains cas, plus de précision, plus de rigueur historique dans les détails, quelque chose de moins divers, mais de plus fouillé. Encore une fois, ce n'est pas la faute de M. Cerisier, c'est celle de la pénurie des documents vraiment utiles au but qu'on l'avait prié et qu'il avait assumé la tâche d'atteindre. Il a fait tout ce qu'il lui était possible de faire.

Que trouvera-t-on donc dans son livre ? Tout d'abord, après un chapitre assez court sur le Refuge italien à Genève, un second chapitre, plus long, sur la famille Oltramare, ses origines lointaines et ses représentants plus modernes ou actuels. Des documents mis à la disposition de l'auteur, il résulterait que cette famille, italienne d'origine, serait fort ancienne, fort noble, illustre même, et qu'elle aurait, il y a déjà plusieurs siècles, joué un rôle considérable à Gênes. Quant à ses représentants fixés à Genève, si l'éclat qu'ils ont jeté est moindre, ils ont pour nous l'avantage d'être plus exactement connus.

Le premier, Augustin, vint à Genève vers 1570. De son fils Antoine, allié aux Fayerne ou Faërne, naquirent douze enfants, dont le sixième, notre Nicolas Oltramare, probablement en février 1611, puisqu'il est baptisé le 17 février. De toute la première période de sa vie, jusqu'à son immatriculation à l'Université de Genève en 1629, c'est tout ce que nous savons.

De sa vie universitaire, nous ne savons rien non plus, de sorte que M. Cerisier en est réduit à nous parler de la vie universitaire à Genève, en général, au moment où le jeune Oltramare y étudiait.

En 1631 ou 1632, Nicolas fait un premier séjour en Angleterre et il prêche à plusieurs reprises, paraît-il, dans l'Eglise italienne de Londres.

Quelques années plus tard, on songe à lui, pour aller desservir, à Constantinople, la petite communauté réformée qui se réunit chez l'Ambassadeur des Provinces-Unies. Il n'y va pas, cependant, parce que le jury chargé de l'examiner ne lui trouve pas toutes les aptitudes spéciales requises pour une pareille mission. Seulement, cela nous vaut un chapitre fort documenté et intéressant sur cette communauté.

Le jeune Oltramare avait été examiné en Hollande. Loin de se laisser décourager par cet insuccès, il profite au contraire de ce qu'il est à Leyde pour compléter ses études. Il y devient étudiant en 1638, et M. Cerisier en profite pour nous donner quelques détails sur l'université de Leyde.

Deux ans plus tard, vers 1640, Oltramare retourne à Londres pour y desservir l'Eglise réfugiée italienne elle-même...

On voit quelle est la méthode de M. Cerisier. Elle consiste à enchâsser le peu qu'on sait sur notre pasteur, dans la description des milieux où il a vécu. Le volume n'y perd pas en intérêt, loin de là. Mais l'intérêt se déplace au profit de tout ce qui n'est pas le héros du livre lui-même.

Avec le Chapitre VIII, nous en arrivons enfin à Nicolas Oltramare pasteur anglican, en 1646. Il est à St John, en Cornouailles, tout près de Plymouth. Est-il besoin de dire que notre auteur nous fait aussitôt une description du petit village de S. John, de son église, de son presbytère avec ses appartenances et dépendances, à l'époque où Oltramare l'habitait ? Seulement ici, il y a quelques renseignements plus précis. Ainsi, nous savons que le pasteur de S. John se maria le 13 février 1646 avec Philippa Gyll, et que de son mariage naquirent trois enfants. Nous savons qu'à la suite de l'Acte d'uniformité, qui marqua le triomphe de l'Eglise anglicane en 1661, il dut recevoir l'ordination épiscopale. Nous savons, par un document écrit et signé du pasteur, quels étaient les biens-fonds, maisons ou terres, dépendant de la cure de S. John. Nous savons, enfin, qu'Oltramare mourut en 1680, après le 21 août, et que neuf ans auparavant, le 7 juillet 1671, il avait rédigé son testament. Bien que je ne sache pas voir dans ce testament tout ce que M. Cerisier y a vu, je n'en suis pas moins heureux d'avoir ce document, le seul vraiment personnel, où la foi, la piété et les sentiments élevés de Nicolas Oltramare se révèlent pour nous.

Le volume se termine par un court chapitre sur les descendants du pasteur de S. John. Au bout de deux générations, on perd leurs traces.

Je ne dis rien des soixante pages de pièces justificatives et complémentaires en diverses langues, mortes ou vivantes, que l'auteur a ajoutées au reste, ni des quelques illustrations dont il a enrichi le volume. J'ai hâte de laisser le lecteur profiter du patient labeur de M. Cerisier. Ma seule crainte est qu'après avoir admiré et le labeur, et la patience, il n'éprouve quelque regret, en songeant au petit nombre de documents, dont l'auteur a pu se servir. Le parti qu'il a su en tirer montre tout ce qu'il aurait pu faire, s'il en avait possédé davantage.

Montmorency, nov. 1905.

Paul de FELICE.

PRÉFACE

C'est toujours avec un saint respect et un vif intérêt qu'on aborde cette histoire du protestantisme persécuté.. Le spectacle de ces familles qui ont été mises dans cette terrible alternative de choisir entre la fidélité à leurs convictions religieuses et l'abjuration et ont préféré s'expatrier pour pouvoir, sur un sol étranger, servir le Dieu de leur conscience a, pour les plus indifférents, quelque chose de dramatique et de profondément douloureux.

Elle est bien longue la liste de ces familles qui, aux jours sombres de l'histoire, ont accompli le grand et dur sacrifice. Mais tous les jours des recherches nouvelles nous apportent un tribut de noms jusqu'alors inconnus, et la Bibliothèque du refuge racontant la vie et les travaux des exilés, est déjà, à elle seule, un immense arsenal de l'histoire de la Réformation dans les pays de l'Europe.

Un nombre considérable de ces proscrits ont laissé un nom illustre dans le domaine littéraire, artistique, scientifique ou religieux ; ils attestent par l'éclat de leur individualité puissante, quelle force, quelles ressources perdit la patrie qui ne savait pas les conserver et à quel point elle s'appauvrissait en les rejetant de son sein.

Des noms comme ceux de Du Moulin, Drelincourt, Jurieu, Claude, Basnage, Saurin, Martin, de Superville, du Bosc, de Schomberg, Papin, Saint Evremond, Rapin de Thoyras et des milliers d'autres, sont assez significatifs par eux-mêmes. Mais parmi les 1,580 ministres qui s'exilèrent de France, en 1685, il y en a beaucoup dont le nom n'a point été conservé ici-bas et qui cependant ont fidèlement servi leur Dieu sur la terre étrangère.

L'Italie a eu aussi, comme la France, sa glorieuse phalange, et lorsqu'on se rappelle les noms de Pierre Martyr Vermigli, de Bernardino Ochino, Emmanuel Tregellius, de Vergerio, et bien d'autres, on se rend compte des richesses religieuses et morales que l'Italie a perdues par son odieuse oppression des consciences, et combien elle doit regretter, aujourd'hui encore, ces éléments précieux de relèvement et de conservation sociale et nationale.

Là, comme chez nous, il y a eu, à côté des chefs et des natures d'élite, toute une noble pléiade de courageux et modestes serviteurs, qui dans l'ombre et l'isolement peut-être, sont allés bien loin planter leur tente sur un sol plus hospitalier et ont servi leur Maître avec des talents moins éclatants, mais d'une manière non moins efficace. Qui pourra jamais dire ce que la vie ignorée d'un de ces ouvriers inconnus aura exercé d'influence salutaire autour de lui ? Ce n'est pas toujours le génie éclatant qui creuse un sillon profond dans l'humanité ; il arrive aussi que l'humble vertu d'une âme réellement sanctifiée, d'une existence véritablement consacrée à Dieu opère des transformations radicales dans les cœurs et avance puissamment la cause de la vérité chrétienne.

Nous croyons qu'il faut apporter toute sorte de matériaux dans ce grand travail de la reconstruction du passé de la Réforme. D'autres ont été naturellement amené à retracer la vie et l'oeuvre des grands réformateurs, des docteurs, des prédicateurs, des apôtres de l'une des plus belles époques de l'histoire. Le livre que nous publions aujourd'hui est un hommage rendu à l'un de ces fils des familles persécutées. Les plus humbles doivent aussi être en honneur.

Nicolas Oltramare n'a pas laissé de nom fameux dans le domaine de la science théologique. Il n'a pas été non plus, du moins rien ne nous l'a prouvé, un prédicateur de grand renom. Beaucoup d'autres étudiants, qui se sont assis de son temps sur les bancs des Universités de Genève ou de Leyde, de Groningue et d'ailleurs, n'ont ensuite joué qu'un rôle effacé dans l'histoire religieuse du monde chrétien. Il n'est donc pas, tant s'en faut, une exception à cet égard. Néanmoins, il a eu son rôle à jouer dans l'histoire. Et il nous a paru utile de reconstituer les traits essentiels de sa vie, en le mettant dans son milieu et en retraçant les circonstances qu'il a été appelé à traverser.

Ce qui nous a principalement attiré dans cette recherche, ce n'est donc pas le talent extraordinaire d'un serviteur du Christ, ce n'est pas l'importance de son travail, une activité extraordinaire, une vie de savant, de théologien, d'écrivain, de commentateur. Non, car Nicolas Oltramare n'a été ni l'un ni l'autre. Mais nous avons été curieux de savoir ce qu'avait été ce pasteur, portant un nom bien connu. Sans parler de l'intérêt qu'il y a pour les menbres vivants de cette grande famille Oltramare, à connaitre ce que fut l'un des ancêtres, il est bon pour nous de voir quels sont les éléments plus ou moins précieux dont se compose la famille protestante, avec ses enfants dispersés sur tous les points de la terre.

C'était une entreprise assez difficile que de reconstituer ainsi la vie et l'époque d'un homme qui n'a pas, après tout, joué une influence prépondérante dans l'histoire du XVIIe siècle. Aussi ne pouvions-nous tout seul mener à bout un pareil dessein. Il fallait être guidé, et nous l'avons été de bien des manières, et par diverses personnes qui font autorité dans ce domaine. C'est nous acquitter d'un devoir évident et, en même temps, c'est éprouver un véritable plaisir, que de remercier avant tout le savant bibliothécaire de la société de l'Histoire du protestantisme français. Les indications de M. N. Weiss nous ont été d'un grand secours. M. le baron F. de Schickler nous a aussi fortement aidé par ses aimables directions, et d'ailleurs son bel ouvrage « Les églises du Refuge en Angleterre » nous a fourni bien des renseignements que nous avons été heureux de reproduire.

Plusieurs détails nous ont été donnés au cours de nos recherches par un érudit hollandais, M. A. Hessels, de Cambridge, que nous tenons également à remercier. A Londres, il nous a été donné de trouver un précieux secours en M. H. Overend qui, avec la meilleure grâce du monde, et une extraordinaire compétence, nous a permis de nous orienter avec profit dans les documents un peu mystérieux du « Public Record office », où il n'est guère possible de travailler utilement sans le concours dévoué de ce savant archiviste.

C'est aussi avec beaucoup d'amabilité que le Révérend von Scheltema, pasteur hollandais à Londres, s'est mis à notre disposition. Il n'a certes pas dépendu de lui que les documents dont il a la garde dans l'église hollandaise de Londres nous aient peu fourni pour notre travail. A. Exeter, un ami de la dernière heure, M. W. Knill a été aussi bien complaisant et nous a efficacement guidé aux archives dont M. Burch a la garde.

A Genève, nous voulons remercier M. Th. Dufour et M. E. Hayer pour les indications utiles dont nous leur sommes redevables, comme aussi M. Moens, de Tweed, qui nous a envoyé plusieurs détails fort intéressants.

A Leyde, nous avons rencontré un bien utile concours chez plusieurs amis des recherches historiques, M. le pasteur et professeur de théologie van Manen, M. P.-C. Molhuysen, et M. de Fries, archivistes de l'Université. A La Haye, nous avons trouvé plusieurs documents importants que l'archiviste général du Royaume nous a obligeamment fait copier en entier et envoyer directement. Nous lui en exprimons nos sincères remerciements.

SOURCES

Pour reconstituer aussi exactement que possible la vie et l'époque de Nicolas Oltramare, il nous a fallu emprunter à des sources diverses de deux natures : Les ouvrages imprimés, et plusieurs collections de manuscrits de différentes bibliothèques.

Parmi les ouvrages imprimés, nous devons citer surtout *Les églises du Refuge en Angleterre*, par le baron F. de Schickler, 3 vol. in 8°, Paris, Fischbacher (1892), œuvre remarquable pans laquelle l'auteur a entassé avec une grande méthode et une exactitude consciencieuse bien des documents précieux.

The History of the French, Walloon, Dutch and other foreign protestant Refugees settled in England, from the reign of Henry VIII to the revocation of the Edict of Nantes, by M. J. Southenden Burn. — Londres, 1846, in 8°. Cet ouvrage a une sérieuse valeur; il a été composé d'après des documents originaux, et tout en demeurant une œuvre forcément incomplète, il donne de très utiles indications.

Lists of foreign Protestants and aliens resident in England, 1618-1688, *from returns of the state Paper office* (Cambden Society 1862, in-4°) M. William Durrant Cooper.

J.-B. Galiffe, *le Refuge italien à Genève* au XVIe-XVIIe siècle. — Genève, H. Georg, 1881.

Jean Senebier, *Histoire littéraire de Genève*, 2 vol. in-8°.

Notices généalogiques sur les familles genevoises, depuis les premiers temps jusqu'à nos jours, par J.-B.-G. Galiffe, *Dr D... et quelques collaborateurs.* — Genève, Jullien 1884. Cet ouvrage nous a principalement servi pour retracer la généalogie de la famille de Nicolas. (Qu'il nous soit permis d'ajouter que par suite de nos recherches personnelles, ces généalogies pourront désormais être complétées dans une large mesure par les données que nous avons pu découvrir en Angleterre).

Bishop Burnett, *History of the Reformation.*

Strype's *Ecclesiastical memoirs.*

Parochial History of Cornwall.

Old and new London, by E. Walford. Cassel et Co. — London, 1892.

J. Bonnet, *Vie d'Olympia Morata.*

A complete parochial History of the County of Cornwall compiled from the best authorities, etc. Sans nom d'auteur. — London, John Cambden, Piccadilly, 1867.

Account of the Hospital of St-Thomas of Acon (Mercer's Chapel), by John Watney. — London, Archurch Lane, 1892.

Th. Pennant, *Some account of London.* — London, Faulder, 1793.

Frederici Spanheimi disputationum theologicum syntagma, Genève, 1645.

Heraldic Church Notes from Cornwall, by Arthur J. Jewers. — London, Mitchell and Hughes.

Old and new London, W. Thornbury, Cassell and Co, London.

Archives royales de la Hollande. La Haye, *Bibliothèque nationale.*

Archives de la Bibliothèque publique de Gênes, Italie.

Bibliothèque nationale, Paris. Manuscrits du XVIIe siècle. Affaires des Lieux saints

History of London, by W. Maitland. — London, 1756.

History of the twelve great livery companies of London, William Herbert. — London, 1836.

Directory of Devonshire and Cornwall, 1893.

A thousand facts in the history of Devon and Cornwall. — Plymouth, 1870.

The Bodmin register, by the Rev. J. Wallis. — Bodmin Liddell and Son, 1831.

Vie de François Turrettini, théologien genevois, 1623-1687 par E. de Budé. — Lausanne, G. Bridel.

Ecclesiae Londino Batavæ Archivum, Epistolae et tractatus, par J. H. Hessels, 1897, Cambridge.

Cette énorme collection de documents comprend trois volumes considérables qui ne sont autres que la traduction en anglais des archives de l'église hollandaise de Londres. Les pièces sont reproduites dans leur entier et elles sont accompagnées de sommaires et d'explications très détaillées. C'est là un travail d'une étendue considérable auquel M. Hessels a consacré bien des années et qui constitue une mine d'une richesse inépuisable.

A côté de ces sources il nous faut mentionner encore les suivantes :

Les archives de la vénérable compagnie des pasteurs et professeurs de la ville de Genève. Ces archives, dont M. le pasteur Heyer a la charge, sont, elles aussi, une mine fort riche où l'on trouve toute espèce de renseignements bien précieux. Elles vous transportent au centre même de la vie religieuse du XVIe et du XVIIe siècle et tout ce qui concerne les pasteurs, les professeurs de cette époque, français, hollandais, suisses, anglais, etc., a dans cette Rome protestante un écho plus ou moins retentissant.

La Bibliothèque publique de Genève contient aussi bien des documents de valeur, et la collection des correspondances ecclésiastiques tout particulièrement est fort riche en manuscrits où nous avons découvert quelques éclaircissements précieux.

Nous en dirons autant de la collection de lettres qui est déposée à la Bibliothèque de l'Université de Leyde.

Il serait difficile de se figurer l'énormité de la collection de lettres de cette Bibliothèque. Non seulement il y a là plusieurs collections portant différents noms et offertes en don aux archives publiques, mais il existe un amas de lettres reçues par les professeurs, les pasteurs ou leurs divers parents et aussi des lettres écrites par ces pasteurs et ces professeurs eux-mêmes. Ainsi celles d'André Rivet occupent à elles seules plusieurs gros volumes. De même pour plusieurs de ses contemporains. Cela s'explique si on se rappelle quelle place importante l'Université de Leyde jouait alors dans le monde religieux; aussi, avons-nous pu trouver dans ces documents des indications fort intéressantes, et il serait impossible d'ailleurs d'écrire la biographie et l'œuvre d'un homme marquant du XVIe et du XVIIe siècle sans demander à ces bibliothèques des renseignements sur cette période.

Nous ne devons pas oublier les archives de l'Eglise française Wallonne de Londres. Il y a là aussi, déposées maintenant dans le nouveau temple de Soho Square, des documents d'une grande valeur, en particulier les actes du Cœtus, les registres, journaux des anciens et des diacres, etc.

D'autres Sources doivent être également consultées pour bien connaître le XVIIe siècle. Nous avons trouvé un grand secours dans les archives de l'Etat, à Londres (Public Record Office, state Papers). Depuis un certain nombre d'années, ces documents sont beaucoup plus faciles à consulter par suite des *calendars*, où les archives manuscrites sont analysées à leur date. Enfin au British Museum, autre domaine immense et des plus riches, il nous a été possible de glaner quelques faits qui nous ont utilement servi au cours de ce travail.

CHAPITRE I

Les réfugiés italiens à Genève. — Leur influence, leurs libéralités. — L'Eglise italienne, son organisation, le culte, les pasteurs.

Ce refuge italien, d'après J.-B. Galiffe auquel nous empruntons bien des renseignements, est de beaucoup le plus considérable, après le refuge français. Il y eut sans doute à cela plusieurs raisons. Mais la principale, c'est que ces familles réformées avaient certainement une préférence pour les pays non monarchiques, et spécialement pour les républiques citadines et les villes libres impériales. En fait, ces émigrés étaient principalement des personnes de la classe aisée ; il y avait des savants, des lettrés, de riches industriels, des pasteurs, des marquis, des médecins, des magistrats, des marchands, des praticiens et même des seigneurs. Le nombre des nouveaux venus fut rapidement assez élevé, et l'on peut affirmer que vers la fin du XVIe siècle, il y avait environ à Genève 5000 réfugiés italiens.

D'où venaient-ils surtout ? Les villes d'Italie qui avaient fourni le contingent le plus considérable étaient Lucques, Crémone, Padoue, Venise, Gênes, etc. Un grand nombre de réfugiés arrivaient avec leurs femmes, leurs enfants, leurs ouvriers et leurs domestiques des deux sexes. Détail assez curieux, presque tous les enfants sont du sexe masculin.

Parmi les familles bien connues, et qui aujourd'hui encore, ont des descendants à Genève, jouissant d'une certaine autorité et d'une réputation qui dépasse les limites de la ville et même celles de la Suisse, citons seulement quelques noms. Il y avait par exemple, les familles Diodati, Calandrini, Turrettini, Pereire, Oltramare, Rocca, Stouppe, Tronchini, Pestalozzi, Parravicini, Puerari, Barbaro, Spinola, Gentilis, etc.

C'est principalement la ville de Lucques qui en fournit le plus. De là en effet arrivaient entre autres les Micheli, les Calandrini, les Burlamachi, les Turrettini, les Lombardi, les Diodati. Ajoutons qu'il dut leur en coûter beaucoup de partir. On ne se fait que très imparfaitement une idée des sacrifices accomplis par les protestants d'Italie. La famille Calandrini seule abandonna trois palais et onze terres seigneuriales. Les Burlamachi et les Micheli abandonnèrent également des fortunes princières, ne conservant que les sommes engagées dans le commerce de la France et de la Hollande (1). Vingt-sept familles de la plus haute société (sans parler des autres) quittèrent Lucques après avoir vendu leurs biens le moins mal possible, et s'enfuirent en Suisse.

Dès son établissement sur le sol de la république Genevoise, cette colonie italienne ne revêt aucun caractère politique. On sait bien que c'est uniquement par suite de son profond attachement à la foi évangélique qu'elle s'est dirigée vers le pays de la lumière et de la tolérance. Cela est si frappant que les réfugiés se tiennent discrètement en dehors des

(1) J.-B. Galiffe, p. 481, tome 1er.

luttes et des rivalités. Si plus tard un certain nombre d'entre eux, comme ce fut le cas pour Antoine Oltramare, obtiennent le titre de bourgeois, ils semblent se dérober à cet honneur ; il faut les y pousser par des attentions et des prévenances. Un grand nombre s'estiment fort heureux d'être simplement appelés « habitants », titre, il faut l'avouer, qui était des plus modestes. Les Burlamachi, les Calandrini, les Turrettini, par exemple, n'acquirent le droit de bourgeoisie, par conséquent le droit de s'occuper des affaires du pays, que dans le cours du XVIIe siècle.

Un plus grand nombre encore se contentèrent de la qualité de « natifs », puis déchurent peu à peu de leur rang social, et enfin disparurent complètement. Vers le commencement du XVIIIe siècle, il n'y a plus guère de fidèles assez nombreux pour qu'on puisse maintenir l'église italienne, et cependant les familles survivantes de l'ancien refuge prennent toujours un vif plaisir à faire bénir leur mariage et baptiser leurs enfants dans l'église italienne, alors même qu'elles doivent recourir pour ces cérémonies au concours des pasteurs genevois.

Evidemment, il n'y avait dans cet esprit conservateur que le désir bien légitime de commémorer l'arrivée au port après les épreuves héroïques des Réfugiés (1).

Leurs sacrifices, nous l'avons vu, étaient considérables. Ils quittaient un admirable climat, les palais les plus somptueux, la vie artistique et mondaine la

(1) J.-B. Galiffe, p. 25, et passim.

mieux organisée. Ils abandonnaient ces vastes possessions territoriales, ces fermes où les paysans regardaient le seigneur comme un père : ils renonçaient au pouvoir féodal, à l'autorité dans les conseils de leur ville natale, pour vivre à Genève, et cela non pas dans la Genève d'aujourd'hui, avec les mille avantages du luxe et du comfort moderne, mais dans la Genève du XVIe siècle, dans cette ville dont les étroites maisons de certaines rues actuelles donnent une assez juste idée.

Qu'on se représente donc les élégants seigneurs italiens, les jeunes hommes, les jeunes femmes, quittant leurs châteaux, leurs galeries princières, pour se loger dans les sombres appartements de la Palisserie ou de la rue du Temple, conservant à peine un seul serviteur et veillant eux-mêmes aux soins les plus vulgaires du ménage !

Et ce qui est encore à leur honneur, c'est qu'ils connaissaient à l'avance, dans toute leur réalité, les circonstances qui les attendaient. Calvin, par exemple, n'encourageait personne (1). «Il faut que vous soyez bien averti, écrit-il à un seigneur qui veut venir à Genève, que vous n'entrerez pas dans un Paradis terrestre ; vous y trouverez un peuple assez rude, et vous y aurez des tentations fâcheuses. Quant aux nécessités de la vie, vous en prendrez ce que Dieu vous donnera, vous passant de ce dont il voudra que vous soyez privé. Préparez-vous donc, en suivant Jésus-Christ, à porter une rude croix. Contentez-vous de ce bien inestimable, qu'il vous soit per-

(1) Lettres de Calvin, collection Bonnet, tome 1, p. 260.

mis de vivre en repos de conscience, de vous occuper journellement de votre salut en compagnie des fidèles et d'avoir le véritable usage des sacrements».

Certes, c'est un spectacle admirable et bien instructif, que celui de ces familles italiennes quittant leur patrie et leurs biens, pour s'acheminer, à travers mille dangers et dans des régions montagneuses à la recherche d'un pays où elles pourraient adorer en sécurité le Dieu de l'Evangile. Il y en eut environ trois cents vers la fin du XVIe siècle, qui vinrent se fixer à Genève ; un certain nombre d'entre elles purent conserver leur fortune : elles fondèrent des manufactures, et eurent des ressources suffisantes pour en secourir d'autres qui arrivaient dans le plus complet dénuement. Malheureusement, ces dernières étaient en grand nombre.

Quant à celles qui durent gagner leur pain à la sueur de leur front, il y avait à peu près une trentaine de noms qui appartenaient à la haute noblesse italienne.

Ces familles, une fois établies à Genève, jouèrent un grand rôle dans la magistrature, la science, la philosophie, la théologie, la médecine, les mathématiques, etc., comme aussi dans la banque, le commerce, les industries de luxe, la librairie, l'imprimerie, l'orfévrerie. Cependant, elles s'attachaient de cœur à leur nouvelle patrie. Ce qui le prouve bien clairement, c'est le nombre relativement assez élevé des italiens qui furent blessés ou tués pendant les guerres du XVIe siècle, et aussi pendant l'affaire connue sous le nom de l'«Estacade».

Un autre trait qui est bien à l'honneur des réfugiés italiens, c'est qu'ils se suffisaient constamment à eux-mêmes. Loin d'augmenter les charges de leurs hôtes, ils payaient spontanément de leurs propres deniers, le ministre, le catéchiste, le chantre, l'instituteur, l'école, les missionnaires, les médecins ; ils subvenaient aux besoins de leurs pauvres et de leurs malades, à l'éducation de la jeunesse indigente ; ils donnaient même des dots aux jeunes filles de condition modeste.

Ces libéralités s'étendaient encore plus loin ; elles étaient souvent affectées à des œuvres protestantes d'un caractère général. Ainsi, en 1568, il se fit dans le sein de la communauté italienne, une collecte pour les diacres français ; en 1567, il y en avait eu une pour les fugitifs de Lyon ; en 1575, pour les ministres chassés du Palatinat (1) ; en 1588, pour l'Eglise de Sedan. De plus, il se faisait encore des collectes, et des collectes considérables, dans l'intérêt des Italiens restés au pays, en particulier pour ceux de la Valteline et des Vallées Vaudoises (2).

Mais les sacrifices pécuniaires les plus considérables furent ceux que plusieurs familles, comme les Micheli, les Diodati, les Martinengo, et d'autres, consentirent, en faveur du gouvernement genevois, sous forme d'avances, dans des moments de crise financière. Enfin, dernier service que rendit la colonie italienne, et non le moins important, c'était de four-

---

(1) J.-B. Galiffe. p. 33.

(2) La bonté des Italiens genevois pour les pauvres était paraît-il, passée en proverbe. (id.)

nir des ministres à des églises du dehors, ainsi, en 1564, et sur les instances de Th. de Bèze, l'église de Chaumont obtint le jeune Jérôme Miolo, — J. Baptiste Aurelio et André Traverso sont envoyés dans la Saintonge, à condition qu'ils reviendraient si l'on avait besoin d'eux pour l'Italie, etc. — Pour ce qui concerne en particulier les pasteurs italiens instruits à Genève et envoyés aux églises secrètes ou tolérées de l'Italie, on les compte par douzaines, et dans le nombre, il y eut plusieurs martyrs.

Pour être juste, il convient d'ajouter ici que ces familles italiennes témoignèrent souvent leur reconnaissance envers la ville hospitalière qui les avait si charitablement accueillies. Dans les catastrophes publiques, comme aussi en faveur de diverses institutions nationales, elles affirmèrent hautement leur esprit de gratitude et de libéralité. Tantôt c'était l'Académie, tantôt le Collège, tantôt l'Hôpital, qui recevait leurs dons. Enfin, un grand nombre de leurs membres, devenus citoyens de Genève, honorèrent leur nouvelle patrie en lui donnant toute une lignée d'hommes d'élite, professeurs, pasteurs, magistrats.

Aussi n'est-il point surprenant que la république de Lucques ait déploré plus tard cet appauvrissement qu'elle avait subi par la perte de tant de familles distinguées.

* * *

Dans la première moitié du XVIe siècle, et surtout vers 1545, au lendemain de la bulle qui instituait en Italie le tribunal de l'Inquisition, un grand nombre de familles italiennes qui avaient embrassé la Réforme, vinrent se réfugier à Genève. L'émigration fut si importante que dès l'année 1552, les réfugiés jetèrent dans cette ville les bases de la nouvelle église évangélique (1).

La communauté italienne fut surtout groupée par les soins du comte Celso Massimiliano Martinengo, qui conféra avec Calvin à ce sujet. C'était un prédicateur déjà bien connu, originaire de Brescia. Cette même année 1552, il fut pasteur de l'église italienne, après avoir heureusement subi un examen particulier devant la vénérable compagnie des pasteurs et professeurs de Genève.

Le service eut lieu dans la salle du vieux collège de Rive, puis à la Madeleine, à St-Gervais, et enfin à l'Auditoire, en 1559.

D'après Gaberel (Histoire de Genève), l'église italienne avait été organisée avant l'année 1552. Déjà avant cette date, et par conséquent avant la nomination du pasteur Massimiliano Martinengo, une communauté s'était formée, et avait nommé pour son pasteur, le premier de la colonie italienne, Bernard de Servaz. Les familles qui s'était constituées en une espèce de congrégation l'entretenaient à leurs frais, et même avaient fondé un comité de secours, appelé « Bourse italienne » et auquel, paraît-il, les ressources ne manquèrent pas.

Déjà en 1551, toujours d'après Gaberel, le troupeau ne pouvait plus se réunir dans la chapelle des

---

(1) J.-B. Galiffe. Le refuge italien de Genève au XVIe et au XVIIè siècle. Genève H. Georg, 1881.

Macchabées devenue trop petite ; il dut se transporter à la Madeleine et à l'Auditoire (1).

Selon Gaberel (Histoire de Genève, passim), c'est vers 1542 que l'Eglise fut à peu près organisée. Lorsqu'il arriva à Genève, cette même année, Bernardino Occhino, de Sienne, trouva un assez grand nombre d'Italiens pour organiser une communauté. Il demanda un local au Grand Conseil, qui lui accorda la chapelle du Cardinal, autrement appelée « des Macchabées ». De plus, on lui donna un logement suffisant.

En même temps que lui, était arrivé à Genève Pierre Martyr Vermiglio. Mais il est probable que la colonie italienne n'est pas encore bien importante, car ces deux célèbres réformés se trouvent, peu d'années après, dans d'autres pays, et nous croyons plutôt que c'est à peu près vers 1552 que la colonie italienne de Genève a sérieusement commencé à se constituer en Eglise réformée. Cette organisation fut surtout provoquée par l'arrivée, en 1551, de nouvelles familles italiennes ; en effet, ce qu'on appelle le grand refuge n'eut lieu qu'après 1550 (2).

Dans les Registres des Conseils de la République

(1) Ces indications ne correspondent pas exactement avec celles de J.-B. Galiffe, car ce dernier fait remonter l'organisation de cette intéressante communauté et de la célébration de son culte à l'année 1552 seulement. Il nous parait assez difficile, en l'absence de documents plus complets et plus précis, de donner la préférence à l'un ou l'autre de nos deux historiens. Cependant J.-B. Galiffe nous paraît être d'ordinaire beaucoup plus digne de foi.

(2) Il nous faut ici mentionner un fait qui est tout à l'honneur de la colonie italienne. Je veux parler de son

de Genève, relatifs à l'église italienne de cette ville, voici ce qui nous est rapporté :

« Jeudy 26 Nov. 1551.

Sur ce qu'il (Calvin) a proposé que plusieurs italiens qui sont icy, qu'ils désireroyent que la doctrine de Dieu leur fusse annoncée en leur langue, dont il espère que entre eulx il y en peut avoir queleung suffisant, que cela pourroit faire quand plaira à la Seignorie leur donner licence. (1)

Est arresté, que si voulent havoir prescheur à leur despens, étant icelluy examiné par les ministres en la présence de la Seignorie, leur sera donné place au temple de la Magdelaine, et l'heure à sçavoir incontinant après le sermon ordinaire qui se y faict.

Icy est entré le marquis Caraciollo, italien, et avecque luy plusieurs Italiens, et hont présenté une supplication à l'effaict sus escript, requerant comment en icelle. Sur quoy est arresté leur respondre que monsieur Calvin jà en avoit tenu propos, par quoy

---

grand désintéressement. P. Galiffe (p. 36), en cite plusieurs exemples qui sont des plus significatifs, tantôt c'est un médecin, Philippe Rustici, qui traduit la Bible et la fait imprimer à ses frais ; tantôt c'est un catéchiste, P. Agoste, qui refuse d'accepter un salaire pour ses fonctions et envers lequel il faut presque user de violence pour le décider.

(1) Non seulement nous voyons par ces quelques lignes, quelle était la grande influence de Jean Calvin, combien étaient considérables son autorité et son génie d'organisation, mais encore nous pouvons y discerner la preuve que c'est vers l'année 1552 que fut constituée l'église italienne de Genève.

l'on luy en faira la response, et luy soit faicte comment sus résolu. »

Voici maintenant les renseignements que nous fournit l'historien Roset (1)

Il y avait à Genève, au XVIe siècle, une église espagnole, une anglaise. une luthérienne, etc. Voici, d'après le volume Mss. Roset, quels étaient les ministres italiens :

1542 Bernardin de Servaz, qui avait été religieux, prêche en la chapelle du cardinal.
1551 Martinengo, ou Maximilien Martinengo, mort en 1557.
1557 Lactance Léononi (?) (presque illisible).
— Nicolao Balbani, mort en 1587.
— Jean-Baptiste Rota.
1587 Jean-Bernard Basso.
— Jean Diodati.
— Gaspard Alexius.
— Benedit Turretin.
— Jaques Sartoris.
1644 Antoine Léger.
1648 François Turretin, fils de Benedit.
— Fabria Burlamachi.
1662 Benedit Calandrin.
1673 Antoine Léger, fils d'Antoine.
— Michel Turretin.
— Alphonse Turretin.
1707 Vincent Minutoli.
1709 Benedict Pictet.

(1) Roset, « Histoire de Genève », 141, M. H. G. f. a, Mss. P. 657.

1719 Michel Léger (mort en 1745).
— Samuel Turretin, fils de Michel.
— Augustin Cardonini.
1724 François Pictet, fils de Benedit.
— Benedit Turretin
— Léonard Burlamaqui.
1746 Jean Perdrian.

En 1751, nous trouvons Cardouin comme pasteur de l'église italienne.

En 1745, cette église est encore très florissante, car elle a trois pasteurs. En voici la preuve :

Extrait des délibérations de la Société, la « Bourse italienne ». (Archives de l'Eglise italienne, Genève No I, P. 177). Assemblée générale du dimanche 9 mai 1745.

« Comme M. le pasteur Léger nous a esté enlevé par la mort il y a quelques mois, il a esté question de remplir sa place. Quelques personnes avoient proposé, s'il n'y avoit pas lieu de s'en tenir aux deux pasteurs qui restoient comme cela estoit autrefois; sur quoi on a dit que, comme on en avoit eu trois mois depuis assés longtemps, que les mêsmes raisons qu'on avait eu de les établir, subsistoient, il convenoit de continuer sur le même pié, surtout ayant des sujets propres et les fonds suffisants, et comme ils sont deux qui sont en état de remplir cette place, ils ont convenu de demander la place entre eux deux, et de faire la charge en commun.

Sur quoi opiné, les proches parents ayant donné liberté, on a agréé leur offre et on les a établis unanimement chacun pour une moitié fonction et moitié gage, qui sont MM. Turretin et Burlamaqui. »

L'Eglise, en effet, s'était récemment augmentée par suite d'une ou deux nouvelles émigrations de Vaudois chassés par les édits.

Plus tard, enfin, voici les dates et les noms des pasteurs que nous trouvons dans ces listes :

1759 Delescale et Calandrini.
1784 Delescale et Perdrian.
1776 Diodati et Cardoine (sic).
1788 Delescale et Diodati.
1592 Delescale et Cardoin.
1799 Cardoing (sic).

Mentionnons à ce sujet un dernier détail :

Dans son ouvrage, l' « Histoire de l'Eglise de Genève », Gaberel (1) donne une liste fort intéressante des familles italiennes réfugiées à Genève depuis l'année 1550, jusqu'en 1612, et il indique presque chaque année, dans cet intervalle, les noms de ceux qui arrivent, selon la date de leur venue. Chose assez extraordinaire, il ne donne pas le nom de la famille Oltramare !

Autre détail. D'après lui, les assemblées commencèrent en 1542, et Bernard de Servaz et César Martinengo, furent les premiers ministres italiens à Genève. D'autres pensent que ce fut Bernardino Occhino.

* * *

Quant à l'organisation de cette Eglise, elle était assez simple. Le pasteur nommé par la communauté, était assisté de deux députés.

Les membres de l'Eglise, ouvriers, seigneurs ou industriels, étaient tous sur le même pied d'égalité. A côté des ministres, il y avait un catéchiste chargé de

(1) Tome 1er, p. 206. « Pièces justificatives ».

l'éducation des enfants ; tous deux étaient élus par l'assemblée générale des fidèles inscrits comme membres de l'Eglise. Il y avait aussi, comme représentant l'élément laïque, quatre anciens et quatre diacres, parmi lesquels était le trésorier. Ces fonctionnaires étaient rééligibles, chaque année. Avec les deux dignitaires ecclésiastiques, ils formaient le collège ou consistoire qui se réunissait chaque semaine. Enfin, il y avait un chantre à gages pour diriger la partie musicale du culte.

En 1564, les règlements furent revus. Ils recommandaient expressément une tenue modeste et respectueuse, la simplicité et la brièveté des paroles dans les discussions. Il était défendu d'interrompre un orateur, à moins qu'il ne s'écartât de la question, ou qu'il ne se laissât aller à la prolixité. Les moqueurs, les fauteurs de désordre ou de confusion étaient sévèrement censurés, et s'il le fallait, mis dehors. Les choses discutées au collège devaient rester secrètes. Aucun membre de l'assemblée, pas même les ministres, ne devait soumettre un cas quelconque au consistoire français avant de l'avoir exposé tout d'abord au collège italien.

Mais, ce qui distingue avant tout la communauté italienne, c'est qu'elle comptait dans son sein des différences de conditions assez accentuées. Et si l'organisation de l'Eglise était entièrement démocratique, basée sur l'égalité la plus complète entre les membres qui la composaient, seigneurs ou ouvriers, bourgeois ou simples habitants, cependant le choix tombait d'ordinaire sur les personnages les plus distingués, et l'on avait toujours plus d'égards pour leur zèle religieux que pour leur orthodoxie dogmatique.

CHAPITRE II

Les origines de la famille Oltramare.

La famille Oltramare remonte à une haute antiquité.

Elle est originaire d'Italie. S'il fallait en croire une tradition assez répandue, elle serait venue de l'Italie méridionale.

Nous pouvons rectifier ces indications, grâce à des recherches minutieuses faites récemment dans les archives publiques de Gênes. D'un côté, ces documents nous fournissent la preuve de la grande ancienneté de cette famille célèbre ; de l'autre, ils nous permettent de renoncer à des hypothèses plus ou moins légendaires et fantaisistes, pour établir une généalogie sur une base solide et indiscutable.

Voici ces documents officiels, qui du reste, comme la plupart des autres que contient cet ouvrage, sont entièrement inédits ; nous reproduisons textuellement le travail fait à ce sujet par un des secrétaires des archives de la ville de Gênes, en 1902.

Les Oltremarini ont eu pour berceau le district de Santa Margarita des Ligures, et spécialement la localité de Paragi (1), située au pied du promontoire de Portofino, sur le versant que baignent les flots du pittoresque golfe de Rappallo. C'est ce qui ressort des actes jadis reçus par Buonvassallo di Cassina (2). Comme ayant eu leur manoir en cette localité, nous trouvons, en effet, cités un Guglielmo et un Orso, le premier en 1165 (3), le second en 1171 (4).

D'après l'importance de plus en plus grande qu'acquirent les descendants de Guglielmo à Gênes, où on les trouve établis dès le commencement de l'an 1200, on peut conclure que cette famille n'était pas d'une humble et vulgaire extraction, mais bien au contraire, d'une origine distinguée.

De Guglielmo sont issus Rogerio et Giovanna.

De Rogiero est né Guirardo qui, dans les actes passés par devant le notaire Bartolomeo Defornari, est explicitement désigné sous le nom de famille d'Oltramare, ou plutôt « Ultramari », ainsi que porte le texte latin de l'acte notarié.

Au sujet de Guglielmo, il s'est formé une légende que rapportent plusieurs historiens. Voici ce qu'en dit l'historien Ganduccio, par exemple : « Les Centu-« rione, ou plutôt le nom donné à leur Albergo, tire

---

(1) Paragi est la dérivation du mot Paraxi, mot qui signifie Palais ou Habitation seigneuriale.

(2) Actes de Buonvassallo di Cassina. Archives de l'Etat, année 1250.

(3) Généalogies gênoises. Code Manus. existant « alla Brignole Sale De Ferrari ».

(4) Federici, citation d'un Extrait tiré des Livres (Bibliothèque) du Monastère de Saint-Fructueux de Capo di Monte (Portofino) année 1171.

« son origine d'un certain Guglielmo Centurione Ol-« tramarino, et l'on prétend faire venir ce nom de la « ville de Rome où il aurait été celui d'une personne « noble, d'un commandant d'une compagnie de sol-« dats, qui, de ladite ville seraient passés ensuite à Gênes. » De plus, Filippo Casoni, en l'an 1548, s'en rapportant, comme il le dit, à Agostino Guistiniani et à Ganduccio, écrit ce qui suit (1): «Le pape Gré-« goire IX envoya au service de notre République, « avec cent hommes d'armes, Jean Orsino, fils du « comte de Cole, dans les Pouilles ; ledit Giovanni « épousa à Gênes une certaine Serafina, fille de Gu-« glielmo Oltremarino, « très riche citoyen et le pre-« mier entre tous. » Elle mit au monde un garçon « que d'après le prénom du père elle appela Giovan-« ni, ne lui donnant pas toutefois le nom patronymi-« que d'Orsino, mais bien d'Oltramarino, comme « étant celui de l'aïeul maternel ; cet enfant, à qui « sa mère laissa de très grands biens, fut le conti-« nuateur de la famille Oltramarino jusqu'à l'année « 1379, où il adopta le nom patronymique de Cen-« turione ».

J'ai dit légende, car il n'y a pas mention de ce fait dans les annalistes contemporains continuateurs de Caffaro, et bien qu'au surplus il résulte que de cette famille est issue une fille du nom de Serafina, celle-ci ne fut pas fille de Guglielmo, mais bien arrière-petite fille de ce dernier. Elle est en effet née de Luchino, fils de Tommaso, fils du quondam Gui-

(1) Casoni. Annales de Gênes. Année 1548.

rardo et fut mariée à Raffaele Oltramarino (1). Le nom d'Orson ou Orsino qui déjà se trouve être celui d'une personne de la famille, c'est-à-dire du frère de Guglielmo (1171) peut très facilement avoir induit en erreur des historiens qui n'étaient pas assez soucieux de l'exactitude et avoir donné lieu à l'inexactitude dans laquelle, à leur tour, sont tombés Guistiniani et Casoni.

Tommaso, fils de Guirardo, eut plusieurs enfants · Pierre, Daniel, François, Barthélémy, Raphael, Jean-Baptiste, Nicolas et Thérame. Presque tous se marièrent et formèrent souche. Leurs descendants ont marqué parmi les personnages les plus illustres. On peut affirmer qu'il n'y a pas eu de fonctions publiques de quelque importance auxquelles n'aient participé les Oltramarini. On les trouve dans les bureaux de la guerre, des colonies, du commerce, des finances, dans les corps législatifs, etc. Ils remplirent diverses missions en qualité d'ambassadeurs auprès des papes : Giovanni en 1397; Guillaume en 1405 ; Louis en 1171. Le pape Sixte IV envoya Domenico, fils de Philippo, en délégation auprès du roi d'Aragon, en 1482, et deux ans auparavant le Souverain Pontife envoyait les navires de Cosimo au secours de Rhodes assiégée par les Turcs.

A cette époque, ils trafiquaient non seulement avec l'Espagne et le Levant, mais ils avaient aussi des comptoirs à Londres, où, à la date de 1446, il est fait mention de la maison d'Antonio.

---

(1) Federico Federici. Abécédaire. M. Brignole. Sale deferrari. Vol. II.

Les châtellenies de Finale, Albenga, Famagosta, Sarzanello étaient vaillamment défendues par les Oltremarini qui, dans leur patrie, se consacraient, en dehors des fonctions publiques, aux œuvres de piété, prenant part à l'administration di Misericordio, c'est-à-dire de la Confrérie de la Miséricorde, à l'administration de l'encouragement au bien (di virtù), dei Poveri (Bureaux de bienfaisance), du conseil des Protecteurs de l'Hôpital de Pammatone.

Les monarques étrangers faisaient grand cas du talent et de l'habileté par eux déployés dans les affaires diplomatiques. Adam I fut ambassadeur de Gênes à Londres en 1414.

Nous trouvons dans un vieux document du British Museum et qui date du XVe siècle, son nom « Oltramarinis ».

C'est une liste manuscrite des étrangers qui ont visité l'Angleterre. (Biographical dictionary of foreigners who have visited England. Additional Mss, 34. 283).

« Oltramarinis Adam, and Benedict Bucanigra, bishop of Vingtimilles, ambassadors from the Duke and community of Genoa to Henry Vth, were granted passports for four months for themselves and fifty persons, dated April 1414. »

Or, cette courte note n'est elle-même qu'un résumé traduit de la note suivante, empruntée à un ouvrage de Thomas Rymer : « Fœdera, conventiones, literæ, et acta publica. Public Record Office, tome IX, P. 120.

A. D. 1414 : Rex, per literas suas Patentes, per quatuor menses proximè futuros duraturas, suscepit in salvum conductum suum, ac in protectionem, tuitionem et defensionem suas speciales, venerabilem patrem Benedictum Bucanigra, episcopum villae Vigintimiliarum, et Adam Oltramarinis, Ambassiatores Ducis et communitatis de Janua, in regnum regis Angliae, penes personam regis cum quinquaginta personis in comitiva sua, in Nuncium ipsorum Ducis et communitatis veniendo, ibidem morando, et ad propria exindè redeundo, nec non equos, bona et hernesia sua quaecunque.

Dumtamen, etc... ut in similibus literis de conductu.

Teste rege apud Westmonasterium tertio die Aprilis,

Per ipsum regem. »

Zurrita nous rappelle qu'en 1483, Frédéric, fils de Paolo, fut l'ambassadeur préféré du roi Maure auprès du roi de Castille, et cela au plus fort de la guerre qui préluda à la découverte de l'Amérique. Giacomo fils de Bartolomeo, était délégué en 1499, en qualité d'ambassadeur auprès du roi de France, Louis XII, auquel Gênes s'était spontanément soumise. Martino comptait au nombre des familiers intimes de l'empereur Charles-Quint, et la République mit à profit son influence lorsqu'il s'est agi de traiter d'affaires diplomatiques avec ce monarque.

JEAN CENTURIONE OLTRAMARINO

Parmi ceux qui eurent le plus souvent occasion de se signaler, il convient de citer Jean Centurione, que les documents de l'époque distinguent sous le nom de ses ancêtres Oltremarino et désignent comme descendant de Raffaele, fils d'Adamo, fils de Guirardo, fils de Rogerio, fils de Guglielmo. C'est lui qui en 1383 fit restaurer de ses propres deniers la route du Promontorio, laquelle n'était autre que l'ancienne Voie Romaine, qui de Gênes, en gravissant la montée Degli Annioli et la colline du Promontorio, allait aboutir à Polcevera. Ce Giovanni Centurione était non seulement un riche armateur, mais aussi un vaillant marin.

En 1385, avec deux galères, il engagea le combat contre les navires du corsaire catalan Gonzalo Ramirez qui, en ce temps-là, infestait les mers de la Ligurie, y rendant toute navigation dangereuse. Il fut victorieux, fit prisonnier le pirate, le conduisit à Gênes où il fut emprisonné dans les geôles municipales. La République se réjouit à tel point de cet exploit, qu'elle accorda à Centurione Oltramarino la franchise de tous droits et impôts. La renommée de sa bravoure s'étendit bien vite au-delà des frontières de la Ligurie. Il fut appelé à Naples et la reine Marguerite, épouse de Charles III, le créa Général en lui assignant une pension annuelle de 400 florins d'or. De Naples, il passa en Sicile, où, après avoir pris part à l'assaut de Gerbi, fait d'armes pour lequel il reçut une large récompense, il rallia avec ses navires, pour leur prêter son appui, les flottes des Français et des Anglais alliés contre le gouvernement Tunisien, obligeant le chef de cet Etat au paiement d'une forte contribution de guerre.

De retour à Gênes, il ne tarda pas à conduire la flotte génoise à Soria ; rentré dans sa patrie, il remplit des fonctions exigeant le plus grand tact, monant de front les affaires de sa « maison de Banque », qui avait avec la France des relations très étendues, au point que le roi de France, désirant contracter des emprunts, eut recours à lui.

Le pape Boniface VIII avait en telle estime l'Oltramarino, qu'en 1315, il lui envoya comme témoignage de sa haute bienveillance la Rose d'Or, qui, on le sait, n'est accordée d'ordinaire qu'aux empereurs, aux rois, aux princes jouissant d'une très grande considération.

Quand la République fit l'acquisition de Livourne, elle choisit l'Oltramarino comme le plus digne de gouverner cette ville, au nom de Gênes. Après avoir occupé de la façon la plus distinguée des charges honorifiques et rempli celle d'ambassadeur auprès des princes et même auprès du souverain pontife Jean XXIII, il termina ses jours à Gênes, et sa dépouille mortelle fut ensevelie dans la basilique de Saint-Sirius, où dès le temps de leur ancêtre Guirardo, les Oltramare possédaient une chapelle consacrée à St-Nicolas de Bari.

Giovanni, après avoir noblement suivi la carrière diplomatique et s'être montré audacieux chef d'escadre, avait encore bien mérité de l'industrie, en s'adonnant à la culture des vers à soie, dès la seconde moitié de l'année 1300 jusqu'au commencement de l'an 1400, comme il en résulte des actes passés devant Me Antonio di Credenza, Me Giov. Allegro, Me Teramo Maggiolo et Me Cristoforo Rivelino (1).

---

(1) Archives de l'Etat. Actes d'Antonio di Credenza, di Giov. Allegro ; de Teramo Maggiolo et de Cristoforo Rivellino 1390, 1398, 1402.

Généalogie de la Famille OLTRAMARE, depuis ses origines (1165)

(Archives de Gênes, etc.)

GUGLIELMO
Abitante nella località di Paragi presso Portofino 1165.

ROGERIO

GUIRARDO
Detto *Oltramare* nei rogiti di Bartolomeo Defornari 1264 — Acquistò in Genova le case di Fossatello che passarono nei discendenti detti *Oltramarini.*

TOMMASO
Comprò dagli Spinola partecipazione del pedaggio, ossia introito alla Porta di Genova.
(Atti Bartolomeo Defornari 1264.)
Sue Case in Fossatello nel 1304 e 1311.

FRANCESCO
Arbitro tra gli Spinola e i Grimaldi 1331.

DANIELE
Sua casa in Fossatello 1343. Ufficiale di Moneta 1378 — di Guerra 1380.

ADAMO
Consigliero del Comune di Genova 1391.
Ufficiale di Sanità e di Mercanzia 1409.
Ambasciatore della Repubblica di Genova ad Enrico III Re d'Inghilterra 1414.

BATTISTA
Consigliere del Comune di Genova 1438.

LUCIANO
Ufficiale del Mare 1484. — Armatore 1484.
Ufficiale di Sanita 1486 — del Banco di San Giorgio 1493.

ADAMO
Del Consiglio degli Anziani 1514 a 25 —
Ufficiale del Mare 1527, etc., etc., etc.

MARCO

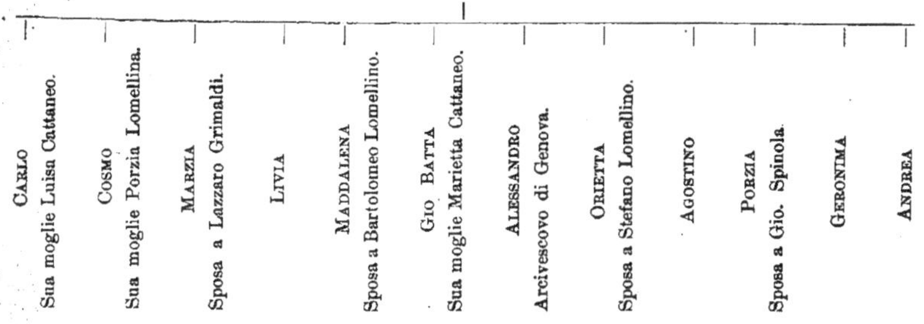

Généalogie de la famille OLTRAMARE depuis Augustin (Agostino)

soit depuis 1550 environ.

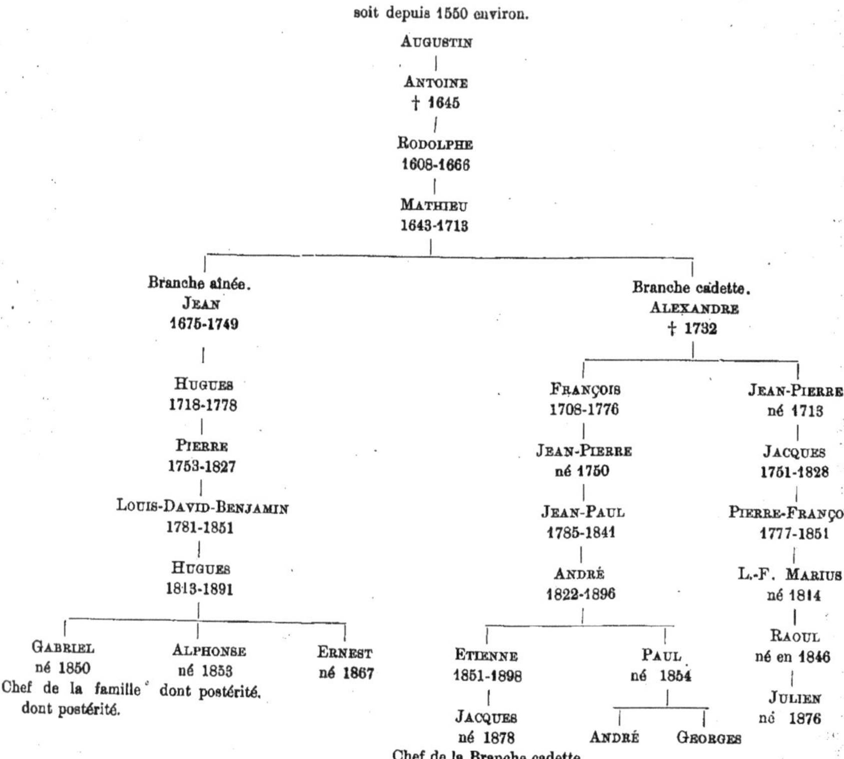

ADAMO OLTRAMARINO

C'est aussi de cette branche que descendit l'illustre Adamo mentionné dans nos fastes comme l'un des plus riches, des plus influents gênois du siècle et qui n'aurait pas eu à redouter la comparaison avec André Doria, s'il eut été doué de la grande perspicacité d'esprit de ce dernier. Il débuta dans la carrière publique comme fonctionnaire chargé de la direction de l'Hôtel des Monnaies et des Douanes, branches d'administration pour lesquelles il avait une rare compétence, car il se trouvait à la tête d'une maison de commerce, comme la majorité des nobles patriciens des Républiques italiennes, et avait des relations très étendues tant à Gênes que dans d'autres parties de la Péninsule et même en Espagne.

André Doria, qui connaissait la fortune colossale d'Adamo, conçut le projet de se servir de lui comme d'un instrument précieux pour arriver à ses fins, et c'est ainsi que la loyauté de l'Oltramarino succomba devant l'astuce de Doria, qui eut en lui un collaborateur des plus influents dans la revision des lois de 1528. A partir de cette époque, le grand amiral et réformateur fut certain d'avoir dans la personne d'Oltramarino un auxiliaire puissant et dévoué pour toutes les mesures qu'exigeait la conservation de la République de Gênes. Doria ayant gagné l'amitié et les bonnes grâces de l'empereur Charles-Quint, ne tarda pas à mettre Adamo en rapport avec ce monarque dont le nom seul faisait trembler les potentats et les peuples.

L'attachement qu'Adamo Centurione Oltramarino

portait à l'Empereur Charles Quint fut si grand qu'il le suivit dans maintes entreprises mémorables et qu'il lui fournit des subventions considérables en argent et en navires. On raconte que l'Empereur ayant besoin de deux cent mille piastres (40 millions de notre monnaie) pour la guerre d'Alger, Adamo les lui fournit de suite, et quand l' Empereur lui fit remettre le reçu, Adamo se trouvant en présence de notables, le jeta dans les flammes du foyer auprès duquel il se chauffait, en s'écriant : « Deux cent mille « piastres de plus, deux cent mille piastres de moins, « pour les Oltramarini, c'est tout un ! » Mais ce ne fut pas le seul sacrifice qu'Adamo ait fait pour soutenir la gloire et la grandeur de l'Espagne, ou plutôt de son impérial ami. Nombreuses furent les sommes qu'il fit parvenir au Trésor Impérial et aussi dans les coffres-forts d'Andréa Doria, subvenant à plusieurs reprises aux frais de la flotte.

Doria, pour affermir les rapports entre lui et Adamo, demanda à ce dernier la main de sa fille Ginetta pour son neveu Giannettino qu'il chérissait comme un fils adoptif. On rapporte qu'Adamo avait promis sa fille au Comte Gian Luigi Fiesco, mais qu'il lui fallut céder aux instances de Doria et reprendre la parole donnée. De ce fait s'accrut encore la haine que Jean Louis Fiesco nourrissait au fond du coeur contre toute la race des Doria, ce qui l'excita davantage à la vengeance qui se manifesta ouvertement lors de la fameuse conjuration.

Parmi les faits d'armes où se trouva engagé Adamo, il convient de mettre au premier rang ceux de la Goletta et de Tunis ; il faut citer en outre, les guerres d'Allemagne où il fit toujours campagne en faveur de l'Empereur, mais toujours à ses frais et pour l'honneur.

Il n'en fut pas moins généreux envers sa patrie lorsque l'on entreprit de fortifier Gênes du côté de Carignano, contribuant dans une large mesure aux frais qu'entrainaient ces fortifications : en effet à cette époque, par suite des guerres acharnées entre Charles-Quint et François Ier, la ville courait de grands dangers.

Il ne négligea pas non plus de prêter son concours financier aux entreprises édilitaires, telles que la construction de la porte d'Arco, l'agrandissement du port de Gênes et l'achèvement de la tour du Palais Ducal.

Quant aux vengeances qui furent la conséquence de la conjuration de Fieschi, Adamo n'y prit aucune part, et tandis que l'histoire enregistre le partage des terres de la famille Fieschi entre l'Empereur Charles-Quint, le Duc de Parme et Plaisance, Andréa. Antonio Doria, et Ettore Fiesco, nous ne trouvons rien à la charge d'Adamo. Bien mieux, c'est dans ces circonstances que l'âme de l'illustre praticien apparait dans toute sa noblesse, et se révèle dans son attachement à l'indépendance de la patrie. Charles-Quint prenant prétexte de la trame ourdie par Fieschi, proposait d'élever à l'endroit qui domine l'Acquaverde, une grande et formidable forteresse qui tiendrait en bride le peuple gênois. L'Empereur, à l'instigation de Ferrante Gonzaga, insistait ; aussi André Doria jugea à propos d'envoyer auprès de lui Oltramarino dans le but de le dissuader de ce projet qui pouvait faire naître une vive agitation dans la ville. L'ambassadeur réussit complètement.

Si cela suffit à démontrer l'ardent amour qu'Adamo portait à Gênes, sa patrie, toutefois il n'en advint pas moins que la faveur dont il était l'objet de la part de Charles-Quint, s'en trouva grandement augmentée. Ce dernier, ainsi que les biographes nous l'apprennent, tenait en toutes circonstances à lui adresser la parole en l'appelant « Messire Adamo », en lui donnant des marques publiques de son entière confiance et en le faisant asseoir en sa présence.

J'ai, dans les pages précédentes, rappelé que ce même Oltramarino jouissait de la confiance d'autres potentats, au nombre desquels nous devons citer, car c'est un fait digne de mention, Cosimo de Medicis, duc de Toscane, à qui d'un seul coup il prêta deux cent mille écus d'or. Le dit Centurione était colossalement riche ; je l'ai déjà constaté, mais ce qui le prouve une fois de plus, c'est l'acquisition qu'il fit du Marquisat de Stepa ou d'Estepa, en Espagne, pour lequel il déboursa 800 mille pièces de huit réaux chacune au moment même où il employait des sommes considérables à l'achat de Laulla, Monte de Vai et Bibola, terres soumises à la juridiction impériale dans la province de la Lunigiana.

Philippe II étant monté sur le trône d'Espagne, continua à témoigner à Oltramarino la même bienveillance que son père avait eue pour lui.

C'est à lui qu'avait recours Philippe II pour les nombreux travaux qu'exigeait la construction de l'imposante masse de l'Escurial, et Adamo, le Mécène et l'appréciateur éclairé de nombreux artistes, conseillait à Philippe II de faire appel aux talents de l'habile Galeazzo Alessi, auquel, ainsi que le rappelle Vasari, il s'était adressé pour l'embellissement de sa villa de Pegli, celle-là même qui, étant échue en héritage à sa fille Ginnetta, veuve de Giannettino, passait entre les mains des Doria à qui elle appartient encore de nos jours. Alessi traçait en effet, à Gênes, comme nous l'apprend Baldinucci, le plan de l'Escurial, monument qui dans son ensemble conserve le style de prédilection de ce célèbre architecte, enfant de Perugia.

Adamo Oltramarino mourut en 1568 au milieu du deuil général. Son nom, de même que celui d'autres illustres contemporains, n'a pas été perpétué par aucun monument, mais n'en brille pas moins d'un vif éclat dans l'histoire.

MARCO OLTRAMARINO

De Oriettina, fille du prince Marco Grimaldi, son épouse, Adamo Centurione avait eu Ginetta et un fils, Marco, jeune homme d'une grande sagacité intellectuelle qui succéda à Gianettino Doria dans le commandement des flottes impériales avec le titre de lieutenant général du prince André Doria, non sans une secrète rancune de la part de celui-ci qui entendait que la charge fût réservée au fils de Gianettino, le trop fameux Jean Andrea qui, plus tard, faisait assez triste figure à la bataille de Lépante.

Marco Centurione prenant possession de sa nouvelle charge, ne tarda pas à déployer l'énergie et l'habileté dont il était doué, à l'occasion du soulèvement survenu à Naples en 1547, contre le vice-roi don Pierre de Tolède. Il y avait un mois et demi que durait la guerre civile entre les habitants et les Espagnols ; ceux-ci retirés dans les châteaux-forts, non seulement battaient les maisons en brèche, grâce à leur artillerie, mais souvent, dans de fréquentes sorties, attaquaient et massacraient les habitants.

Le vice-roi, qui ne disposait pas de forces suffisantes pour défendre pendant longtemps les châteaux-forts contre la furie populaire, insistait auprès d'Andrea Doria pour en obtenir un prompt secours. La conjuration de Gian Luigi Tierco avait jeté au sein de Gênes elle-même un assez grand trouble; malgré tout, le vieil amiral ne tarda pas à armer de nouveau une vingtaine de galères qui se trouvaient, sous tous les rapports, dans d'assez mauvaises conditions, et qui étaient surtout dépourvues de rameurs, car en plus des trois cents Turcs qui, profitant des événements, s'étaient enfuis sur la galère Temperanza vers le littoral de la Barbarie, un grand nombre de forçats, pendant la nuit du complot, sciant leurs chaînes, s'étaient évadés et avaient gagné les montagnes, après avoir dévalisé les navires de tous leurs agrès et enlevé jusqu'aux bordages.

Le commandant de l'escadre mettant à la voile pour Naples, était pris par Marco, dont le père, comme dans d'autres circonstances critiques, avait fourni les fonds nécessaires aux réparations de la flotte ainsi qu'au paiement de la solde des volontaires et des marins. Les secours des navires sur lesquels s'étaient embarquées les troupes envoyées par la Lombardie et par le duc de Toscane, arrivèrent à temps,

Naples, ayant obtenu de Charles-Quint une honorable capitulation, rentrait dans le calme et Marco, avec ses vingt galères, regagnait le port de Gênes. De là, il partait bientôt, courant à de nouveaux exploits maritimes pour le service de l'empereur Charles-Quint. Ainsi, il coopéra deux fois à l'entreprise du Pignone en Afrique. Il escorta, d'Espagne à Gênes, le roi de Bohême, Maximilien.

Il mourut avant l'âge et du vivant de son père, et les mémoires du temps contiennent, au sujet de cette fin prématurée, de mystérieuses conjectures.

Il eut de Bettina, fille d'Alexandre Negrone, don Giovanni Battista, D. Alessandro, Carlo, Cosimo, Agostino, Andrea et plusieurs filles, Marzia, mariée à Lazzaro Grimaldi, marquis : Orietta, mariée à Stefano, de la famille dont descendent les princes de Monaco, Lomellino, Geronima, épouse d'Ambrogio Lomellino ; Porzia, épouse de Giov. Batt. marquis Spinola ; Alcisia, épouse d'Agapito Grillo.

Giovanni Battista se fixa en Espagne, dans le Marquisat de Stepa qui lui était échu en héritage de son père. A la Cour de Madrid, il remplit les fonctions de précepteur du prince des Asturies, fils du roi Philippe II et mourut en 1623.

Alexandre, resté à Gênes, embrassa la carrière ecclésiastique où il avança rapidement. Clerc de la Chambre Apostolique, éminent docteur en droit canon et d'une conduite irréprochable, il fut promu archevêque de Gênes, le 29 août 1591.

Deux autres fils de Marco, Carlo et Cosimo persistèrent à suivre la carrière de la marine militaire comme armateurs, obéissant en cela à la tradition des grands d'Italie de courir les mers, pour leur propre compte, contre les forbans et les Turcs et de se mettre en qualité de condottieri à la solde des princes de plus haut rang lorsqu'avaient lieu les expéditions générales. Aussi virent-ils leur influence et leurs richesses aller en augmentant, ainsi que c'était le cas pour les autres illustres maisons génoises, Doria, Grimaldi, Imperiale et Cicala.

Parmi les galères qui, de 1590 à 1600, furent la propriété de Carlo, j'en trouve citées quatre que, bien que titulaire à la Cour de Madrid de charges très importantes et honoré du titre tant envié de Conseiller de Sant'Iago, il commandait en personne dans ses nombreux voyages à Naples, à Civitavecchia, à Gênes, à Barcelone, partout où l'appelait son devoir, suivant qu'il était au service de Rome, de Gênes ou de Madrid.

Cosimo lui aussi, armait et commandait ses propres navires, mais de plus son autorité se faisait surtout sentir sur les domaines du fief ancestral de Laula. « Homme d'un caractère farouche et vindicatif », ainsi s'expriment les historiens ses contemporains, il était entré en conflit avec les marquis des terres limitrophes. Au nombre de ceux-ci se trouvait Spinetta Malaspina, marquis d'Olivola, vassal du grand-duc de Toscane. Malaspina cédant à son dépit et fort de l'appui et de l'adhésion de quelques autres marquis du voisinage, avait entrepris d'inquiéter les habitants du fief que possédait Centurione, et la brouille provenant de querelles sur des questions de confins, s'envenima au point que chaque jour des sujets des Malaspina envahissaient le territoire de Laula et menaçaient les habitants, non seulement dans leurs biens, mais dans leur vie elle-même.

Désirant mettre un terme à de telles incursions, Cosimo, à l'aide de quelques hommes embusqués dans un fourré, fit tuer le marquis Spinetta. Ce meurtre suscita des haines sans fin, non seulement de la part des Malaspina, mais aussi de la part du grand-duc leur protecteur et allié. Ce dernier écrivit au Sénat de la République de Gênes, demandant le châtiment de Cosimo Oltramarino, et comme il fallait s'y attendre, il en résulta dans la ville une grande effervescence, car Cosimo avait de nombreux partisans dans toutes les classes, aussi l'affaire fut vite étouffée et il n'en fut plus jamais question.

Cosimo s'étant retiré à Madrid, remplit à cette Cour les fonctions de gentilhomme de la Chambre du roi. C'est dans ce pays que Marco avait eu le Marquisat d'Estepa, et c'est à ses descendants que passèrent les biens et les prérogatives dont jouissait la branche de son frère Giambattista, branche éteinte dès le XVIIe siècle en la personne de Joseph, décédé sans laisser de postérité. Cette dernière branche, outre la renommée acquise en même temps que d'énormes richesses, grâce aux liens de parenté provenant d'alliance contractées avec les Porto-Carrero, les Pacheco, les Aragon et autres illustres maisons espagnoles, se rendit non moins célèbre par des hommes de talents hors ligne, tels que Jean Marquis d'Estepa, qui écrivit en langue espagnole les Réfutations au Traité de Louis Valle de la Cerda, sur la méthode pour dégrever le patrimoine royal par la création de Trésoreries d'Etat et de monts-de-piété.

Marco écrivit plusieurs opuscules d'histoire sainte en langue castillane. Il mourut dans son fief d'Estepa, en Andalousie, l'an 1648, après avoir publié à Grenade, en 1630, la vie de San Jeroteo, évêque de Ségovie, et à Madrid, en 1642, un essai pour servir à l'histoire du Mont Sacré de Val Parasos ; et, dans ce but, ayant à traduire quelques livres très obscurs et très difficiles, écrits en arabe, il s'adonna, bien que très âgé, à l'étude de cette langue.

Les branches transplantées en Espagne continuèrent à être inscrites au Livre d'Or de la République de Gênes, et leurs membres continuèrent à jouir des droits de citoyens gênois jusqu'au siècle passé.

L'ALBERGO CENTURIONE ET LES OLTREMARINI

Vers la moitié du treizième siècle, les querelles des factions guelfes et gibelines, ou plutôt les partis qui, par l'œuvre des Doria, des Fieschi, des Grimaldi, des Spinola, etc., ensanglantèrent Gênes, donnèrent naissance aux Consorteries, syndicats ou associations d'un certain nombre de familles qu'unissaient entre elles les liens du sang et de la parenté, et qui de la sorte virent grandir leur prestige, leur force, leur autorité. Ces réunions vinrent à être appelées « Alberghi », d'un vocable qui servait à désigner les maisons ou résidences des fonctionnaires publics. Tout Albergo reçut un nom spécial qu'adoptèrent les familles appelées à s'y réunir.

C'est ainsi que fut formé l'Albergo Centurione par

les familles Oltramare ou Oltremarini (1), Scotto, Bestagno, Becchignone, Cantello. Et comme sous la dénomination de Centurione, tant à Gênes qu'ailleurs, par exemple à Sienne, ainsi qu'il résulte du manuscrit dit « della Corona », que l'on conserve dans les archives de cette ville, on désignait un officier ayant le commandement d'un certain nombre d'hommes d'armes. il se peut fort bien que telle soit l'origine du nom donné au dit Albergo par la tradition ou la légende que nous venons de rappeler, et qui, sauf les modifications qu'elle comporte, pourrait fort bien avoir un fonds de vérité. Il faudrait la faire remonter toutefois au-delà de l'époque indiquée, c'est-à-dire au XIe siècle. siècle dans lequel il est déjà fait mention des Oltramare au sujet de la localité de Paragi.

Dans l'Albergo Centurione, les Oltremare ou Oltramare sont nommés Oltramari ou Oltremari ; ce diminutif de nom patronymique n'a rien qui doive étonner. Il provient certainement d'un usage qui a prévalu au Moyen-Age, à Gênes et ailleurs, et qui a plus ou moins altéré les noms de famille. C'est ainsi que les Del Mare, puis Dé Mari se trouvent çà et là nommés Dé Marini, tout en ayant conservé le blason qui leur est commun avec ceux qui continuèrent à s'appeler Dé Mari.

Après qu'ils firent partie dudit Albergo à l'instar des Scotto, des Cantelli, des Becchignone et des Bestagno qui ajoutèrent au surnom de Centurione le

(1) Il est inutile de faire remarquer que dans ces documents le nom prend indifféremment l'une ou l'autre de ces deux orthographes.

nom de leurs maisons ancestrales, les Oltramarini continuèrent à se distinguer par leur nom familial, le joignant à celui qui désignait l'Albergo, c'est-à-dire à l'appellatif Centurione.

Avec les familles fédérées (syndiquées), ils eurent en commun la Loggia (Loge), c'est-à-dire l'endroit où ils tenaient leurs réunions habituelles pour y traiter de leurs intérêts généraux, mais leurs sépultures restèrent séparées, car, par exemple, tandis que les Scotti avaient leurs tombeaux dans la chapelle de Sainte Catherine de Sienne, basilique de Saint-Sirius, les Oltremarini conservaient leurs tombes dans la même église, mais dans une autre chapelle, celle de Saint-Nicolas de Bari, construite des deniers de leurs ancêtres. Cette chapelle existe encore de nos jours, bien que lors de la restauration de ce magnifique temple, elle ait subi des modifications. Et c'est ainsi qu'eurent aussi à subir des modifications les maisons que leurs ancêtres possédaient, dès 1200, sur la place voisine de Fossatello et dont la branche des Oltramarini conserva la propriété jusqu'au siècle dernier. Au nombre de ces maisons figurait un palais de merveilleuse architecture, œuvre du XVIe siècle et qui appartient aujourd'hui à la famille des marquis Cambiaso.

A propos de ces maisons, nous devons dire que même dans les masses populaires, la considération dont la famille qui en était propriétaire, jouissait à Gênes était si grande, qu'en 1478, comme il allait être procédé à l'élection du Doge Giambattista Fregoso, ainsi qu'en fait mention Guistiniani, « celui-ci « s'en fut aux maisons des Centurione où il fut nom-

« mé chef de l'Etat suivant les coutumes de la ville « se rendit au Palais, armé, et retourna ensuite aux « diles Maisons des Centurione, y convoquant le Sé- « nat, les Présidents et deux cents autres citoyens. « Là, on délibéra sur cette proposition : si le bien de « la République voulait qu'il fût créé une nouvelle « charge de Bailli (Prévôt) ainsi que sur beaucoup « d'autres motions et fonctions, — et il fut ainsi dé- « cidé » — Galetto Centurione prit possession de la nouvelle charge, et Giambattista fut confirmé dans le commandement suprême de la ville et alors il commença à former de nouveaux projets.

En ce qui concerne les autres branches qui conjointement aux Oltramare, formèrent l'Albergo, elles ont également laissé de glorieuses traces.

La noble famille des Scotti dont les descendants sont ceux qui de nos jours continuent l'illustre Maison Centurione, se trouve déjà mentionnée, dès 1122, dans les fastes de Gênes. Les Scotti n'étaient pas originaires d'Albenga, comme l'a écrit Canale, ce sont bien des gênois et ils descendent également des dé Marini, Dei Mari, des Avvocati, des Pevere, des Cibo etc., des Spinola, postérité des Visconti de Carmandino, ainsi qu'il résulte du Volume des Privilèges et des acquisitions des achats du Peagetto, Porta, Voltaggio, Gavi, Riva, Vicecomitato, etc., volume déposé aux Archives de San Giorgio et qui contient plusieurs témoignages nous révélant précisément quels étaient les descendants des Visconti. Les Scotti sont à ce titre mentionnés dans le Registre Archiépiscopal et dans les documents du XIIe siècle. Gherardo Scotto est Conseiller en 1127, en 1141, en

1146. Et Ido prête serment au Comte de Barcelone à l'occasion de l'entreprise d'Alméria. Dans les Actes de Giovanni Scriba, année 1158, on trouve un acte stipulé entre Ugo Scotto, fils de feu Ido et Lamberto. Cet Hugo figure, en 1175, parmi les Porte-Clefs de la Commune de Gênes où les Scotti remplissent les fonctions de Consuls, ayant pour collègue Balduino fils d'Amico, en 1185, et avec Ogerio en 1194 et Guglielmo en 1213 et Balduino, deuxième du nom, en 1248.

Déjà en 1190 la famille se partage en deux branches, celle de Gerardo marié à la fille d'Opizzo di Castello, famille à ce moment très puissante à Gênes, et l'autre d'Ogerio qui déjà d'un âge avancé, passait vers la dite époque des contrats avec Balduino fils.

Un des membres de cette branche des Centurione, Scotti, fut élevé, en l'an 1654, par l'Empereur Ferdinand III, lui et ses successeurs, à la dignité de Prince du Saint Empire Romain avec le droit de frapper monnaie. De ces monnaies, il nous a été donné de voir des spécimens d'or et d'argent exposés en 1892 par le Prince Giulio Centurione Scotto à l'Exposition d'Art Antique, tenue à Gênes au Palais Bianco.

Ces spécimens portent les épigraphes ci-après : « Carolus Centurio Mar Campi » c'est-à-dire Marquis de champ, et sur le revers de l'écu les armes de la famille, consistant en un Echiquier, à trois rangs de dés disposés en biais, et autour de l'écu un exergue avec ces mots : « Sac. Rom. Imp. Princeps 1660 ».

Batista, fils de Carlo, joignit à son portrait celui de sa femme Guilia Serra, fille de feu Gio. Tomaso, d'où l'inscription : « Jo. Bapt. Centurio et Jul. M. Mar Campi » frappée en 1668. Enfin un autre Baptiste fit usage en 1772 du même droit.

Les fiefs des Centurione Scotti sont formés de la Principauté del Goretto et des marquisats de Castelmoro et de Morgasco.

La noble famille Cantelli est également citée dans les fastes de Gênes, dés 1200, époque à laquelle vécut Lanfranco, souche de toute la famille ; il eut deux fils Pagano et Pasquale dont les noms figurent dans un acte de 1237 ; le premier laissa un fils du nom de Simone, qui ne laissa pas de postérité; son frère Pasquale eut, au contraire, plusieurs enfants dont sont issues différentes branches, et l'une d'elles est même venue jusqu'à nos jours.

Le nom de l'autre Maison de Becchignone est mentionné vers le XIIe siècle. Un Simone était, en 1250, gendre de Lucchetto Grimaldi ; sa descendance a duré jusqu'à notre siècle, c'est elle qui a fourni à la République de Gênes plusieurs doges biennaires.

La Souche des Bestagni fut un nommé Giacomo. Sa lignée n'est pas allée au-delà de sept générations.

On peut voir, d'après ces indications, à quels noms glorieux fut associé la famille Oltramare à ses origines, et ce que furent plusieurs de ses fondateurs.

Nous reproduisons maintenant les indications fournies sur la famille par l' « Annuaire Général Héraldique » de 1904.

OLTRAMARE

(Ultramarini)

Gênes et Genève : Parti au 1 d'or à deux ondes d'argent posées en bande ; au 2 d'azur à un animal (peut-être un loup marin), rampant contre le parti, accompagné en chef d'une rose de gueules au-dessus de deux fleurs de lis d'or.

Timbre : Couronne de marquis.

L'origine de cette vieille famille noble et patricienne remonte au XIIe siècle, par Guglielmo Centurione Ultramarino (1165), qui vécut à Paragi, aux environs de Gênes.

Elle a donné à la République de Gênes un très grand nombre de membres du Conseil des Anciens, des commandants d'escadres de galères vainqueurs des Maures d'Afrique, un ambassadeur auprès du comte de Savoie, en 1414, un ambassadeur auprès de Henri V d'Angleterre (Ganduccio), etc., etc. Adam Ultramarino, membre du Conseil des Anciens, de 1514 à 1525, fut créé marquis d'Estepa ou de Stepa, par le roi d'Espagne.

Citons les alliances des Oltramare avec les marquis Cattaneo, Lomellini, Spinola, les princes Grimaldi, etc. — On trouve dans les « Rogiti » de Bartolomeo Defornari (1264), le nom d'Oltramare désignant les membres de cette famille.

ARMOIRIES
DE LA FAMILLE
OLTRAMARE

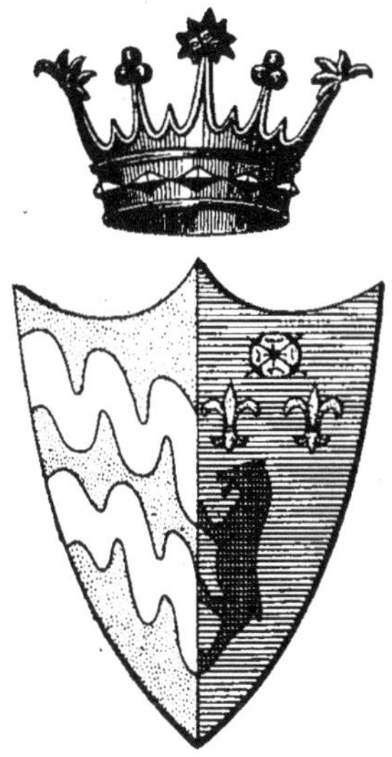

Le 4 avril 1608, Antoine Oltramare, fils d'Augustin (de Gênes), fut admis à la bourgeoisie genevoise. La lignée a fourni bon nombre de professeurs, pasteurs et théologiens notables, parmi lesquels il convient de citer : Nicolas Oltramare (1611-1680),qui fut successivement pasteur de l'église italienne de Londres (1640-1646), puis pasteur de l'église Saint-John (Cornouailles) ; Marc-Jean-Hugues Oltramare (1813-1891), chevalier de la Légion d'honneur, docteur en théologie, pasteur et professeur de théologie à l'Université de Genève, auteur d'une traduction du Nouveau Testament ; André Oltramare (1822-1896), professeur de littérature latine à l'Université de Genève ; Etienne Oltramare (1851-1898), fils du précédent, président de chambre au Tribunal de première instance de Genève.

La famille est actuellement représentée par :

I

Oltramare (Mis Gabriel), chef de nom et d'armes, marié à Mlle Bedot, dont postérité. — Buenos-Ayres.

Frères :

Oltramare (Alphonse), banquier. 27, rue Laffite (IXe), — et Noyembrie, Coucy-le-Château (Aisne).

Oltramare (Ernest). — Buenos-Ayres.

Oncle :

Oltramare (Gabriel), Chevalier de la Légion d'honneur, Doyen de la Faculté des sciences à l'Université de Genève (36, quai des Eaux-Vives), marié à Aline Mouchon ; dont : 1) Hugues, docteur en médecine, professeur à la Faculté de Genève ; 2)

François, astronome, Chevalier de la Légion d'honneur.— 34, rue Madame (VIe).

II

Oltramare (Cte Jacques-André), Attaché à la Légation de Suisse à Paris, né le 8 avril 1878.— 9, avenue Marceau (XVIe) — et 8, rue Eynard, à Genève. (1)

Oltramare (Anna), veuve d'Etienne, 8, rue Eynard à Genève.

Soeur :

Oltramare (Juliette), née le 8 mai 1880, mariée à Enrico, des Barons Tramonti.— Palerme.

Oncle :

Oltramare (Paul), Doyen de la Faculté des lettres à l'Université de Genève, marié à Berthe Carteret.

Cousin :

Oltramare (Raoul), né à La Rochelle en 1846, marié le 14 juillet 1874 à Mlle Claire Mention de La Gônterie, dont Julien, né à La Rochelle.

Augustin Oltramare (2), le chef de la famille, qui

(1) Nommé depuis à Londres.

(2) Ce nom a subi dans l'histoire bien des modifications. Nous l'avons vu orthographié, au cours de nos recherches, des diverses manières suivantes : Oultremer, Outremer, d'Outremer, Autremer, Doutremer, Oltremarini, Oltramarino, etc. Certains registres anglais du pays de Cornouailles, où une branche de la famille est allée se fixer pour y faire souche, portent le nom écrit tantôt Olteamare, Oltramore, Oltrimarie, Oltrymary, Oltromari, etc.

était partie d'Italie à cause des persécutions religieuses, vint s'établir à Genève vers l'année 1570, un peu après le grand exode dont nous avons parlé.

Le 9 août 1600, son fils Antoine épousa Suzanne, fille de Francesco Fayerne ou Faërne, le fameux poète, de Crémone. Il eut douze enfants de sa femme.

Le sixième, Nicolas, naquit en janvier ou février 1611. Nous ne pouvons indiquer la date d'une manière précise, faute de documents plus exacts, mais nous savons qu'il fut baptisé le 17 février 1611 (3).

Trois ans auparavant, Antoine Oltramare avait été reçu bourgeois de la ville de Genève, selon le document dont voici la copie exacte :

LETTRE DE BOURGEOISIE

Nous, Syndics et Conseil de Genève, à tous soit notoire et manifeste comme aujourd'hui, date des présentes, étant en notre ordinaire conseil assemblés, s'est par devant nous présenté, honorable Antoine Oultremer, de Brigantin en Italie, lequel nous a instamment et humblement requis le recevoir au nombre et rang de nos bourgeois.

A quoi benignement et favorablement inclinant, par même délibération de notre conseil, avons icelui Oultremer, ici présent et avec actions de grâces humblement acceptant, reçu et créé, le recevons et créons du nombre et rang de nos autres bourgeois et jurés, tant pour lui que pour ses enfants et les enfants de

---

(3) Registre des baptêmes et mariages de l'Eglise italienne (Genève, archives de la ville, année 1611).

ses enfants, nés et à naître, mâles, naturels et légitimes (1), jusqu'à l'infini.

Voulons et ordonnons que d'ores en avant et perpétuellement, tandis que lui et les siens susdits feront leur habitation en cette notre cité, ils puissent jouir de toutes les libertés, franchises, us, coutumes, prérogatives et prééminences accoutumées à nos dits bourgeois.

Et suivant ce, le dit Oultremer nous a volontairement promis et juré solenellement sur la Sainte Ecriture de Dieu, de nous être fidèle et obéissant, bon et loyal à cette notre cité; d'observer, de garder et tenir les libertés et franchises d'icelle ; de vivre en icelle selon la Sainte Réformation évangélique ; de ne contrevenir aux ordonnances et charges qui sont et seront imposées à l'utilité et profit d'icelle ; de venir au conseil quand il y sera demandé, de bien et loyallement conseiller, de tenir secret tout ce qui sera dit en conseil, si ce n'est matière qui dût être publiée ; de nous révéler et rapporter tout ce qui sera contraire à la dite cité ; d'acheter matières dans icelle et des possessions dans nos franchises et terres selon sa faculté ; de ne s'absenter en temps de nécessité ; de ne mener marchandise étrange en son nom pour la défrauder ; de ne sortir d'icelle pour aller habiter ailleurs sans notre congé et licence ; finalement de ne souffrir être faites aucunes pratiques, machinations ou entreprises contre icelle et contre la Sainte Réformation évangélique ; d'être as-

(1) Il est bon de remarquer que cela veut dire « les enfants qui sont à la fois naturels et légitimes » ce qui exclut évidemment soit les enfants adoptifs, soit les bâtards.

sorti d'armes pour la défense de la cité selon son pouvoir et finalement de faire, dire et procurer le bien, honneur et profit d'icelle.

Ce qu'avons fait, tant de grâce spéciale que moyennant le prix et somme de quinze écus, un seillot et un mousquet, qu'il nous devra payer ès mains de notre bien-aimé général trésorier, qui nous en tiendra compte.

Donné à Genève, sous notre sceau et seing de notre secrétaire, ce quatrième avril mil six cent huit.

Par mes dits seigneurs syndics et Conseil,

GAUTIER.

(Le lundy 4e avril 1608. Antoine Oultremer, fils de feu Augustin Oultremer, de Brigantini (Bergantino près de Rovigo) en Italie, receu bourgeois pour quinze escus, un seillot et un mousquet, a juré.)

(Extrait des registres des Conseils, année 1608).

* * *

Il est à remarquer que le nom de famille Oltramare n'est pas mentionné parmi la liste que donne Gaberel à la fin de son important ouvrage « Histoire de Genève ».

Cependant, ses listes ont l'air d'être assez complètes et donnent beaucoup de noms. Mais comment expliquer que le nom d'Oltramare n'y soit pas mentionné ? Surtout quand on se rappelle que les descendants des réfugiés qui portaient ce nom ont acquis une certaine célébrité, bien plus loin que Genève et la Suisse ! Quoi qu'il en soit, il y a là, dans l'ouvrage de Gaberel, une lacune assez considérable.

Et maintenant, empruntons à l'ouvrage de J.-B. Galiffe, dont nous avons parlé, quelques indications complémentaires.

Quand la famille Oltramare fut établie à Genève, dans les dernières années du XVIe siècle, elle ne tarda pas à entendre son nom prononcé Outremer, et par suite écrit ainsi, à la française. Un arrêt du Conseil, du 21 novembre 1787, donna acte à la famille, de l'identité de son nom, sous cette double forme : toutes les graphies intermédiaires se rencontrent dans les actes des XVIIe et des XVIIIe siècles; on trouve aussi Autremer, Doutremer, etc.

I. Augustin Oltramare fut père d'Antoine.

II. Antoine Oltramare, reçu B. G. le 4 avril 1608, épousa, le 6 août 1600, Suzanne, fille de Francesco Favorno, soit Faerno, de Crémone, dont il eut douze enfants.

Le 6e, Nicolas, baptisé le 17 février 1611, immatriculé en 1629 à l'Académie de Genève, et le 24 février 1638 à la faculté de théologie de l'Université de Leyde.

Le « registre des baptêmes et mariages de l'Eglise italienne » porte simplement la mention suivante :

« L'année 1611, le 17 février, a été baptisé Nicolas, fils d'Antoine Oltramare et de Suzanne, son épouse, présenté par Nicolas Gavard, Savoisien. » (1)

La famille habitait la rue des Etuves, du moins vers les dernières années de la vie d'Antoine, si nous

(1) L'anno 1611 alli 17 febraro si baptizo Nicolo, figlisulo d'Antonio Oltramare, e di Suzanna sua moglie, presentato da Nicolas Gavard, savoyano.

en croyons les indications fournies à ce sujet par le « Livre des morts ». Il mourut le 26 janvier 1645, emporté vers onze heures du soir par une fièvre continue et par une attaque de dysenterie. Il était âgé de 70 ans. (1)

Le jeune Nicolas fut immatriculé en 1625 à l'Académie de Genève ; il avait alors dix-huit ans.

---

(1) Livre des morts, archives de Genève, année 1645

CHAPITRE III

Nicolas Oltramare, étudiant.
L'Académie de Genève. Les thèses des étudiants.
Le Recteur et les étudiants.

Voilà donc Nicolas inscrit au nombre des étudiants. C'était la période glorieuse d'hommes comme Jean Diodati, Frédéric Spanheim, Gaspard Laurent, Bénédict Turrettini, David Leclerc, etc. qui tous, à différents degrés, ont exercé une grande influence dans le domaine de la philosophie et de la théologie.

C'est une époque où l'Académie est en pleine prospérité. Elle avait alors pour recteur Daniel Chabrey, qui occupa ces fonctions élevées de 1625 à 1633. La plupart des professeurs de Nicolas étaient des hommes d'une grande notoriété et le jeune étudiant, qui était d'un caractère appliqué, studieux, se trouvait dans d'excellentes circonstances pour faire de sérieuses études.

Nicolas suivit les leçons de théologie de Bénédict Turrettini, qui mourut en 1631 et qui, en 1612, avait été nommé professeur, et consacré au ministère (1). Ce fut un homme d'une grande valeur : il est l'auteur d'une histoire « de la réformation de Genève », composée sur la demande de la vénérable Compagnie; il a laissé beaucoup d'écrits de controverse ainsi que des sermons italiens et français ; une foule de dissertations et de thèses savantes... Tout le monde l'ai-

(1) Eug. de Budé. « Vie de François Turrettini », 1871, Bridel, Lausanne.

mait, chacun louait, à sa mort, son heureuse influence, sa piété, sa science, son éloquence persuasive et son courage à toute épreuve. Pour donner un témoignage de l'estime dont il jouissait dans son pays, disons que lorsqu'en 1632 le Conseil des Deux Cents accorda à Jean Turrettini l'inféodation d'une maison de campagne, il le fit en considération des services que son père Bénédict avait rendus à l'Etat.

Nous avons nommé un des autres professeurs de Nicolas, Jean Diodati. (1576-1649) Diodati était un professeur distingué, un prédicateur éloquent, un des plus savants commentateurs de la Bible (1). Il en fit une traduction en italien, traduction qui lui valut les plus chaleureux éloges de plusieurs hommes compétents comme Frédéric Spanheim, Isaac Casaubon, Ancillon, et qui est devenue en Italie la version nationale par excellence.

Frédéric Spanheim, professeur de philosophie, puis de théologie à la place de Turrettini, fut nommé recteur en 1633 et conserva ces fonctions jusqu'en 1637. Il fut ensuite appelé à Leyde en 1642. On lui doit entr'autres travaux des dissertations latines sur la Grâce universelle, des lettres, des sermons, des disputationes theologicæ, etc.

Notre jeune étudiant genevois était donc bien placé pour faire de bonnes et solides études en vue du ministère évangélique.

* * *

A côté et au-dessus des professeurs, nous devons

---

(1) Eug. de Budé. « Vie de Jean Diodati », Bridel, Lausanne.

une mention spéciale au Recteur qui était un gros personnage (1).

« Son office sera d'estre superintendant sur toute l'Eschole ; d'admonester et reprendre le principal et les Régens, et les professeurs publics, quand il les verra estre nonchallants, et les advertir de mieux faire leur office. Item, d'appaiser toutes quereles qui se pourroyent eslever entre les Régens ou les autres gens d'estude, ou s'il est besoing de plus grande authorité, en remettre la décision aux ministres de la Parolle, sauf toujours ce qui appartient au Magistrat. Que tous les auditeurs publics (étudiants de l'Académie) à scavoir, qui ne seront point des classes (collégiens), viennent à lui, il les fera soubscrire à la confession de foy, et ainsi les recevra au rang des escholiers ».

Tous ces devoirs reçoivent une consécration par le serment pour le Recteur.

En principe, ces fonctions duraient deux ans. Mais elles étaient renouvelables. Daniel Chabrey, nommé en 1625, l'est encore en 1632.

H. Boissier l'a été pendant 18 ans (1600-1618).

Nous complétons ces indications par quelques renseignements que nous empruntons au magistral ouvrage de M. Ch. Borgeaud (2).

Si l'on pouvait conclure de la survivance d'un titre à la pérennité d'une institution, l'Ecole genevoise qui n'a jamais cessé, depuis le moyen âge, d'avoir son recteur, serait la plus ancienne institution,

(1) L'enseignement supérieur à Genève, par H.-F. Amiel et A. Bouvier. Genève, Ramboz et Schuchardt. p. 29 (1878)

(2) Histoire de l'Université de Genève, Georg et Co,1900.

encore existante, de la République. On peut constater en tout cas que, successivement « Rector Scholarum » aux XIVe et XVe siècles, « Rector totius Scholæ » au XVIe et au XVIIe, « Recteur de l'académie » et enfin « Recteur de l'Université » au XVIIIe et au XIXe, le représentant par excellence de la magistrature scolaire à travers les âges, porte actuellement le plus ancien titre, revêt la plus ancienne dignité que Genève puisse conférer. L'évêque et le vidomne ont passé dès longtemps, les syndics ne sont plus qu'un souvenir, seul le recteur, qui fut leur contemporain, vit encore. Il est vrai que la continuité de la fonction ne répond exactement à la continuité d'un titre qu'à partir de la fondation de l'Ecole calvinienne. Mais c'est déjà beaucoup et les plus exigeants, parmi ceux qui cherchent, sous le mot, la chose, s'en contenteront certainement.

Le recteur établi par les « Leges Academiæ » est le chef des maîtres de tout rang et des écoliers, qu'il représente vis-à-vis du pouvoir civil et ecclésiastique. Les prescriptions spéciales qu'on peut lire au titre qui le concerne, touchant ses rapports avec les étudiants, témoignent que Jean Calvin n'avait pas perdu la mémoire du temps où lui-même était membre de l'Université d'Orléans et, par le choix de ses camarades, procureur de la « nation» de Picardie. Il n'ignorait pas que le recteur des anciennes universités était choisi par les étudiants et qu'il était avant tout leur défenseur et leur patron. Quelque chose de ce rôle devait rester au dignitaire dont le réformateur confia l'élection à ceux qui étaient à la fois les aînés de ses élèves et ses collègues.

Non seulement le recteur de l'Académie genevoise eut charge de recevoir à l'immatriculation les candidats au rang d'écoliers publics, d'assembler les étudiants à l'extraordinaire, de veiller sur leur conduite, au dedans comme au dehors de l'Ecole, et de leur délivrer, après enquête, le témoignage que méritaient leurs études, mais il eut la garde et le maniement des « deniers du collège, » puis la superintendance de la Bibliothèque et la haute surveillance des imprimeurs. Il avait enfin, devoir éminent de sa charge, la tâche d'organiser et de conduire la cérémonie des promotions ; et l'on sait que les solennités académiques furent longtemps les seules circonstances où se déployait quelque pompe officielle.

Le recteur, une fois élu par la Compagnie parmi ses membres, mais non pas nécessairement parmi les professeurs, était présenté à Messieurs pour être confirmé par leur autorité. Puis il était conduit au collège et inauguré dans la grande salle par une «remonstrance » du modérateur, assisté du recteur sortant de charge. L'élection était faite pour deux ans, mais le titulaire, qui n'était dans la règle déchargé que sur sa requête, présentée après la cérémonie des promotions, était rééligible. On peut voir, dans la longue liste de ceux qui se sont succédé dans ces fonctions, que beaucoup ont exercé le rectorat pendant quatre, plusieurs pendant six et même dix années. Lorsque le recteur en titre était empêché par l'absence, la maladie, ou toute autre cause, de vaquer à ses devoirs, on nommait un protecteur temporaire. La charge, qui était fort loin d'être une sinécure, resta purement honorifique et gratuite. A diverses reprises, au XVIIe siècle, des émoluments furent demandés à Messieurs pour le spectable recteur « attendu, — lit-on dans le registre de 1637, — les incombances extraordinaires dont il est chargé.» Ce fut en vain ; il dut se contenter de son traitement de professeur ou de ministre.

Nous aurons l'occasion de mentionner ailleurs le Livre du Recteur (1). Quoique plus régulièrement tenu, quant aux signatures, au XVIIe. il ne peut, pas plus alors que précédemment, servir de point de départ à des calculs précis. Les Genevois qui ont achevé leurs classes au collège et sont promus à l'académie s'y trouvent toujours régulièrement inscrits; mais c'est le petit nombre. « La ville de Genève est tout autre qu'on ne s'imagine. — écrit Bayle ; il y a très peu de gens du lieu qui fassent étudier leurs enfans, et l'Académie seroit fort déserte sans les étrangers.» D'autre part, les étudiants en philosophie et lettres et ceux en théologie sont seuls ordinairement portés au registre rectoral. Les juristes ne s'y rencontrent qu'à titre d'exception. Pour n'avoir pas donné leur nom au recteur, les étudiants en droit n'en étaient pas moins soumis à son autorité qui s'étendait d'une façon générale sur toute la jeunesse studieuse étrangère. En 1615, nous le voyons retirer un écolier de la prison pour dettes. En 1617, le recteur est chargé de pourvoir « à un jeune baron destitué de gouverneur. »

Dans une école internationale, il est difficile de faire règner toujours la paix et la bonne harmonie en-

---

(1) Voir appendice, sub voce.

tre les étudiants de divers pays. Au XVIe siècle, le péril commun et une discipline toute militaire suffisaient pour maintenir l'union de tous les écoliers réformés autour de l'« alma mater », sans cesse exposée aux coups de l'ennemi ; au XVIIe, la tâche du recteur devient à cet égard beaucoup plus difficile. Les Français et les Allemands commencent à le fatiguer de leurs « estrifs ». Ceux-ci sont gens au col roide, à cheval sur leur noblesse et tenant pour très gentilhomme de ne pas saluer les Français qui sont, pour la plupart, bacheliers de mince apparence et tout au plus candidats en théologie. Mais ces derniers, bien qu'ils ne portent pas l'épée, n'en sont pas moins chatouilleux sur le point d'honneur. L'attitude provocante des Allemands accumule le ressentiment dans les cœurs. Quand la tempête éclate, le recteur doit paraitre et sévir ; parfois la Compagnie aussi doit intervenir. C'est ce qui nous vaut, dans ses registres, quelques mentions des faits.

En 1623, M. le Recteur Bénédict Turrettin « propose qu'un escholier du Palatinat nommé Mr Schler ayant dressé et fait imprimer des Theses en Théologie pour les disputer publiquement soubz lui, comme il les présentoit et distribuoit aux estudiants en Théologie, il y en eut quelqu'un d'entre les François qui, en sa présence et par desdain, deschira ces theses. » Le recteur a tancé vertement le délinquant, un proposant bourguignon nommé Rondot. Mais les Français ont comploté de ne point se trouver à la soutenance, disant que le candidat n'a pas averti le prêteur, suivant l'ordre accoutumé et ne leur a pas distribué les thèses comme aux écoliers allemands à domicile. Toute l'histoire n'est évidemment qu'un prétexte. Il y a longtemps que les nuages s'amoncellent et l'on veut un éclat.

Les étudiants français, réunis en l'Auditoire de théologie, « accusent les seigneurs allemands de ne les point saluer aux rencontres, ains les narguer et faire beaucoup de tels actes indignes... » De leur côté, les Allemands, au nom desquels le comte de Hanau et les jeunes barons de Zerotin font requête à Messieurs, se plaignant vivement des Français. La Compagnie donna tort aux uns et aux autres « les censurant de leurs excès, les exhortant paternellement et charitablement de penser soigneusement à leur devoir, à quitter toute haine et « maltalent » les uns contre les autres, à se garder de faire des partis nation contre nation, mais de vivre ensemble en bonne union et concorde fraternelle. Ce qui leur fut gravement et vivement représenté et remontré par M. Tronchin, notre frère. »

La fièvre des écoliers céda aux calmants de la vénérable Compagnie. Malheureusement, à cinq ans de là, un nouvel accès témoignait suffisamment et de la chronicité du mal et de la profondeur de ses origines. Ici encore la mémoire de l'estrif nous a été conservée parce qu'il est survenu à propos d'une soutenance ; mais, cette fois, c'est autour de l'Auditoire de droit que l'intrigue se noue et se déroule. Dans des thèses pour lesquelles ils ont ingénieusement choisi le sujet des privilèges de la noblesse et que le professeur, Jacques Godefroy, n'a pas eu le temps de voir à loisir avant l'imprimeur, quelques Allemands ont saisi l'occasion de proclamer à la face du ciel l'antériorité et la supériorité de leur race sur toutes les autres. De là le bruit.

11 avril 1628. « Proposé qu'il estoit arrivé un grand estrif entre quelques François et Allemans, à l'occasion de quelques Theses « de Nobilitate », lesquelles avoyent donné subject de plainctes par la préférence attribuée aux Allemans par dessus toutes nations, dont il y avoit à craindre quelque dangereuse consequence. L'affaire, par advis de la Compagnie, remis à Mons. le Recteur et à Mess. les Professeurs lesquels, ayans appelés les Allemans, advertissement leur a esté fait, que la Compagnie ne pouvoit permettre que la dispute se tint si la chose n'estoit corrigée : partant qu'ils allassent conférer avec Mons. Godefroy, auquel pour la haste d'imprimer ils n'avoyent baillé loisir de revoir les dites theses bien amplement. Plus, pour ce qu'ès mesmes theses Salomon estoit qualifié « natus ex adulterio », (ils) ont esté admonestés que cela estoit insupportable et que la Compagnie ne pouvoit souffrir chose si manifestement contraire à la parole de Dieu. »

« Les susdits Allemans se sont soubmis à l'advertissement qui leur a esté fait. »

« D'autre part ont comparu le baron de Arsi et autres jeunes hommes françois, se plaignans de la These des Allemans et de quelques propos ; sur quoy leur a esté remonstré : 1o que la dispute ne se feroit sans correction ; 2o que ceux qui avoyent fait affiches licentieuses offensoyent non seulement des escholiers, mais aussi les Professeurs et que ces procédures ne devoyent estre suivies parmi nous, ains qu'il faloit esteindre toutes semences de querelles et par ce moyen ont esté renvoyés en paix. »

Il est à remarquer que dans l'album souvent cité, où l'on trouve le nom et les armes de la plupart des jeunes nobles protestants qui sont venus à Genève au XVIIe siècle, on ne relève tout au plus, pour cette époque, que trois ou quatre blasons français.

Vers le milieu du siècle, les étudiants en théologie crurent devoir se mettre en frais de costume pour imposer le respect aux hobereaux à l'épée en verrouil et tenir à leur tour le haut du pavé. Le recteur, puis la Compagnie durent intervenir lorsque les proposants s'avisèrent de monter en chaire pour faire la lecture de la Bible, avant le sermon, avec « grands cheveux et rabats excessifs, » puis en « habits de couleur, bottés, esperonnés avec des canons empesés et manchettes volantes et autres vanités indécentes et scandaleuses. » En 1670, le Conseil est obligé de prendre un arrêté pour défendre « à tous escholiers en Théologie et Philosophie, de porter espée, canne, ny baston, de jour ny de nuit, sous quel pretexte que ce soit. » Et deux ans après, comme Jacques Sartoris, recteur nouvellement élu, prête le serment de sa charge, le premier syndic lui prononce qu'il ait à faire observer le dit règlement.

Le temps n'est plus évidemment où les étudiants sont appelés à manier l'épée et l'arquebuse pour la défense de la cité. Cependant on les trouve encore réunis en compagnies pour aller travailler à la fortification. Et, en 1660, le modérateur ayant été chargé de composer une prière solennelle, que doivent faire chaque matin les bourgeois et habitants qui viennent besogner à ce service, les proposants alternent avec les dizeniers pour en dire le texte aux travailleurs.

La même année, on autorise les étudiants en théologie à assister, à l'exception de tous autres, aux visites de consolation qui sont faites par les pasteurs, dans les prisons publiques, aux criminels condamnés à mort. Par contre, presque simultanément, on les prive de l'avantage de proposer, en leur Auditoire, devant une assistance où se trouveraient des auditrices.

Dès l'origine, l'Ecole avait été soumise à des inspections ou « visites, » pour lesquelles, soit des députés de la Compagnie, soit un syndic et un scolarque, étaient adjoints au recteur. En 1651, on jugea nécessaire de soumettre tous les étudiants à quelque profession qu'ils appartinssent, à des censures trimestrielles.

Nous avons rappelé plus haut, à propos de la célébration du premier centenaire de la Réforme, ce qu'était le cérémonial des Promotions et le rôle qu'y jouait le recteur de l'Académie. Ajoutons que c'était sous sa présidence que les professeurs, auxquels pouvaient se joindre à l'origine les ministres désireux de le faire, rédigeaient et appréciaient les thèmes de prix dictés aux élèves du Collège, un très gros événement, chaque année, dans l'histoire intime de la communauté genevoise. Les récompenses qui se décernaient de la sorte étaient si recherchées que certains magistrats essayèrent à plusieurs reprises d'intervenir personnellement dans les opérations de classement, en faveur de tel ou tel écolier de leur parenté. Les ministres eux-mêmes furent soupçonnés de partialité et y perdirent leur prérogative. En 1647 un arrêté formel de Messieurs, sollicité par Alexandre Morus, alors recteur en charge, empêchait qu'à l'avenir personne, hormis le recteur, les professeurs et le principal, n'assistât à la correction des thèmes.

Après la délivrance des prix à Saint-Pierre, avait lieu le « Banquet du Recteur », auquel étaient conviés les autorités scolaires et le corps enseignant. Calvin lui-même l'avait institué, en 1563, priant Messieurs « de fere quelque petit don aux professeurs et régents pour en banqueter avec aultres, ministres, qui ont vaqué à l'examen des escholiers, en quoy ils ont eu grand peine... »

Le Conseil alloua vingt florins pour ce premier banquet. En 1565, on trouve la somme portée à trente florins et remise au recteur. En 1593, l'allocation monte à quarante florins, en 1596, à cinquante, en 1609, à soixante, et enfin, en 1614, à cent florins, chiffre dès lors consacré pour longtemps par l'usage. La direction de l'Hôpital, dont les propriétés, jadis terres du Chapitre de Saint-Pierre, comprenaient un vignoble estimé, avait charge de fournir le vin. Dans les années de disette ou de crise, on ne parlait point à Messieurs du banquet du recteur.

Lorsqu'un deuil frappait l'Académie, le recteur, selon l'usage des hautes écoles, affichait, pour annoncer les obsèques, un placard ou programme, contenant quelque exhortation de circonstance et parfois un court éloge du défunt. Ainsi avait fait Mélanchton à Wittemberg, pour les funérailles de Luther ; ainsi fit Gaspard Laurent, à la mort de Bèze. Le placard était également porté à domicile aux personnes de qualité et devenait de la sorte une lettre de faire part, signée du recteur. Au XVIIe siècle, la coutume s'établit à Genève d'en rédiger de telles, non seulement lorsque l'Académie prenait le deuil d'un professeur, mais au décès des magistrats du premier rang, des ministres de la ville et des étrangers de distinction. Dans ce dernier cas et à partir du milieu du siècle environ, les funérailles furent faites avec une pompe tout à fait inconnue aux contemporains des réformateurs. Lorsque le corps du duc de Rohan fut amené de Kœnigsfelden pour être enseveli dans le lieu qu'il avait lui-même désigné, quarante notables à cheval furent envoyés pour le recevoir, de la part de la Seigneurie, aux confins de l'Etat, et le recteur, David LeClercq, fit un programme invitant la jeunesse lettrée de tout pays et de toute condition à se réunir auprès de la porte de Cornavin afin d'accompagner le convoi funèbre, à travers la ville, jusqu'au temple de Saint-Pierre.

C'était une chose solennelle que l'entrée d'un étudiant à l'Académie. On en jugera par cette formule de serment que chacun d'eux devait prononcer. (1)

« Formula jurisjurandi quo publicarum lectionum in Scholâ Genevensi auditores sese D. scholarchis et Rectori adstringere tenentur, ut in studiosorum Album referantur.

Invocato Dei Patris, Filii et Spiritus Sancti nomine, promitto et sancte juro me, quandiu in civitate hâc et Scholâ Genevensi vixero, fidem et obedientiam veram praestiturum Magistratui, politicis omni-

(1) Régl. Conseil, 23 novembre 1584.

bus legibus obsequendo et honestè, temperanter, ac pacificè vivendo, ita ut nulli, quantùm in me erit, offendiculum praebeam : nec scientem prudentem passurum ut quidquam committatur, quod ullum detrimentum huic Reipublicae vel Scholae adferat, sed potiùs pro virili commoda utriusque ac dignitatem promoturum.

Deinde promitto et juro me Rectori atque hujus Scholae legibus lubentem obsecuturum, publicarum lectionum, pro studiorum meorum ratione, diligenten et sedulum auditorem futurum.

Postremo, cùm verus Dei cultus sit omnium studiosorum et actionum humanarum norma et regula, promitto et juro me, abjuratis Papisticis omnibus superstitionibus, itidemque damnatis omnibus manifestis haeresibus, ex Dei verbo piè victurum. Ita me bene Deus amet.."

Les « Scholarques » entre les mains desquels il fallait, de même que devant le Recteur, prêter le serment que nous venons de reproduire, étaient des mandataires du Conseil et des représentants du pouvoir civil : il semble que c'est à eux qu'on doive la mesure de l'immatriculation obligatoire, car cette dernière était primitivement facultative.

Les thèses des étudiants en théologie étaient affichées à la porte de la chapelle de l'auditoire, et donnaient lieu à des soutenances qui attiraient beaucoup de monde. On peut avoir une idée de ce qu'étaient ces thèses en consultant une série qui remonte à l'année 1565, et qui se trouve dans la Bibliothèque publique de Genève, parmi les portefeuilles provenant des archives de la Compagnie des pasteurs. Ce sont des placards manuscrits, de grand format, où sont tout simplement indiquées les théories qui seront soutenues ; elles portent presque toutes sur les Epitres aux Hébreux ou aux Romains.

Si l'académie ne donnait pas des grades universitaires, elle décernait cependant une espèce de diplôme ou plutôt un certificat d'études et de bonne conduite, appelé « testimonium vitae ac doctrinae », et que le Recteur délivrait à celui qui le lui demandait. C'étaient le plus souvent les étrangers qui le réclamaient. Ce certificat était extrêmement simple et n'avait pas toujours la même formule. Il faisait l'office d'une lettre de recommandation motivée : il indiquait, par exemple, le temps que l'étudiant avait passé à Genève, les études spéciales qu'il y avait faites, les dispositions morales dont il avait fourni la preuve ; ensuite, venaient des vœux de succès pour son avenir, l'énoncé des espérances qu'on était en droit de faire reposer sur lui, et des services qu'il pourrait rendre un jour à l'Etat ou à l'Eglise, etc.

Naturellement, on n'accordait cette pièce qu'à ceux qui après l'avoir demandée, en avaient été reconnus dignes, et cette dignité était établie après une enquête sérieuse auprès des professeurs.

Voici le spécimen des attestations ou certificats délivrés aux étudiants par les professeurs et le Recteur. Lambert de Welthuysen, proposant hollandais, etait venu à Genève en 1636, (1) et avait obtenu, en 1639, un témoignage ainsi libellé :

(1) Lambertus Velthuysius Ultrajectensis, 30 mai 1636, livre du Recteur, p. 109.

« Honestissimus et ornatissimus adolescens Lambertus à Welthuysen Hollandus, post aliquot annos heic apud nos studiorum causâ transactos, in patriam remeare cogitans, testimonio nostro et commendatione ornari voluit, quumque nihil nisi justum et aequum a nobis postulavit, honestissimae postulationi satisfaciendum esse duximus. Testamur itaque nos singularem in illo pietatem, probitatem, diligentiam ac eruditionem semper sitas animadvertisse, quibus artibus sibi bonorum omnium amorem ac benevolentiam conciliavit, superiorem gratiam et vota meruit, adeo ut non solum speremus, sed et certo confidamus fortem fidelemque Ripublicæ et Ecclesiæ fore aliquando Deo dante ejus operam.

In cujus rei fidem haec praescripsimus, solitumque Academiae sigillum impressimus. VIII Martii 1639. David Clericus, Academiæ Rector. Jo. Prevostius subscripsi. Th. Tronchinus subscripsi. Perretus subscripsi. F. Spanhemius subscripsi. » (1)

Le même étudiant étant revenu en 1641, demanda et obtint un second certificat, que nous reproduisons:

« Ornatissimum adolescentem Lambertum Velthuysen Ultrajectino-Batavum insigni pietatis ac eruditionis testimonio a nobis discedentem ante aliquot annos prosequuti sumus, ac etiamnunc rogati prosequimur. Quamdiù apud nos vixit summam semper in illo pietatem, singularem eruditionem, indefessam diligentiam animadvertimus, quibus artibus omnium benevolentiam superiorum gratiam ac favorem promeritus est, adeo ut semper judicaverimus fortem fidelem-

(1) Bibliothèque de l'Université de Leyde, B. P. L. 750.

que operam illum. Deo vacante, Ecclesiæ praestiturum, quâ non dicam spe, sed certâ fiduciâ adducti faventes illum a nobis olim dimisimus, ac vetus testimonium in illius gratiam hodiè recentamus.

Datum Genevae XXV Junii 1641.

David Clericus, Academiae Rector
Joannis Deodatus subscripsi.
Theodorus Tronchinus subscripsi.
Fridericus Spanhemius subscripsi. »

Il nous a été impossible de retrouver trace de certificat donné à Nicolas Oltramare : il est bien probable qu'il s'en est fait délivrer un lorsqu'il quitta l'Académie de Genève et qu'il alla à l'étranger, comme nous le verrons plus loin, ou même lorsqu'il revint à Genève après avoir séjourné dans une autre faculté : mais nous ne pouvons, faute de documents, que faire des suppositions. D'ailleurs, il est assez rarement arrivé que les doubles de ces certificats ont été remis dans les archives de la Compagnie, d'autres se sont égarés, à ce point que c'est aux archives de Leyde qu'il faut s'adresser, comme c'est le cas pour les deux spécimens que nous venons de fournir, si l'on veut avoir un exemplaire original de ces attestations.

* * *

Quant à la vie des étudiants en théologie, elle était différente, on le comprend, de celle des autres, et l'austérité calvinienne était de règle : ainsi, la fréquentation presque quotidienne des sermons était à peu près obligatoire, et les jeux des dés, les jeux de cartes, la danse, les banquets dispendieux, les réunions joyeuses « inter pocula », étaient prohibés, de même la fréquentation des tavernes, à telles enseignes que le lundi de mars 1585, nous dit Reg. Comp. ad diem, « on chastia Cambiague, Bezangiers, Periot, escholiers publics, pour s'estre desbauchez de leurs leçons et avoir esté au pont d'Arve manger des chapons ». Ajoutons toutefois que ce « chastiment » n'était pas à la manière anglaise, non ; il consistait en une admonestation solennelle faite au coupable en présence de toute l'école, dans l'auditoire de théologie. (1)

L'Académie attirait un nombre considérable d'étrangers, et pendant tout le XVIIe siècle, en particulier, il fut de tradition, dans plus d'une maison souveraine de l'Allemagne réformée, d'envoyer les jeunes altesses et aussi leurs gouverneurs faire un stage de quelque temps dans la métropole du protestantisme. Les princes du Palatinat, les ducs de Bavière, les margraves de Brandebourg, les ducs de Prusse, de Wurtemberg, les comtes de Nassau, les princes d'Anhalt, etc., firent un séjour à Genève, et suivirent souvent les cours de l'Ecole de théologie. Ou bien, des étrangers de la classe aristocratique, des Allemands, des Danois, des Polonais, des Hongrois, des Suédois, des Anglais, s'accoutumaient à inscrire leur nom dans l' « Album studiosorum », ils y gravaient leurs ar-

(1) Ch. Borgeaud. Histoire de l'Université de Genève, passim.

moiries et en même temps laissaient un cadeau à la Bibliothèque et à la bourse des pauvres escoliers.

* * *

Déjà, avant 1630, il était d'usage de présenter, à la fin des études universitaires, une thèse ou des thèses, qu'on imprimait quelquefois et qui étaient soutenues publiquement par le candidat. Elles étaient écrites en latin, avec un titre à peu près comme celui-ci : « Theses theologicæ de etc., quas, Deo bene vertente, Spanheim rectore præside, publicè defendet», etc.

Toutes n'ont pas la même valeur, cela va de soi, ni surtout la même étendue. Ainsi il en est dans la vaste collection que possède la bibliothèque publique de Genève, un certain nombre qui ne comprennent que huit pages imprimées en gros caractères, d'autres en ont douze, d'autres seize, enfin quelques-unes en ont jusqu'à cent-vingt et même davantage.

Il existe malheureusement certaines lacunes dans ces vastes collections, lacunes infiniment regrettables, cela se comprend, et qui pourraient peut-être s'expliquer de diverses manières. Sans entrer ici dans d'autres détails, il nous suffira de dire que, parfois, les étudiants remettaient au Recteur ou au professeur des thèses manuscrites, soit que le travail ne fût point jugé digne par le candidat lui-même ou par l'examinateur, des honneurs de l'impression, soit parce que les frais d'impression étaient une dépense hors de la portée de certaines bourses.

Voici, comme spécimen, le frontispice d'une thèse de philosophie imprimée chez Jean de Tournes, en

1612, et soutenue sous la présidence de François de Bons ; l'étudiant, Isaac Patru, Genevois, né en 1590, s'est inscrit dans le livre du Recteur à la rentrée d'octobre 1611 :

THESES PHYSICÆ

DE FORMIS RERUM SUBSTANTIA-

libus, quas

FAVENTE DEO,

Præside clarissimo viro

D. n. Francisco BONNÆO

I. V. D. et Philosophiae Professore

In Academia Genevense,

tüeri conabitur

ISAACUS PATRUTUS, Genevensis,

Kal. februarii, horâ loco

que solitis.

—

Ex Typographo

Joannis Tornaesii. CIↃ IↃCXII

Pour ce qui concerne l'étudiant Nicolas Oltramare, la collection en question, que nous avons minutieusement feuilletée, ne porte pas la moindre trace d'un travail de ce genre, présenté et défendu par le jeune

Nicolas. Aurait-il soutenu des thèses dont l'exemplaire imprimé se sera perdu, comme plusieurs autres ? Cela se pourrait. Ou bien serait-il allé soutenir sa thèse dans quelque autre université, en Hollande, en Angleterre, en Allemagne ? Il nous est assez difficile de le dire.

Quant à l'obstacle provenant du fait de la dépense même, nous verrons plus loin que la famille « Oultremer », comme on l'appelait alors à Genève (1), ne se trouvait plus dans une condition de fortune des plus brillantes, ce qui d'ailleurs, n'était pas étonnant chez des réfugiés qui avaient tout laissé derrière eux pour leur foi religieuse. Il serait donc permis de supposer que peut-être le candidat aura écrit une thèse de sa propre main et qu'elle aura disparu comme d'autres. Ce qui d'ailleurs permet d'admettre que tel peut avoir été le cas, c'est que bon nombre de ces thèses n'étaient en somme que la reproduction pure et simple de tel ou tel cours du professeur. On les trouve parfois, parmi les thèses imprimées par séries de quatre, cinq, six, de telle façon que souvent, ce n'était nullement un travail original qui valait la peine d'être imprimé et conservé. Le professeur faisait publier une partie de son cours et à chaque question particulière, on mettait une mention « affirmavit » ou « negavit », selon que le candidat soutenait ou combattait la thèse en question.

Ce fut, par exemple, le cas pour Jean Diodati, l'un des professeurs de Nicolas. Ce théologien, pro-

(1) Archives de la vénérable Compagnie, séance du 19 avril 1639.

fesseur à l'Académie de 1597 à 1645, et recteur à deux reprises différentes, donna pendant plusieurs années et notamment de 1619 à 1632, les titres de quelques dissertations qui servirent aux étudiants comme sujets de discussion publique (1).

Voici entr'autres, et à titre de spécimen, quelques-unes des thèses proposées par Jean Diodati :

Mortis meditatio theologica, seu disputatio de miseriâ peccatorum consequenti (1619).
De fictitio Pontificiorum Purgatorio (1619).
De Ecclesiâ ejusque notis (1620).
De verbo Dei (1620).
De exaltatione Christi (1621).
De peccato in genere et in specie (1620).
De Christo mediatore (1620).
De lege Dei (1620).
De vocatione ministrorum (1621).

Bénédict Turrettini, professeur, a aussi donné un certain nombre de thèses qui devaient servir et qui servirent, sans doute, de sujets de discussion publique entre les étudiants. Nous en citons quelques-unes :

Disputatio theologica de libero hominis arbitrio (1619).
De Ecclesiæ Romanæ idolatriâ (1619).
De fide agente (1620).
De Baptismo (1620).
De fide salvificâ (1620).
De justificatione peccatoris coram Deo (1620).

---

(1) Voir Senebier, Histoire littéraire de Genève, tome II, P. 35.

De adoratione et invocatione Sanctorum (1628).
De fide justificante (1628).
De capite Ecclesiæ (1628).
De Ecclesiae naturâ (1628).
De fugâ in persecutione (1629).

Enfin, le même professeur Jean Diodati, que nous avons cité, publia, toujours pour la discussion publique, et pendant les années d'étude de Nicolas Oltramare, les thèses suivantes :

De justâ secessione Reformatorum ab ecclesiâ Romanâ (1628).
De justificatione nostrâ coràm Deo (1628).
De Ecclesiâ (1638).
De Domini Coenâ (1631).
De universitate mortis Dominicae (1632).

Voici, d'après la liste de M. H. Heyer (1) comment les soutenances se faisaient d'ordinaire. Les « Leges Academicae » règlent ainsi ces exercices de discussion :

« Qu'eux-mesmes (les étdiants en théologie), par ordre, dressent et écrivent par chaque mois, certaines questions qui ne soyent ne curieuses, ne sophistiques, ne contenantes faulse doctrine ; et les communiquent de bonne heure au professeur de théologie. Puis qu'ils les soutiennent publiquement contre ceulx qui argumenteront.

Qu'il soit là permis à chacun de parler, que toute sophisterie, curiosité imprudente et audace de corrom-

(1) Thèses de théologie soutenues à l'Académie de Genève, pendant les XVIe, XVIIe, XVIIIe siècles, par H. Heyer, ancien pasteur, (Genève, Georg & Cie, 1898). P. XXI.

pre la Parolle de Dieu, semblablement toute mauvaise contention et opiniastreté en soyent bannies. Que les poincts de la doctrine soyent traictés sainctement et religieusement d'une part et d'autre des disputants.

Que le professeur de théologie, qui présidera en la dispute, conduise le tout selon sa prudence et donne par la Parolle de Dieu la résolution des difficultez qui seront mises en avant. »

Ces discussions étaient publiques, ce qui maintenait l'école en contact avec le dehors et assurait une certaine liberté de parole. Les catholiques même y étaient admis. Pendant un certain temps, les soutenances se faisaient le premier vendredi du mois.

M. Heyer explique fort bien que beaucoup de thèses n'ont pas été imprimées, car cela se faisait aux frais de l'étudiant et c'est pour éviter une dépense un peu forte que Oltramare n'a pas fait imprimer la sienne.

Ce fut sans doute en 1631 ou 1632 que Nicolas aurait dû soutenir sa thèse de théologie. Or, ces deux années-là, Jean Diodati avait donné les deux sujets suivants :

de Domini cœnâ.

de universitate mortis Domini.

Ajoutons pour compléter ces indications, que d'après le livre du Recteur, dans le catalogue des étudiants de l'Académie de Genève (Guillaume Fick, 1866) il y eu en cette année 1629, 8 immatriculations. Deux de ces étudiants étaient des Genevois : Franciscus Rigaudus, et Nicolas Oltramarius. Les six autres étaient : Isaac Bataillardus, Antonius Fayus (Antoine de la Faye, auteur d'une « vie de Théodore de Bèze », de « commentaires sur l'Epitre aux Romains », « l'Ecclésiaste » etc. de poésies en latin sur toutes sortes de sujets, « Emblemata et epigrammata miscellanea », etc). Daniel Thomeguetus, Johannes Boutinus, Stephanus Rigaudus, Christianus Suellen.

Dans le livre manuscrit du Recteur, le nouvel étudiant a signé d'une écriture assez ronde ces simples mots, comme la plupart de ses condisciples d'ailleurs:

« Nicolaus Oltramarius, Genevensis » (1)

« On remarquera dans ce catalogue d'étudiants, nous dit une note, que la coutume ridicule de traduire en latin le nom de maison, a dénaturé plusieurs de ces noms ; l'abondance des étudiants étrangers qui pendant deux siècles surtout venaient à Genève, comme dans le chef-lieu du Protestantisme,ne frappera pas moins.

« Les élections des Recteurs inscrites en leur temps dans le Registre sont recueillies dans une note séparée, pages 23 et 28. Ce livre, relié deux fois dans l'espace de cent vingt ans, vient de l'être de nouveau avec addition de papier pour un grand nombre d'années.

« Une note plus récente annonce que ce registre a été déposé à la Bibliothèque publique le 30 Avril 1855.

Plus loin, comme préface, est annexée une brochure de 24 pages, imprimée par Oliva Roberti Stephanie, Genevae, et intitulée « Leges Academiae Genevensis. »

---

(1) Ces immatriculations sont datées du 4 mai 1629, « quarto nonas maii ».

La plupart des immatriculations sont fort simples, telle celle d'Oltramare consignée page 106. « Rectore Daniel Chabraeo », d'autres sont explicites, ainsi en 1567, celle de Noë André est ainsi formulée :

« Ego Noe André Lausannensis, profiteor me observaturum exanimo, modum et formam verae religionis christianae, quam Genevensis Ecclesia secundum verbum Dei retinet, et approbationis causa, nomen meum hac 15 Aprilis subscribere volui. (NOE ANDRE).

D'autres, bien que différemment conçues, sont aussi explicites, celles-ci, par exemple :

« Stephanus Cursol, Gallus, ex civitate Cadurcensi oriundus, inter Papistas educatus et in ordine Franciscorum theologiae professor, hic sui nominis monumentum exaravit, postquam, favente Deo, abusus ac errores Ecclesiae Romanae Genevae abjuravit die 13 Mens. Aug. Anno 1637. (1)

Ou bien cette autre :

« Petrus Sabouroux, Gallus, ex civitate Agiunensi, inter Papistas educatus et in ordine Franciscorum theologia Bacchalaureus et concionator, haec scripsit ut testimonium relinqueret abjurationis abusuum et errorum Ecclesiae Romanae, quam fecit Genevae die 13 Mens. Aug. Anno 1637. » (2)

Terminons ces détails en faisant deux observations : la première, c'est que ces abjurations et ces déclarations se produisaient assez fréquemment, et la deuxième, c'est que, à la page 106, à propos des immatriculations des étudiants, il est dit : « promoti an-

(1) Page III, année 1637.
(2) Id.

no 1629 ». ce qui veut dire que Nicolas Oltramare avait déjà fait ses belles-lettres et que cette année-là il entrait en théologie.

A cette époque de la vie du jeune Nicolas, nous avons trouvé une lacune de plusieurs années qu'il nous a été absolument impossible de combler. A partir de 1631, c'est-à-dire du moment où il a dû quitter la faculté de théologie de Genève, ses études terminées, nous perdons presque complètement sa trace pendant quelque temps ; nous ne savons ce qu'il fait ni l'endroit où il se trouve. Rien ne le retient parmi sa famille. Son père est toujours à Genève, mais il n'a pas assez de ressources pour garder tous ses enfants avec lui. d'ailleurs, Nicolas qui à ce moment est âgé de 20 ans. doit certainement chercher à se suffire à lui même.

D'un côté donc, il me paraît incontestable que notre étudiant séjourna à Genève de 1629 à 1631 pour y faire des études de théologie ; nous n'avons trouvé nulle part le moindre indice qui nous permette de croire qu'il y ait reçu à la fin de son séjour à l'Université, l'imposition des mains pour l'exercice du ministère, comme c'était souvent le cas pour les jeunes pasteurs. D'un autre côté, il est probable qu'il alla de Genève en Angleterre vers 1632, peut-être pour donner son concours au pasteur de l'église italienne. Dans tous les cas, nous savons qu'il prêcha plusieurs fois dans cette dernière église. (1)

---

(1) « il proposait au consistoire de Londres en langue italienne ». Lettre des vénérables pasteurs et professeurs de la Compagnie de Genève à André Rivet, 24 sept. 1637. Leyde, Rivetiana.

En 1637, il revient à Genève et, dès ce moment, il semble avoir formé un projet qu'il va chercher à mettre à exécution. Ce n'était pas en Suisse qu'il pouvait trouver à exercer le ministère évangélique. Les relations qu'il dut avoir avec le petit troupeau italien de Genève et celles surtout qu'il eut avec le pasteur Sartoris, pour lequel il prêcha à plusieurs reprises, lui firent tourner ses pensées du côté de Constantinople où le fils de Sartoris avait exercé le ministère. Il y avait là en effet une église vacante, et comme il fallait absolument que le pasteur de cette communauté possédât à la fois le français et l'italien, Nicolas Oltramare avait songé à ce poste.

CHAPITRE IV

L'Eglise réformée de Constantinople.

L'Eglise réformée de Constantinople. Ses origines. Le patriarche Cyrille Lucar. Ses prétendues hérésies. Les pasteurs de Constantinople, Antoine Léger, D. Sartoris.

Les origines de cette église peuvent être attribuées à l'influence qu'exerçait à Constantinople, vers la fin de la première moitié du XVIIe siècle, le patriarche de cette ville, Cyrille Lucar. C'était un homme d'un noble caractère, et déjà vers l'année 1628, il était signalé par les ennemis de la Réforme comme un hérétique dangereux.

Né à Candie, dans l'île de Crète, en 1572, il alla étudier à Venise, puis à Padoue, et ensuite se rendit à Constantinople. Là, il fut nommé vice-patriarche et archidiacre. Son protecteur, Mélétius, lui confia diverses missions, ainsi il alla à Vilna, en Pologne, où il eut une conférence avec des protestants. Dans un de ces voyages il fit la connaissance du Hollandais Cornélius Haga, qui devint ambassadeur à Constantinople et avec lequel il resta en bonnes relations ; il fut aussi lié avec Antoine Léger, pasteur de l'ambassade hollandaise. Il fut l'objet de tracasseries et de persécutions continuelles à cause de ses sympathies pour la Réforme. Plusieurs fois nommé patriarche, plusieurs fois renversé par les menées des Jésuites, il mourut en 1638, injustement condamné à mort par le Sultan, comme ayant conspiré contre la Turquie.

On lui doit une « Confession » où il étudie les principales doctrines chrétiennes.

Il était adversaire de l'invocation des saints et des images, et en somme il se sépare en fait de sa propre Eglise, autant que de l'Eglise de Rome. Il admettait l'autorité de l'Ecriture, le salut par la foi en Jésus-Christ, il repoussait la transsubstantiation et le purgatoire. Et cependant, il ne paraît point avoir eu un profond sentiment du péché et il admet la régénération par le baptême. Ce fut un noble et pieux croyant qui ne manqua ni de talent ni de zèle, mais auquel le courage et l'énergie d'un homme comme Calvin auraient été nécessaires. (1)

Voici, par exemple, une lettre qui nous le fait connaître et juger par ses ennemis. (2)

---

(1) A. Bost. Dictionnaire d'histoire ecclésiastique.

(2) Recueil de lettres et mémoires touchant l'union de l'Eglise grecque avec la latine, le Patriarche Cyrille Lucar, sa dépossession du patriarcat, son erreur et son adhésion aux Calvinistes par le moyen des ambassadeurs d'Angleterre et de Hollande.

Bibliothèque Nationale, Mss français, 16151. A consulter aussi : Ambassade de France en Turquie. Affaires des Lieux-Saints. Lettres de M. de Cézy, ambassadeur français à Constantinople (Fr. 16160).

Philippe de Harley à M. de Chanvallon.

Cette lettre, qui paraît être de l'année 1629, non signée, mais sans doute de la main de notre ambassadeur d'alors, Philippe de Harley, sieur de Cézy, adressée à son oncle, M. de Chanvallon, s'exprime comme suit sur le patriarche Cyrille Lucar :

...« Dieu peut permettre l'affaiblissement de l'hérésie quy commance mesme à se glisser parmi les Grecs... Il faut qu'on soppose puissamment aux dessings des Ambassadeurs d'Angleterre et de Hollande, lesquels ayant rancontré l'esprit du patriarche de Constantinople capable de toutes les nouveautés imaginables, font ici imprimer à l'heure que je vous escris, de quoy empoysonner toute ceste grande église d'Orient, avec intention que ce venin, estant joinct à celluy de l'ancien schisme, cela puisse rendre ces pauvres grecs plus irréconciliables avec l'esglise Romayne. »

Philippe de Harley au secrétaire d'Etat.

Dans une autre lettre, également sans date, le sieur de Cézy, Philippe de Harley, écrit au secrétaire d'Etat :

« A mon arrivée à ceste Porte, je trouvai un bon prélat nommé Timothée, establi au siège patriarchal de Constantinople, personnage de grande piété et de doctrine orthodoxe, lequel m'envoya soudain visiter avec tous les compliments...

« Mais Cyrille, qui dès lors avait cabale formée avec les Ambassadeurs d'Angleterre et de Holande, ne cessa jamais qu'il n'eût veu la fin de ce pauvre Timothée, qui fut empoysonné en dinant chez l'ambassadeur de Holande, que je veux croire ne point avoir eu de part à cette machination, que Cyrille pouvait avoir tramée sans son consentement.

Voilà donc Cyrille patriarche par les suffrages de quelques archevesques et de quelques grecs, ses amis. Il ne fut pas plus tost establi qu'il ne commençât à semer les malheureux dogmes de Calvin et plusieurs aultres hérésies, lesquelles, depuis ce temps-là, n'ont pas manqué de se glisser dans les foybles et ignorants esprits des pauvres grecs ; et, se trouvant ici six ou sept ambassadeurs de Boesme, de Moravie, Silésie, Transilvanie, et du Prince Palatin, le dit Cyrille convia à un festin solennel les susdits ambassadeurs avec ceulx d'Angleterre et de Holande, lesquels assistèrent à la messe dans des chaises, assis et couverts, et après l'Evangile qu'on leur porta baiser, ils firent à l'élévation du St-Sacrement, plusieurs actions de risée, au grand scandale de tous les grecs, qui ne pouvaient approuver cette affinité de leur patriarche avec les hérétiques, non plus que les prédications de plusieurs caloyers religieux grecs, lesquels venant d'étudier à l'Université d'Oxford, en Angleterre, et à celle d'Heidelberg, remplissaient les chaires de Constantinople et de Galata ; dont quelques prélats ayant murmuré, je conférai avec eux et j'obtins que l'archevêque nommé Grégoire, qui se trouvait ici, fust remis au patriarchat, et Cyrille mis entre les mains d'un gentilhomme grec, son ennemi, pour l'envoyer à Rodes, en exil, selon que nous l'avions concerté : ce qui fut fait trois jours après. »

Pour le dire en passant, nous avons dans cette lettre de l'ambassadeur officiel de la France à Constantinople, un aveu formel de la manière dont on traitait alors un homme vénérable et pieux, qui avait le grand tort d'être sympathique à la Réforme. Il nous semble voir en Philippe de Harley, un autre grand inquisiteur, punissant et exilant un hérétique, au nom et dans l'intérêt de la Sainte-Mère l'Eglise. Quant à cette insinuation d'un empoisonnement de Timothée par Cyrille Lucar, on en devine aisément toute la fausseté et l'injustice.

Le même sieur de Cézy écrivait plus tard à l'Ambassade de France, à Rome (1), que Cyrille est révoqué :

Philippe de Harley à l'Ambassade de France à Rome.

« Mais les Grecs s'opposant opiniastrément à la réception de celuy qui est à sa place, et bien qu'il soit logé dans le patriarchat, je voy que ces affaires languyssent, car les douze evesques qui doivent, selon la coutume, se trouver pour l'establir dans le siège, ne comparoyssent point encore, et les malheureux Grecs ne le vont visiter que par force, tant ils estoient affectionnés à ce séducteur Cyrille, qui est caché dans Constantinople, faisant mouvoir pour son restablissement plusieurs ressorts dont le plus puissant est l'argent. »

(1) Cette simple indication fait voir quel homme était M. de Cézy et comment le clergé catholique était au courant de ce qui se faisait là-bas. Bien mieux, on voit que notre ambassadeur était aux ordres de la Papauté. Et voilà comment la France au dehors, c'est le catholicisme.

Enfin, pour compléter ces indications sur cette crise religieuse, nous donnerons un « Mémoire touchant les opinions de Cyrille, patriarche de Constantinople » ; l'écriture est du sieur de Cézy, mais il ne porte ni date ni signature. Cependant, nous sommes portés à croire qu'il est de 1630.

MEMOIRE

« Quant à ce qui est des opinions dont on pourrait taxer le P. C. contre l'Eucharistie, la liberté de l'arbitre, l'authorité des Saints Conciles, les traditions, l'authorité des Saints-Pères, la nécessité de la confession auriculaire, et déclarer les péchés de la pensée, et qu'il establit une forme de confession faite à Dieu en paroles générales ; qu'il envoye estudier la jeunesse grecque aux universités d'Angleterre et d'Allemagne, où telle doctrine s'enseigne, pour pouvoir puis après la semer par ce moyen par tout le Levant, qu'il a fait imprimer à cette fin un catéchisme qu'il va distribuant aux evesques tout plein de semblables erreurs, condamnées de longtemps non seulement du Saint-Siège apostolique et du Concile de France, mais de ses prédécesseurs, comme lui-mesme en rend bon témoignage par la profession de foi laissée il y a quelques années entre les mains de l'archevesque de Ceopolis reconnaissant telles et semblables doctrines pour hérétiques, et disant qu'en contemplation des autres hérétiques ses amis, il a cessé d'honorer le Saint Sacrement ; mais parce que toutes les opinions ici déclarées sont tenues des Grecs pour hérésie et grandement abhorrées, il sera facile que le P. C. L. les imprime par escrit, mais il faudra voir ce qu'il respondra touchant le concile de Fleurance, qui comprend en soi cinq erreurs notables des Grecs modernes, et pour cela, je doubte qu'il veuille faire ni confession ni lettre par laquelle il accepte le dit concile de Fleurance, bien que ses devanciers aient souvent condamné les erreurs de Luther et de Calvin, chose qu'on désire maintenant de lui, s'il veut être aydé et secouru en ses adversités.

Il seroit à désirer qu'il escrivit au Roy comme par mon moyen il s'est purgé de la croyance qu'on avoit conçue à Rome et ailleurs, qu'il adhérait aux opinions hérétiques de tout temps abhorrées par l'Eglise Grecque. »

A la suite de cette lettre se trouve un exposé des « Erreurs de Cyrille », patriarche de Constantinople. Nous le donnons pour terminer ces détails :

ERREURS DE CYRILLE LUCAR.

1o. Le métropolite de Naxie, nous a dit avoir entendu de la bouche du patriarche que s'il ne craignoit les Grecs, il osterait la confession.

Un caloyer, digne de foi, mien disciple, m'a dit avoir ouï dire à un autre Caloyer, que, s'étant allé confesser au patriarche, il ouvrit la bouche pour dire ses péchés, le dit patriarche lui dit brusquement : « Haste, haste ! » Et l'autre, lui répliquant qu'il en avoit d'aultres, il lui dit derechef : « Suffit ! suffit ! » Le mesme lui faisant instance, qu'il lui plut d'escouter, il lui répondit :

« Si vous voulez, dites le reste à mon diacre ! »

2o. Un mien escholier, caloyer, abbé d'un monastère, qui, ci-devant, estoit ami du patriarche, s'en aliéna l'an passé par telle occasion : L'estant allé visiter au patriarchat, quand il fut entré dans la chambre du patriarche et n'y voyant aulcune image, estant la coutume de ses prédécesseurs, il lui demanda pourquoi. Le patriarche lui respondit qu'il le faisoit à cause des Turcs, qui y venaient souvent, de peur de mespris. Il y a environ deux ans que j'apprins qu'au patriarchat d'Antioche, il est tenu pour ennemi des images.

3o. Il a presché deux fois contre le libéral arbitre, disant qu'en choses temporelles l'homme est libre, mais non pas en choses divines et du salut. Il a permis qu'en sa présence au patriarchat, un caloyer dist et maintinst avec réitérations, que l'homme avait tout à fait perdu le libéral arbitre, depuis le péché d'Adam, sans lui en rien dire.

4o. Il a presché contre la primauté de St-Pierre et du Pape.

5o. Il dist qu'il faut ôter du Symbole la particule, εἰς, où il est dit : *Και εἰς τὴν ἁγιαν ἐκκλησιαν Καθολικην*, laquelle a été conservée et tenue depuis le concile de Nicée, sans que tant de saints docteurs y aient jamais contredit, que Saint-Basile, Saint-Grégoire, Saint-Chrysostome et aultres, nommément les pères du dit concile qui l'ont mise au dit symbole.

6o. Il a toléré un livre composé par un certain Zacharius Sieganus, caloyer, qui a étudié à l'Université hérétique de Wittenberg, lequel il a dédié au duc de Saxe ou de Wittenberg, estant plein d'hérésies et de bravades impudentes contre le Pape.

7o Il tolère de favoriser deux hérétiques candiotes, l'un desquels a presché contre le libéral arbitre, comme j'ay dit ci-dessus, l'autre a disputé des bonnes œuvres avec un caloyer mien disciple, qui me l'a rapporté, disant qu'elles ne sont point nécessaires à salut, à quoy mon disciple lui objectait, entre aultres, le dire de St-Jacques ; il lui respondit que cette épistre n'est point canonique.

8o Il a montré honneur et amitié à tous les hérétiques, tant qui résident ici, qu'à ceux qui sont venus d'Allemagne, de Hongrie et d'ailleurs ».

Et maintenant que nous avons donné la parole aux accusateurs du patriarche, nous allons laisser parler celui-ci, non point pour réfuter point par point les charges qu'on formule contre lui, mais simplement pour voir quelles sont ses opinions. Nous citons pour cela une lettre qu'il adressait en 1636 aux pasteurs et professeurs de Genève.

Cyrille aux pasteurs de Genève.

Lettre de Cyrille, patriarche de Constantinople, au Conseil et aux pasteurs et professeurs de Genève, au sujet des revers que son Eglise a éprouvés et de sa sympathie pour la doctrine de Calvin (1) (traduction).

Amplissimes, et magnifiques, Révérendissimes et vénérables Seigneurs, sénateurs, docteurs, ministres et

(1) Archives de Genève, Université. Mss. No 2997.

gouverneurs de la République et Eglise de Genève, amys et frères en Jésus-Christ.

Très chers et très-honorés, après la paix et salut fraternel, je voudrais avoir quelque matière de consolation pour donner quelque goût spirituel, escrivant à vos très doctes personnes, qui continuallement servés à Dieu et veillés pour le bien des âmes chrétiennes qui se paissent de la Saincte parole preschée dans l'évangile de nostre seigneur Jésus-Christ et communiquée et publiée au monde par les S. Apostres, mais l'estat de notre Eglise grecque en ces quartiers estant fort misérable et pleine de douleurs, à cause des continuels travaux et persécutions de ceux qui cherchent entièrement d'esteindre la vérité d'icelle, il ne me reste que matière de deuil et de doléance, comme vous pourra plainement informer M. Ant. Léger, lequel estant présent par deça, a veu et touché avec la main nos plaies.

L'Antechrist ne dort point et ne cesse de chercher de nouveaux moyens et nouveaux artifices, et mettre en œuvre ses instruments pour opprimer la Vérité évangélique et ceux qui en font profession ; en quoy les Jésuites sont grandement industrieux et plains de sagacité pour exécuter toutes leurs intentions.

Un certain de leurs disciples, Métropolitain de Véria, qui en sa jeunesse a fréquenté leur escole icy en Galata ou Pera de Constantinople, ayant une soif secrette de se faire Patriarche, a pensé de me démettre de ma charge, encore que par vertu des lois et canons et ordonnances ecclésiastiques, cela ne pouvoit estre, y ayant un Patriarche légitime vivant. Mais, ce scélérat, premièrement par la voie des Turcs qui ne regardent qu'au gain, et pour gaigner ne regardent point à Dieu Créateur et ne respectent les hommes, et commettent toute sorte de mal, pour tirer de l'argent et piller soit justement, soit injustement, ce traistre donc, métropolitain de Véria par le moyen des Turcs et daucuns chrétiens qui sont pires que les Turcs en leur procédure, a faict depuis tout plain de fourbes qui ne se peuvent escrire.

Finalement, le grand Seigneur ayant passé en Asie pour aller à la guerre contre le Persan, le suivit et par stratagèmes secrets obtint une ordonnance au vice Roy qui estoit establi sur Constantinople, à ce qu'il fut promeu en ma place et prinst, du sang des pauvres, cent mille dalers et les bailla aux Turcs pour m'envoyer en exil à Rhodes ou je fus confiné 17 mois.

Les qualités de cet apostat traistre ayant esté recognues en beaucoup de choses, afin de se maintenir, le peuple et les ecclésiastiques le prirent en telle haine qu'un jour, tous s'estant souslevés avec grand bruit, déposirent ce maudit et le bannirent avec deshonneur et me rappelèrent et délivrèrent, et suis arrivé icy à point ces jours par la Providence de Dieu, sur le départ du très docte Monsieur Antoine Léger, (pour pouvoir accompagner de la mienne présente à vos charités) un tel docteur qui a tant servi au service de l'église, lequel nous aimons tous et duquel nous faisons grande estime pour ses qualités chrestiennes, et pour nous avoir donné beaucoup de lumière pour la cognoissance de la vérité en beaucoup de choses et articles de la foy.

Estant donc retourné icy, je ne suis point allé au

Patriarchat, mais je prins logis à la maison de l'excellentissime de Flandre ou je reçois les visites de tous, et y suis en quelque repos.

Voylà, clarissimes et très doctes Seigneurs, comme en peu de mots je vous ay escript mon histoire, laquelle autrement auroit besoing du pinceau d'un éloquent historien pour la descrire. Cependant icy ne cesse point le mal, ne cesse point la persécution et se glisse comme l'eau soubs la paille ; l'Antechrist porte envie au règne et gloire de notre Rédempteur, et ne peut supporter sa grandeur et son estendue et fait peur aux simples du nom de Calvin, Docteur très saint et très sage, lequel jouit au Ciel et communique avec les Saints qui sont très chers à leur Rédempteur.

Nul de ses adversaires n'a jamais leu les livres et œuvres de Calvin, et n'a nulle cognoissance de la doctrine d'un tel docteur, et ce nonobstant ils épouvantent les ignorants et simples du nom de Calvin, mais par la grâce de Dieu, ceux qui cognoissent la vérité s'y sont opposés, et ont diminué les ténèbres des esprits de plusieurs, en quoy a fait profit la présence du très docte Monsieur Léger, lequel professant et escrivant en a converty à la lumière un grand nombre et les adversaires ayant esté merveilleusement confus, ils n'osent comparoir, à la gloire de l'Evangile de nostre Seigneur Jésus-Christ ; et moy qu'ils ont appelé « l'hérétique » suis icy, mais personne n'ose plus parler, ainsi viennent tous avec submission demander pardon, excepté deux ou trois chefs, lesquels je n'ay point voulu encore admettre en ma présence, quoy que quelques-uns intercèdent pour eux ; mais je me réserve à la première assemblée où il me convient de prêcher, de les traicter selon ce qu'ils méritent, ce qui leur sera la mort.

Voylà comme j'ouvre les entrailles de mon cœur à vos personnes amplissimes et très Révérendes comme à mes très chers frères embrassant votre doctrine, laquelle est orthodoxe et catholique, et abhorrant la doctrine des adversaires, la doctrine Romaine, fausse et corrompue, de sorte qu'à cause de cette mienne profession ils se soulèvent contre moy et conjurent les montagnes ; mais je dis toujours : « Le Seigneur est ma lumière et salut, qui craindray-je ? Le Seigneur est protecteur de ma vie, de qui m'épouvanteray-je ? »

Estant ceint de cette espérance, je combatteray en ce temps de ma vieillesse contre les adversaires jusqu'à ce que le Dieu Saint m'apelle, et que par mes prières il me reçoive en grâce au Royaume des cieux où se verront avec vos Seigneuries, Amplissimes et révérendissimes, les Adoptés avec habillements blancs, les palmes en la main, en la présence de nostre Seigneur Jésus-Christ, pour la gloire duquel nous guerroyons tous, et nous embrasserons en gloire perpétuelle et éternelle félicité.

J'avois aussi voulu intimer ou faire sçavoir cette mienne bonne disposition encores aux très doctes pasteurs et anciens du Synode de Holande, mais je n'ay pas eu le temps suffisant pour escrire par le Révérend Monsieur Léger me trouvant très affairé, mais je suis demeuré d'accord avec l'Excellentissime Seigneur Ambassadeur Corneille Haga, qui est une collonne et apuy de la foy orthodoxe et catholique,

de le faire à la première commodité, ce qui s'exécutera sans doute ; finallement je vous souhaitte à toutes vos Seigneuries, mes frères, bénédiction du ciel et toute prospérité.

De Pera de Constantinople, le 17 d'Aoust 1636.

De vos Seigneuries, Clar. et Révérendissimes

Le très obéissant amy.

Cyrille, Patriarche de Constantinople.

Très Révérends Seigneurs, je sçais bien que les diverses difficultés qui se sont présentées par le passé ont empesché que la traduction de l'Evangile Grecque ne soit imprimée, mais maintenant à la venue du très docte Monsieur Léger, sera bon que l'on trouve à le finir, et sans doute vous ne manquerés d'ayder à un tel sainct œuvre avec toute sorte d'office.

Portés-vous bien.

Il me paraît assez difficile d'indiquer d'une manière précise les commencements de l'église réformée de Constantinople. Cependant il semble que Antoine Léger en ait été le premier pasteur. Vers 1628 (1) le sieur Cornélius Haga, ambassadeur à Constantinople pour Messieurs les Etats Généraux des Provinces Unies des Pays-Bas, demandait instamment un pasteur « qui, avec les autres dons et capacitez, eust la connaissance des langues nécessaires tant pour l'ins-

(1) Pierre Gilles. Histoire ecclésiastique des églises vaudoises. P. 468.

truction de sa propre famille que des aultres professant la religion réformée, Flamans, François, Italiens et aultres conversant à Constantinople et ès environs, et aussi pour communiquer avec les conducteurs des églises chrestiennes orientales, désireux de communication avec les vrais chrétiens réformés occidentaux, et en somme pour s'employer là à ce qui pourrait servir à l'avancement du règne de Dieu. » (1)

« Messieurs de l'Eglise de Genève, ayant été priés d'en fournir un propre en tout cela, jetèrent les yeux sur le sieur Antoine Léger (2), qui après avoir estudié longtemps à Genève et ailleurs. estoit peu auparavant retourné aux Vallées. sa patrie, où il exer-

---

(1) Notes sur l'église réformée de Constantinople, au XVIIe siècle, 1628-1638. (Bulletin du Protestantisme français, 1858. P. 123).

(2) « Thèses de théologie soutenues à l'Académie de Genève pendant les XVIe. XVIIe, XVIIIe siècles, par Henri Heyer, ancien pasteur, (Genève, Georg et Cie, 1898).

Antoine Léger, originaire des Vallées vaudoises (1596-1661) fit ses études à Genève. En 1628, la Compagnie le désigna comme chapelain de l'ambassade hollandaise de Constantinople. où il se lia avec le patriarche Cyrille Lucar, et traduisit en grec vulgaire le Nouveau Testament. En 1636, il se retrouva dans les Vallées vaudoises, et fut pasteur à St-Jean près la Tour, dans le val de Luzerne. Condamné à mort par contumace en 1643, comme ministre. il parvint à s'échapper et s'enfuit à Genève.

On lui confia presque aussitôt une place de pasteur en ville et la Chaire des langues orientales à la Faculté de théologie. On a de lui des « Theses theologicae de sanctificatione hominis peccatoris ». Genève 1658, in-4o. Il eut un fils, appelé comme lui, « Antoine » (1652-1729) qui fut pasteur et professeur de philosophie.

çait le Saint Ministère, et prièrent instamment les pasteurs des Vallées de le congédier pour quelque temps, afin qu'il pust être employé en ceste vocation jusqu'à ce qu'on en pust trouver quelque autre capable pour tel effect, qui eust aussi l'usage de la langue italienne, nécessaire en ces lieux. Par quoy. après quelques difficultés proposées, spécialement pour le besoin qu'on avoit ès vallées du ministère du dit sieur Léger, on le congédia par manière de prest pour deux ans. mais la nécessité de l'œuvre du Seigneur l'y retint plusieurs années, comme on verra cy-après. »

En effet, le ministère d'Antoine Léger était hautement apprécié dans les vallées du Piémont. Il était question en 1628 de le retirer de là pour l'envoyer à Constantinople, et la Vénérable Compagnie le demanda. Voici comment l'Eglise de St-Martin lui écrivit pour qu'on lui laissât son pasteur. Nous respectons scrupuleusement l'orthographe :

L'Eglise de Saint-Martin à Antoine Léger.

Messieurs et très honorés frères,

Nous avons veu par les vostres la demande qu'on fait de Monsieur Léger nostre pasteur, pour l'acheminer en quelque voyage. Mais c'est chose impossible de vous pouvoir y accorder... Il n'est pas besoin de débiliter les Eglises ; voyant donc le grand profit et avancement qu'il porte en nos vallées, on ne pourrait permettre qu'il fut osté du milieu de nous ; puisqu'il a pleu à Dieu de le nous donner (sic), nous asseurant que vous avez chez vous, persones capables pour satisfaire en partie à ce qui sera de besoin.....

Vous priant de nous excuser, mais pour le dit M. Léger, il n'aura point de congé de notre église ».

Cette ferme réponse est d'ailleurs terminée par les souhaits les plus cordiaux.

« Priant le Seigneur qu'il vous maintienne en bonne prospérité, et bénisse tous les desseins qui tendent à l'avancement du reigne de Crist. (sic).

De nostre Consistoire vos humbles serviteurs, les Ansiens sousnommés et au non de tous les autres qui ne savent escrire.

Jacomo Peronello, ansieno
Pierre Macel, ancien
Jean Reynaud, ancien
Piere Roy, ancien

Du val Saint-Martin, ce 15 mars 1628 (1).

Au nom de la vénérable Compagnie, Diodati répondit à cette lettre le 24 mars 1628, il écrivit aussi au pasteur A. Léger, et l'Eglise finit par céder.

Le pasteur P. Gilles, de la Tour, le réclame par une lettre du 9 novembre 1631 à la V. Cie. En 1634, on le redemande toujours. En 1636, Léger revient enfin de Constantinople, après y avoir séjourné pendant huit années. Il paraît que les faubourgs de Pera et de Galata, où logeaient la plupart des ambassadeurs, renfermaient un petit nombre de commerçants réformés.

S'il faut en croire les indications fournies par les correspondances d'alors échangées au sujet de la pla-

(1) Bibl. pub. Genève. Corr. Eccl.

ce de pasteur réformé à Constantinople, cette église n'était pas des plus considérables. Elle se réunissait dans la maison de l'Ambassadeur Haga, et sans doute c'était lui et sa famille qui en constituaient l'élément le plus important, sinon le plus nombreux.

Comme toujours, c'est à la Vénérable Compagnie qu'on écrivait de tous les côtés pour procurer des pasteurs à ce poste si éloigné (1) ; et il paraît qu'elle en avait toujours à fournir. Nous aurons recours à quelques lettres du temps qui nous feront bien connaître dans quelles conditions s'exerçait ce ministère et comment Nicolas Oltramare aurait été appelé à y exercer le sien.

Voici, par exemple, comment André Rivet écrivait

---

(1) Voici, à titre de spécimen, les demandes de pasteurs que, de bien des côtés, on demandait à la Vénérable Compagnie (Bibl. Pub. Genève. Corresp. Eccl. M. 197 aa. Boîte 9. 1631-1644) :

Le duc de Rohan à la Vénérable Compagnie.

Coire, 31 décembre 1631,

Messieurs,

Y ayant quinze ou seize mois que Dieu a retiré le Ministre qui servoit l'Eglise qu'il a recueillie en ma maison, et me trouvant en un pays où je ne puis estre assisté d'aucun qui puisse prescher en françois, je vous supplie en cette nécessité me vant obliger que de m'en prester un en attendant que les églises de France y ayent pourveu.

Car j'ay grande impatience de voir dans ma maison les exercices de piété restablis, qui depuis quelque temps y sont discontinués ; ce n'est pas que je n'aye faict toutes les diligences possibles pour en recouvrer un ; et mesme ma femme, qui est en France, s'y est employée avec affec-

de la Haye, à la Vénérable Compagnie, au sujet de l'Eglise de Constantinople :

André Rivet à la Vénérable Compagnie.

La Haye, 18 décembre 1634.

Messieurs et très honorés frères,

Je ne doute pas que M. Antoine Léger ne vous tienne advertis aux occasions de l'estat des églises d'Orient et de sa culture en Constantinople, que mesme il ne vous ait donné espérance de son prompt retour, et advis de son retardement, tant par l'instance de M. Patriarche Cyrille que par l'indisposition de l'interprète qu'il devoit mener avec luy, pour l'impression du N. Testament en grec vulgaire. Par les dernières de delà, Messeigneurs les Estats sont instam-

---

tion, mais la guerre et la peste d'Italie m'ont privé de ce bien.

Maintenant que je suis deçà les Monts et en lieu ou on peut venir à moy sans nulle crainte, je me promets de vostre charité et bonne volonté que vous ne me desnierez la prière instante que je vous fais de m'en prester un pour quelques mois, dont je recevrai beaucoup de consolation et vous en auray une grande obligation.

Je fais passer le Sr Dupuy par Genève pour vous en prier encore de vive voix, et envoye un autre des miens pour le conduire icy, m'asseurant que je recevray de vous cette courtoisie ; je prie Dieu, messieurs, qu'il vous comble de ses grâces et vous fasse prospérer de plus en plus à sa gloire et au bien de son Eglise.

Votre très humble et très affectionné à vous faire service,

Henry de ROHAN.

ment suppliés, tant par Monsieur le P. C. que par M. leur Orateur et M. Léger, de luy envoyer un successeur qui puisse être là au printemps. L'adresse que vous aviez faite de M. Léger a esté si judicieuse et a si heureusement réussi, qu'ils m'ont commandé de vous escrire pour vous prier de regarder si vous connaissiez quelqu'un doué de semblables qualités qui s'y voulust acheminer sous les auspices et aux despends de leurs Ill. Seigneuries.

On voudroit bien, s'il se pouvait, qu'il peut prescher en italien : mais si cela ne se trouve, pourvu que ce soit un homme docte en langues, en la philosophie et controverses de la religion et d'une vie exemplaire, joincte avec prudence et conduite, d'aage et de tempérament propre à porter la fatigue, et sans charge de famille, il ne laissera d'y estre receu preschant en français, en attendant qu'il s'accommode à la langue italienne. Je vous supplie donques, Messieurs, d'y penser à bon escient et en cas de rencontre, m'en donner advis au plus tôt que vous pourrez, avec toutes les circonstances que vous cognoistrez devoir estre représentées.

Car, encore qu'il y ait ici plusieurs doctes jeunes hommes, si est-ce que pour ne pouvoir prescher en leur langue, et pour n'avoir rien veu hors de leur païs, ils ne sont pas jugés avoir les qualités propres à cette vocation. Messeigneurs les Estats traiteront bien celuy qui leur sera adressé, et luy feront donner tous les ordres et moyens nécessaires pour son voyage.

J'attendray donc sur cela vostre réponse après votre recherche, et cependant, m'asseure que la chose qui regarde le règne de Dieu, vous est à cœur, je m'en reposeray sur vostre soin, et prieray le Maistre de la moisson qu'il le bénie en cela, et tout ce qui concerne le service de sa maison, en laquelle je prie Dieu qu'il vous conserve longtemps et heureusement pour sa gloire, et suis, Messieurs et très honorés frères,

Votre très humble et plus affectionné frère et serviteur, André RIVET.

De La Haye, le 18 décembre 1634.

(Lettres et pièces concernant les Eglises réformées. Mf. 197aa. Portefeuille 9, (Genève)

Par une lettre adressée à la Compagnie, D. Sartoris, qui était alors précepteur dans une famille à Zerbst, remercie de la vocation qu'on lui adresse et accepte d'aller à Constantinople.

(12 juin 1635).

Sartoris à la Vénérable Compagnie.

Messieurs et très honorés Pères,

Ce n'est dès maintenant que j'ay esprouvé les tesmoignages de la bienveillance de votre vénérable Compagnie et que j'en ay ressenti les effets. Dès devant mon despart, à mon despart et après encore, ils se sont estendus jusques dans les pays estrangers. Les lettres qu'il lui a plu m'adresser (comme j'en appris le contenu par celles de mon père), me sont au comble de bonne volonté, et passent par dessus ce que je n'aurais jamais osé espérer. Ce qui me faict d'un costé recognoistre une paternelle affection de la part de vostre saincte assemblée, de l'autre adorer la singulière providence de mon Dieu, qui m'ayant enveloppé dans les malheurs de l'Allemagne, et faict gouster les fruits d'un si fascheux exil, lorsque j'estois las d'espérance d'avancement, et d'atteindre le but de mon séjour en ces quartiers, m'a adressé par vostre bouche, une tant avantageuse vocation, et appellé à un employ si honorable.

Mais comme ces lettres m'ont apporté un bien inespéré, aussi m'ont-elles rempli d'un grand tremblement et d'une appréhension très vive. Quand il fust question d'envoyer par delà quelcun pour satisfaire aux désirs de ceux qui en avaient requis la vénérable Compagnie, il ne se trouva personne capable que Monsieur Léger qui avoyt imbu et les moïens et le sçavoir d'un si grand Gamaliel. Mais las ! il a pleu à Dieu me l'oster lorsque je commençois à en pouvoir faire mon profit !

Cette considération m'a fait entrer en moy-mesme et penser qu'estant de tant inférieur à un si grand personnage, ce seroit une témérité de me croire capable de luy pouvoir succéder. Laissant donc à part toutes considérations particulières, comme de la longueur d'un voyage si éloigné, du danger des chemins, et l'incommodité de la constitution de l'air, fort mal propre à la mienne, etc, celle-ci seule m'a assisté quelque temps, et fait trembler de crainte d'embrasser une si sainte et si pénible charge où il ne faut que des gens bien fournis, et exercités par un long usage.

Néantmoins, pensant à part moy que le but de mes

estudes est de servir un jour à Dieu en sa maison, et que en quelque lieu que ce soyt restant, luy peux-je servir s'il luy plaist d'estendre sa bénédiction sur moy, m'asseurant aussi que celuy qui a envoyé des langues à ses apostres, qui a fortifié la jeunesse du faible Timothée par son Saint-Esprit, me renforcera aussi par sa miséricorde, et fera prospérer son œuvre entre les mains d'un sien serviteur qui se soumet à sa grâce ; donc, invoquant son nom, implorant sa miséricorde, et l'adchisse de son Saint-Esprit, et ayant prins conseil de Messieurs Bitmanus, Windelnus, et Wolphius, je me suis résolu de suivre la vocation qu'il luy a pleu m'adchisser par sa bonté, obéir à ses commandements, et me soubmettre à sa volonté.

Ce qui me donne le plus de courage d'embrasser cet appel, est que je le reçois d'une si saincte assemblée, de laquelle les bénédictions ne seront point sans fruit, comme je l'ay déjà éprouvé. Luy ayant donc présenté mes très humbles remerciements que d'une singulière affection et plus que paternelle bienveillance elle ait daigné se souvenir de moy, et la suppliant qu'il luy plaise abbréger le terme du sieur par delà, je conclus de me mettre en chemin au plus tôt que me le permettra la commodité, et que Madame la Baronne m'aura donné congé.

Le Souverain Pasteur, qui a respandu la bonne odeur de votre Saint Ministère jusques dans les pays étrangers et l'a fait estre en consolation à ceux qui sont sous l'oppresse, et en édification à ceux qui ayment le Seigneur, continue ses Saintes Graces et comble de ses bénédictions les plus rares, chacun membre de votre saint corps, au bien de son Eglise, et à la gloire de son grand nom.

Je suis de tout mon cœur, Messieurs et très honorés Pères, votre très humble et très obéissant serviteur et fils au Seigneur, D. SARTORIS.

A Zerbst, ce 12 juin 1635.

Le jeune D. Sartoris, qui, en 1636, était sur le point de partir pour Constantinople, est à court d'argent, et il écrit en ces termes à André Rivet, à La Haye, presque en même temps que M. Prévost :

Sartoris à André Rivet.

Monsieur et très honoré Père,

Le principal sujet de celle-ci est qu'estant sur mon départ, je suis obligé à rendre mes devoirs, et vous venir renouveler l'offre de mon service. Mais surtout à me remettre à vos bonnes prières et vœux au Seigneur, pour la prospérité du voyage que j'entreprends sous sa conduite.

Maintenant s'avance le temps de mon voyage, lequel j'entreprends dans quelques jours, moyennant l'aide de Dieu.

La difficulté qui se présente au passage d'ici à Gênes de tous côtés, fait que je serai contraint prendre une autre voie. L'advis de la Compagnie de Messieurs vos Pasteurs est que je prenne le chemin de Venise. Or, n'ayant assez de provision pour le faire, et m'estant même nécessité de mener un traducteur avec moi (1), j'ai supplié Messieurs vos Pas-

(1) Il paraît que c'était son propre frère.

teurs qu'il leur plust vous démontrer la nécessité d'une plus grande provision.

Je joins « leurs » (sic) prières aux leurs, vous suppliant qu'il vous plaise prendre la peine de la représenter à Messieurs des Estats.

Le facilité qu'il leur a plu témoigner à m'assigner ce que j'ai reçu me fait espérer qu'ils ne trouveront mauvais cette mienne demande si juste. Pardonnez, je vous prie, si je prends la hardiesse d'user de votre bienveillance avec tant de liberté. Si je ne suis capable de vous rendre le contre-échange, je supplierai le Seigneur qu'il vous comble de ses saintes bénédictions, et demeurerai toute ma vie, Monsieur et très honoré Père,

Votre très humble et très obéissant fils en Christ.

D. SARTORIS.

De Genève, le 26 février 1636.

Mon père vous présente ses très humbles baisemains.

D'un autre côté, voici de quelle manière la Vénérable Compagnie écrivit à André Rivet : (1)

La Vénérable Compagnie à André Rivet.

Mons. et très honoré Frère,

Je vous escris rarement, de peur d'estre importun. Sachant très bien quelles et combien sérieuses sont vos occupations, même ordinaires, je fais scrupule de vous en distraire par discours inutiles, et m'en suis

(1) Collection de lettres à A. Rivet, par divers professeurs et pasteurs. Rivetiana, Leyde, Bibliothèque de l'Université, année 1636.

abstenu depuis le départ de mon aîné, en la personne duquel m'avez tant obligé, et que depuis n'ay vu, s'estant habitué et marié en Angleterre.

Encor pour le présent service, j'ai conscience de vous ennuyer par la présente, n'estoit le commandement de notre Compagnie, qui m'a chargé de vous addresser ce mot pour vous donner advis touchant le fils de M. Sartoris, notre très cher frère, et ici pasteur tant de l'église française qu'italienne. Vous avez vu cet honnête jeune homme en vos quartiers, où il a été approuvé et désigné par Mess. les Estats pour succéder à M. Léger en la maison de M. Haga, ambassadeur à Constantinople, pour la charge du St- Ministère.

Dès son arrivée en cette ville, il a subi l'examen ordinaire et nous a donné beaucoup de contentement. En conséquence, il a reçu l'imposition des mains, avec pouvoir d'exercer désormais toutes les fonctions du St- Ministère. Mais il a été contraint de séjourner ici pour cet hyver, attendant l'opportunité de voyager, à quoi il se dispose pour le commencement du mois prochain ; et cependant, s'est ici exercé tant es églises voisines qu'en l'Eglise italienne. Mais à présent, il est en peine pour le chemin qu'il debvra tenir. Son intention estoit de suivre l'ordre à luy prescript par MM. les Estats, à sçavoir, par Marseille. Mais depuis son départ, ceste voye s'est rendue très difficile et périlleuse, par les courses de l'Espagnol, si qu'il sera contrainct pour le plus seur, d'aller à Venise et s'y embarquer. Cela oblige de prendre avec soi un homme pour luy servir, tant en voyage qu'en son séjour. Par ce moyen luy conviendra de s'engager en frais, et avoir recours au prest de nostre Compagnie.

J'ay donc heu charge de vous représenter le tout, et vous prier d'employer vostre charité pour luy en vos quartiers, remonstrant par delà tant sa fidèle diligence que sa présente nécessité et procurant qu'il soit pourveu à sa nécessité. Nous nous promettons de luy qu'il donnera tout contentement, l'ayant, oultre son étude et capacité, recognu dès sa jeunesse toujours très bien conditionné. C'est ce qui m'empêchera de le vous recommander plus instamment, persuadé que vostre prudence n'a besoing d'estre solicitée en chose si raisonnable. Et finissant par ma plus humble et affectueuse salutation à vos grâces, vous prierai me tenir et croire tant que vivray, Monsieur.

Votre plus humble et très affectionné frère et serviteur, PREVOST.

Genève, le 27 de febr. 1636.

Il est intéressant de remarquer que ces jeunes pasteurs n'étaient pas dans une situation aisée, bien loin de là, et le cas d'Oltramare, comme nous le verrons plus loin, n'était pas un cas isolé.

Si nous ne pouvons trouver dans ces corresponces le chiffre exact du traitement qui était accordé par les Etats au pasteur de l'ambassade (1), nous

(1) Il est probable que le salaire du pasteur de Constantinople était le même, ou à peu près, que celui du pasteur de Smyrne, c'est à dire 600 florins ou 240 réaux. (Bulletin de la commission de l'histoire des églises wallonnes, tome 4, P. 257, 54, rue des St-Pères.)

pouvons du moins reconnaître par les réclamations continuelles qui sont formulées à ce sujet, que ce traitement n'était pas payé avec une grande exactitude. Nous reproduisons maintenant quelques unes des lettres dont nous avons parlé.

A. Léger à la Vénérable Compagnie.

Constantinople, 12 juillet 1636.

Messieurs et très honorés Pères et Frères,

Voici, avec la présente, une troisième copie du testament ou codicille de feu M. J. Roussel, laquelle vous dira sans qu'il soit besoin de le réitérer, la cause de l'envoi expliquée en mes précédentes. Si n'en avez encore receu l'effet, je vous prie infiniment, Messieurs, et très honorés Pères, qu'il vous plaise prendre le soin d'en procurer l'accomplissement, se recommandant particulièrement à ces messieurs, auxquels le dit défunt l'a lui-même recommandé, lesquels aussi j'en ai prié par mes lettres et en outre avec iceux Messieurs du Consistoire de La Haye.

Je viens de recevoir tout présentement lettres de M. Sartoris, de Smyrne, qui m'apprennent son heureuse arrivée là le 29 du passé, tellement que nous l'attendons maintenant ici d'heure en heure, où je supplie le Seigneur le conduire au plus tôt en bonne santé.

Et lors lui ayant communiqué ce que j'ay peu remarquer utile à l'exercice du St-Ministère en ce lieu, j'espère, Dieu aidant, de m'acheminer du costé de Marseille, d'où je crains que l'hyver approchant ne me permette facilement de vous aller, comme je désire, selon mon devoir, rendre conte de mon voyage et ministère en ces quartiers, avant que parvenir en la patrie, de laquelle aussi je ne scai l'estat présent.

Et pourtant, je vous supplie derechef, Messieurs et très honorés Pères, me favoriser tant que de me faire entendre chez Monsieur Jean Gues, à Marseille, vos commandements sur cela, selon que vostre prudence considérant l'estat des affaires, jugera plus expédient.

Cyrille de Bérée, disciple des Jésuites, inspecteur du patriarchat, combien que pour s'y affermir il s'ait endetté de deux cent mille tallers qu'il a donnés aux Turcs en quinze mois, en a esté honteusement chassé, et du commun consentement de l'Eglise grecque, a esté eslu pour patriarche Neophyte Archevêque d'Héraclée, nourrisson du vénérable vieillard Monseigneur le patriarche Cyrille, plus recommandé par l'estime de probité que d'érudition ; et cependant tesmoigne avoir si bonne opinion de ce qu'il entend de la confession de son maistre, qu'en Candie, leur commune patrie, les ennemis de la vérité les calomnient aussi des mesmes hérésies.

Nous attendons le retour du dit confesseur de son exil de Rhode, par la mesme barque qui y porte le pseudo patriarche susmentionné. Le tesmoignage d'approbation que mon dit sieur le patriarche Cyrille obtient de l'Eglise grecque en son absence, et « positis humanis fascibus », un autre gouvernant le patriarchat, est d'autant plus authentique.

S'il veut se dépouiller de ceste longue robbe externe d'authorité séculière, l'interne et spirituelle lui demeurant, les ennemis auront plus de prise sur lui, et lui moins de crainte d'eux ; et deschargé des sollicitudes terriennes, il pourra vaquer à ce qui proprement appartient à sa charge d'enseigner et maintenir la vérité de bouche et par escrit.

De quoi nous sçaurons, Dieu aidant, plus asseurement sa volonté après son arrivée.

Monsieur l'Ambassadeur vous salue affectueusement, comme fait aussi tout nostre petit troupeau, lequel recommandant avec moi instamment à vos sainctes prières et suppliant le Seigneur vous conserver en santé et prospérité, je demeure, Messieurs et très honorés Pères et Frères, votre très humble et très obéissant serviteur, fils et frère au Seigneur,

Antoine LEGER

De Constantinople, le 12/2 juillet 1636.

D. Sartoris à la Vénérable Compagnie.

Messieurs et très honorés Pères, (1)

Le despart de Mons. Léger me ramentoye mes devoirs envers vostre Vénérable Compagnie ; car, ayant à lui succéder par vostre volonté et particulière affection envers moy, c'est à vous à qui je dois rendre compte de mon employ. Et comme je ne me suis résolu à faire le voyage du Levant que pour me soumettre à la volonté du Seigneur et obéir à vos commandements, de mesme n'ay-je à dépendre et attendre se-

(1) (Genève, Bibl. Publique, Mss. Corresp. Eccl. 197ac Boîte 9.).

cours et assistance, après le Seigneur, que de vous dans le cours de ma vocation.

Les temps et les difficultés dans lesquelles me laisse le despart de Mons. Léger, m'obligeront à l'advenir d'avoir fort souvent recours à vos conseils, en attendant vos commandements. Partant, comme je vous dois ma vocation, aussi vous supplie-je très humblement qu'à l'advenir je vous puisse debvoir la conduite de mon église et les instructions dans toutes les occasions des affaires de par delà.

L'accueil gracieux que m'ont fait Nos Seign. le Patriarche et Mons. l'Ambassadeur me fait espérer toute sorte de support, maintien et soutien dans cette charge. Mons. le Patriarche nous donne à cognoître que ses intentions ne sont que bonnes et saintes. S'il plaisait au Seign[r] de luy faciliter l'ouverture et l'exécution de ses louables desseins, j'auray de plus bon besoin de votre adresse.

Mais Mons. Léger ayant a vous représenter de bouche toutes les nécessités présentes de nostre Eglise, et tout ce qui se fera par delà, je ne puis faire autre pour le présent que d'adresser mes vœux au Seigneur pour la prospérité des membres de vostre corps au bien de son Eglise, avancement du règne de son Fils, et consolation de tant de pauvres âmes qui devront à vostre soin la cognoissance du vrai chemin du salut.

Je demeure, Messieurs et très honorés pères,

Votre très humble et très obéissant serviteur et fils au Seigneur, D. SARTORIS.

A Pera, le 11/21 aoûst 1636.

A. Rivet à la Vénérable Compagnie.

Messieurs et très honorés frères,

J'ai reçu après quelques mois celle qu'il vous a plu m'escrire au sujet de Monsieur Sertoris (sic), et en ai communiqué avec plusieurs des principaux de l'estat, notamment avec M. de Volbergue, qui m'y a promis toute assistance. Mais il trouve quelque difficulté en ce qui regarde l'accroissement, et sur ce qu'on dit que toutes choses sont chères à Constantinople, ils opposent que le dit sieur ne despend rien pour sa bouche, ni pour acheter des livres, et que pour tout le reste les gages sont suffisants.

Neantmoins, nous ferons toutes instances possibles ; mais les grandes recharges de cet estat, et les continuelles surcharges des exilés d'Allemagne, rendent ces Messieurs beaucoup plus retenus, et avons bien de la peine à obtenir qu'on satisface à Monsieur Léger ; non que la chose soit controversée, mais seulement on trouve de la difficulté à l'assignation des deniers, chacun corps le renvoyant à son compagnon. J'eusse différé à vous escrire sur cela, jusques à ce que je visse plus clair, comme je feray, Dieu aidant, quand j'auray une entière résolution, mais j'ay cru ne debvoir plus longtemps attendre, a vous donner advis, tant de la réception de vos lettres que de mon désir de servir à ce bien là, à quoy fe suis porté d'inclination et d'obligation ; particulièrement aussi pour vostre recommandation laquelle sera tousjours de grand poids envers moy, pour m'employer soigneusement à tout ce que vous jugerez pouvoir estre procuré par moi pour le public ou pour le particulier de ce que vous affectionnez.

Priant Dieu qu'il me donne pour celà autant de pouvoir que de bonne volonté, et qu'il benie de plus en plus vos saincts labeurs, conservant vos personnes pour sa gloire et pour le bien de son église, et suis,

Messieurs et très honorés frères,

Votre très humble et très affectionné frère et serviteur

André RIVET

De la Haye le 4 Mars 1637.

J. Sartoris à André Rivet.

Lettre de J. Sartoris (1637).

A Monsieur André Rivet, professeur en la Ste religion à La Haye.

Monsieur et très honoré frère,

Encore que je fais grande difficulté d'apporter du destourbir en vos grandes et sérieuses occupations, si est que votre grand zèle à l'advancement de la gloire de Dieu et propagation du règne de son fils, et votre saincte et sincère charité envers les ouvriers qu'il lui plaist d'employer en son œuvre, me font passer les bornes, pour prendre la hardiesse de vous importuner par ces lignes, et pour vous remercier, comme je le fais bien humblement, du soin qu'il vous a pleu de prendre, pour ce qui concerne l'establissement des gages de mon fils, (qui depuis treize mois est au service de Messieurs les Etats, à Constantinople), comme je l'ai appris de celles qu'il vous a pleu écrire à Vénérable Compagnie, en réponse de celle qu'elle vous avait écrite ; et pour vous prier très affectueusement que comme vous aviez commencé, il vous plaise de continuer, et ne lui dénier ni à moi, la faveur de votre sincère affection, de laquelle il vous a plu déjà l'honorer, lorsque, passant par les Pays-Bas, il fut assisté de vous en cette affaire, et agréé par Mess. Seign. Si est que il y ait establissement de gages les plus honorables et raisonnables qu'il sera possible et que ce qui est établi soit payé, et qu'il vous plaise que je sache à qui il faudra s'adresser pour retirer le paiement sans difficulté et pour faciliter quelque accroissement.

Je crois que servira la considération de ce qu'il n'est allé seul, mais que, au lieu d'un autre secrétaire qui malaisément se fût trouvé, a conduit son sien frère, pour non seulement lui rendre quelques services, mais pour aussi qu'il lui asseure compagnie qui lui soit en consolation.

Quand Mons. Léger entreprit ce voyage, on ne lui refusa un serviteur qui alla avec lui, quoique, l'ayant abandonné quelques mois après leur arrivée par de là, il n'en ait eu autre depuis. Notre Compagnie n'a pas jugé convenable que mon fils entreprît un tel voyage en pays si lointain, sans qu'il eust quelqu'un auprès de lui pour son aide et service ; et moi jamais n'eusse pu consentir à son départ sous autre condition. Je joins bien davantage que quand on prétendait d'y envoyer Monsieur de Savesnes (?), on avait obtenu outre l'entretien d'un serviteur, encore 400 écus de gages.

Je crois que pour n'avoir traité avant main, ainsi avoir remis le tout à la bienveillance et prudence de ceux qui ont soin de cette affaire, cela ne doit pas lui être préjudiciable, mais au contraire. Toutefois, si ne prétend-il pas si avant. Il se remet entièrement à la bienveillance de leurs Excell. Messeign. les Etats, qui sauront bien faire considération et donner raisonnable et honorable récompense à celui qui entreprend un si lointain et périlleux voyage, risque sa vie et sa santé et sort en une condition si pénible, et même si ennuyeuse, comme je l'ai appris de M. Léger...

Pardonnez-moi, Monsieur, si je prends la hardiesse de déposer aussi familièrement cette chose au soin de votre charité, à laquelle je la recommande très-affectueusement. Et vous ose derechef prier que selon le grand crédit que vous avez auprès de ces Messieurs, il vous plaise de faire qu'on puisse retirer ce qui sera établi, à ce que, ou mon fils ou moi qui suis chargé en tout d'une famille de 14 personnes, ne soyons aux intérêts. Il y a déjà huit mois qu'il m'a tiré à payer en une bonne somme qu'il a empruntée par delà aussitôt à son arrivée.

Je suis honteux de vous estre si avant importun, mais sachant que je ne puis avoir par-delà aucun de plus franc courage en cette affaire, ou qui y puisse plus, cela m'a fait outrepasser les limites de mon devoir. Que si moi ou mon fils ne pouvons oultre, au moins, Monsieur, nourrirons-nous soigneusement le ressouvenir de notre grande obligation à votre piété et charité, et aurons le désir de vous honorer et servir autant que Dieu nous en donnera le moyen ; lequel je prie vouloir continuer à répandre sa saincte bénédiction sur vos grands et fructueux labeurs, et sur votre personne, pour la gloire et le bien de son église, et de tous ceux qui vous chérissent et honorent. Je suis en ce rang, qui de cœur et d'affection entière, vous demeure, Monsieur et très honoré frère, très humble et très affectionné frère et serviteur.

A Genève, le 12/22 avril 1637. J. SARTORIS.

Un peu plus tard, D. Sartoris meurt, vers juin 1637, et A. Rivet écrit encore à la Compagnie pour lui trouver un successeur :

Voici la lettre de A. Rivet :

A. Rivet à la Vénérable Compagnie.

Messieurs et très honorés Frères

Vous aurez appris plustôt que nous la triste nouvelle du décès de feu Monsieur Sartoris, qui a esté ravi à la petite Eglise orientale, comme il y travailloit si heureusement, qu'on commençoit à ne plus ressentir l'absence de Monsieur Léger et promettoit au jugement de Monsieur le Patriarche et de Monsieur l'Orateur Haga, autant et plus qu'on eust peu espérer d'un homme de son aage, tant ses dons estaient beaux, joints à un grand zèle d'advancer le Royaume de Dieu.

C'est le tesmoignage qu'ils en rendent à Messeigneurs les Estats. Et combien que le dit sieur Orateur ait demandé qu'il luy fut permis de retourner et l'ai obtenu, si est-ce qu'il représenta à nos dits Seigneurs qu'il est du tout nécessaire d'envoyer là un successeur, veu le bon estat auquel les choses sont advancées ; que Mons. le Patriarche Cyrille le désire grandement, et que le secrétaire de l'Ambassade qui demeurera là jusqu'à ce qu'on envoye un successeur à M. l'Orateur, fera continuer l'exercice. Les dits Seigneurs m'ont commandé d'en escrire, tant à vostre Compagnie qu'aux autres lieux ou j'estimeray qu'on leur pourroit donner une bonne adresse pour cela.

J'en ai escrit à Paris : mais en sorte que j'ay tousjours faict le principal fondement sur vostre saincte Compagnie. Vous cognoissez ce qui est requis en la personne et scaves les lieux où se peuvent trouver ceux qui peuvent prescher en langue italienne, soit que vous en ayes parmi vous, soit que vous vous en cognoissiez au païs des Rhètes ou ailleurs.

Prometiant aux dits Seigneurs de vous en escrire, je ne leur ai pas dissimulé que le peu de soin qu'on a eu ci-devant de pourveoir au payement de ceux qui ont esté employés à cette œuvre, n'estoit pas pour donner courage et à vous d'en disposer quelqu'un et à luy de s'y acheminer, et que je ne pouvoy le requérir de vous, s'ils ne m'autorisaient de promettre qu'il y sera mis tel ordre, qu'on ne courra plus après sa debte.

Sur quoy ils ont ordonné avec le Conseil d'Estat, qu'il seroit assigné un fonds proprement dédié à cela, et qui ne seroit diverti pour aucune occasion. Je vous supplie donques d'y penser et me donner advis de ce que nous aurons à en espérer. Le nepveu de M. Haga fait estat de partir dans trois mois pour aller trouver Monsieur son oncle et l'accompagner en son retour. Il prendra son chemin par la Pologne et la Moldavie ; s'il y en avait quelqu'un qui se peust rendre ici en ce temps-là, il l'emmèneroit avec luy et ce seroit une bonne occasion et un beau voyage.

Il n'est pas besoin que je m'estende davantage sur la nécessité de cette affaire, et sur le bien qui en pourra réussir, sur la honte que ce nous seroit de laisser perdre cette possession, sur la joye qu'en concevraient ceux qui en ce mesme lieu font tout ce qu'ils peuvent pour retarder cet œuvre. Vous le scavez mieux que moy, et vostre sainct zèle n'a point besoin d'aiguillon.

Au reste, je crois que vous aurez eu advis que j'ay délivré au sieur Jérémie Calendrin ce qui avoit esté légué par le feu sieur Roussel aux Eglises des Valées du Piedmont et au dit sieur Léger. Que Mess. d'Amsterdam aussi avoient accepté l'ordonnance de Messeigneurs les Estats pour les arrérages deus au sieur Léger et en avoient assuré le dit Sr Calandrin, que j'estime avoir receu le tout comme il m'en avoit donné advis. Si je puis ici quelque chose davantage pour ce qui concerne vostre public, ou le particulier, je tiendray a bonheur d'y pouvoir contribuer mes soins et services.

Vous aurez sceu que son Altesse est devant Bréda depuis trois sepmaines ; que Dieu lui a donné de faire une forte circonvalation, avec tant de promptitude, que le Cardinal Infant s'en estant approché avec toute son armée a peu dire « veni, » « vidi » ; mais il n'a pu adjouster « vici » ; il luy a fallu substituer « abii ». A présent on l'attaque par tranchées en quatre endroits, et il y a peu de gens dedans pour la grandeur de la place, tellement qu'on en espère tout bon succès, s'il plaît à Dieu bénir le tout, comme nous l'en prions. Je ne doubte point que vous ne vous y joigniez.

Je me recommande aussi à vos sainctes prières et présente les miennes à Dieu pour la conservation et manutention de la République, de l'Eglise et de vos personnes, et suis, Messieurs et très honorés frères, vostre plus humble et très affectionné frère et serviteur, André RIVET,

De La Haye, le 24 août 1637.

Nous avons parlé de la terrible épreuve qui avait frappé le pasteur italien de Genève. Il apprit, en 1637, la mort de son pauvre fils aîné, pasteur à Constantinople. André Rivet lui écrivit pour lui envoyer quelques consolations dans sa grande douleur, et le 20 septembre 1637, J. Sartoris lui adressait la lettre suivante. Elle lui était apportée par le jeune Nicolas Outremer (1) ; lui-même en apportait une autre qui le concernait et qui était adressée par

(1) Il y a environ six mois que je vous écrivis par le Sr. Outremer. Lettre de J. Sartoris, 27 mars 1638.

la Vénérable Compagnie à André Rivet. Voici d'abord le lettre du malheureux J. Sartoris :

J. Sartoris père, à André Rivet.

Monsieur et très honoré frère,

J'ai receu celle de laquelle il vous a pleu m'honorer. Je vous rends grâces autant que je puis, des sainctes consolations que par icelle vous me départez sur la triste et douloureuse nouvelle que j'ai reçue il y a déjà plusieurs semaines en la notable perte que j'ai faite par le décès de mon très-cher fils, à laquelle je ne puis penser que je ne fonde en larmes, me voyant privé de la joie et consolation que m'apportait un si bon fils. Mais puisqu'il a pleu au Souverain Maître d'en disposer comme il a fait, je n'ai aultre à faire qu'à mettre ma bouche en la poussière, et m'humiliant sous sa main puissante, acquiescer à sa sainte volonté.

J'avoue néanmoins que il est fidèle, que si d'une main, il fait la plaie, il la bande de l'autre ; aussi, m'ayant frappé de cette grande plaie, il m'a aussi quant et quant en ses compassions envoyé le baume de sa grâce, par les témoignages que j'ai eu de diverses personnes notables, de la diligence et du saint zèle que mon pauvre fils apportait au service du grand Maître, du désir ardent qui le possédait d'avancer le Royaume du Christ en ces lieux-là, et de la bénédiction qu'il avait plu à Dieu, d'épandre abondamment sur le ministère d'icelui, et aussi la fin bénie et heureuse et la mort glorieuse d'icelui, si que, à la rupture de cette pauvre vie, le Seigneur

Dieu a fait éclater et resplendir la claire lumière de la ferme foi et de l'espérance vive de son serviteur appréhendant la couronne immarcessible de gloire et, avec une tranquillité admirable d'esprit et joie indicible, remettant son âme bienheureuse entre les mains de son Père et de son Sauveur. Voire de telle sorte que Mons. l'Orateur m'escrit que quand il aurait vécu encore cent ans, il n'eut pu mourir plus heureux ! du témoignage duquel comme aussi de celui de Monsieur le Patriarche, vous ayant plu me faire part, mais surtout à notre Vénérable Compagnie, cela n'a pas peu aidé à ma consolation et accru ma joie de ce côté-là.

A l'égard de quoi je me sens de nouveau grandement redevable à votre piété et à votre saincte charité, comme aussi de ce que vous n'avez dédaigné la requête que je vous faisais, ainsi il vous a plu prendre le soin de ce qui concernait mon fils pour ses gages et autres dépenses, et encore il vous plait continuer votre gratuité envers le défunt, comme je vous en supplie encore très humblement.

Je vous proteste, Monsieur et très honoré frère, que n'était « res angusta domi », et la charge d'une numéreuse famille, quoique charge bien agréable, et que ce qui pourra être dû à mon feu fils pour ses gages est presque tout absorbé pour lui et son frère pour l'argent qu'ils ont emprunté par-delà. Car, excepté la nourriture qui est peu en ces quartiers, il fallait qu'ils se pourvussent de toute autre chose. Les habits, linges, qu'il fallut à l'intérêt pour s'équiper convenablement pour la bienséance même en l'exercice de la charge, ont coûté beaucoup, les étoffes y étant extrêmement chères.

En outre port de lettres, quelques livres que Monsieur Léger lui avait laissés par delà des siens, lesquels je lui ai rachetés ici, et d'autres que je lui avais envoyés d'ici, il y a sept mois ; les dépenses du médecin et de l'apothicaire qui l'ont traité en sa maladie (que mon autre fils m'écrit qu'il faudra qu'il paie) et il faut que je rende comme de raison et fasse bon tout l'argent qu'ils ont emprunté, autrement je n'ouvrirais point la bouche de ces choses, tant m'est un crève-cœur terrible de penser à cette perte, et que je ne puis faire sans renouveler bien avant ma plaie.

Toutefois, la nécessité y étant, et puisqu'il vous plait en prendre le soin, je vous dirai que pour le temps auquel commencent à courir les gages, c'est le 15 mars 1636, jusqu'au 30 avril 1637, que Dieu l'a appelé. Pour les dépenses du voyage, d'autant que mon cher fils avait pris son frère avec soi pour lui faire compagnie au lieu de quelque autre, et qu'il leur fallait séjourner à Marseille près de quatre semaines attendant le vent, outre ce qui avait été assigné par Messeigneurs les Etats, ils eurent besoin encore de « cent et dix francs » jusqu'à Gênes ; depuis là, Monsieur Muilman, député de Mess. Seig. pourvut, comme j'estime, à la dépense de leur voyage jusqu'à Constantinople.

S'il y a quelque autre dépense, ce que je ne crois pas, je n'en puis avoir nouvelles jusques au retour de mon autre fils, si tant est qu'il plaise à la bonté de Dieu me le ramener. Je ne sais s'il plaira à leurs Excell. de faire considération que depuis la mort de son frère, quoiqu'il n'ait pas travaillé à la prédication. néanmoins il a continué jusqu'à présent à vaquer aux exercices de piété, faisant la lecture de la parole de Dieu, et les prières soir et matin comme était l'ordinaire en la maison de Mons. l'Orat. et le dimanche les prières publiques, et outre le chant des Psaumes, leur lisait quelque sermon pour la consolation de ce pauvre petit troupeau, tout désolé, et davantage que Mons. l'Orat. l'avait requis de demeurer par delà jusqu'à ce que fût venu un successeur.

J'ose de rechef recommander le tout à votre soin charitable et à votre paternelle bienveillance envers lui, et pour ce qui peut convenir à ce petit emploi et pour son retour, encor qu'il parte avant le départ de M. l'Ambassadeur et que je ne sois pas chargé des dépenses de son retour.

Votre sainte prudence pourrait bien, car je l'en supplie, remontrer à leurs Excell. que quand il leur plairait continuer au frère les gages du défunt, ou ce qu'ils jugeront, ils le consoleront, et ce n'est point de surcharge ni double gage, jusqu'à tant qu'un successeur soit envoyé. La grande perte est toute de mon côté, et je m'intéresse à ce pauvre frère qui a perdu un autre frère, et un grand appui et soutien selon les hommes, et surtout une grande aide pour l'avancement de ses études. Mon pauvre fils a allègrement sacrifié sa vie au service de leurs Excell. Votre bienveillance et équité accoutumée y fera la considération qu'il leur plaira.

Je remets néantmoins le tout à Votre Ste prudence, qui le saura bien ménager à propos. J'adjouste encore un point. J'avais envoyé, il y a environ sept mois, à mon fils, pour son compte, un ballot de bons livres qu'il m'avait demandés et qu'il disait lui être entièrement nécessaires. Je vous supplie qu'il vous plaise faire en sorte que Mess. Seig. voulussent les retenir pour joindre à leur Bibliothèque, comme aussi quelques uns que mon cher fils avait là retenus de M. Léger, lesquels je lui ai rendus, autrement de faire retourner derechef ces livres par deçà, outre le risque qu'il y a, et la grande difficulté, les pertes consumeraient presque tout ; ce sont bons livres et choisis, et qui pourront très bien servir à celui qui sera envoyé pour succéder par-delà. Le tout pourra monter environ 25 écus, un peu plus ou moins.

C'est peu de chose à Mess. Seig^rs, mais beaucoup à moi, quand j'aurai nouvelle que les livres seront arrivés par-delà heureusement, comme je l'espère, je vous en enverrai les rôles. Adjoustez encore cette faveur à tant d'autres, de vouloir retirer vers vous tout ce qui sera ordonné pour mon feu fils, soit son frère, par leurs Excell. et je donnerai ordre à qui il le faudra délivrer. J'espère par ce moyen m'en prévaloir de quelque chose plus que s'il passe par les chemins ordinaires, et j'ai bien besoin de ménager ce qui y sera ; joint que je ne sçai encore ou je ferai tiré à payer, où à Constantinople ou à Marseille, ou ici.

Je vous supplie donc de prendre pouvoir absolu de retirer tout ce qu'il plaira à leurs Excell. d'ordonner. Excusez-moi, Monsr et très honoré frère, si j'use si avant, ou plutôt abuse par mon importunité, de votre affection. Votre bienveillance et franchise si cordiale me font, je le confesse, excéder les bornes de mon devoir. J'y suis aussi contraint par la nécessité, ne voyant aucun de semblable courage m'aider et pouvoir m'aider en cette affaire. Je me reconnais trop petit pour réciproquer sinon de désir et de volonté. Dieu, libéral rémunérateur de la charité des siens, récompense gratuitement la votre qu'en cet endroit il vous plait si avant me témoigner.

Quant à moi, je ne puis autre sinon vous offrir mon petit et très-humble service et prier Dieu qu'il plaise continuer à répandre abondamment ses précieuses bénédictions sur vos saincts et fructueux labeurs ; conserver longuement et heureusement votre vénérable personne pour la gloire de son grand nom, le bien de son église et la consolation de tous ceux qui vous chérissent et honorent, au rang desquels n'est pas des derniers, celui qui de considération et d'affection entière, vous demeure, Monsieur et très honoré frère, très affectionné frère et très humble serviteur.

J. SARTORIS.

A Gen., ce 20 sept. 1637.

J. Sartoris à A. Rivet.

Monsieur et très honoré frère,

Il y a six mois environ que je vous écrivis par le Sr Outremer, en réponse de celle dont il vous avait plu m'honorer. Mais, puisque dès ce temps là, je n'ai eu aucunes nouvelles, enjoignant la commodité qui s'est présentée du départ de M. de Brederode allant par-delà, j'ay pris derechef la hardiesse de vous importuner encor par la présente, vous supplier, comme je fais très humblement, qu'il vous plaise selon l'offre gracieux porté par la votre dernière, continuer votre charitable soin à ce que ce qui est dû à mon feu fils pour ses gages, et quelques autres dépenses, comme je vous ai écrit précédemment, soit payé, comme aussi qu'il plut à leurs Em. Messeig^rs^ les Etats, d'avoir quelque égard à son pauvre frère, qui même à l'instance de Monsr l'Ambassad.^r^ et de Monsr le Patriarche, est encore par-delà, où quoiqu'il n'ait pas pu faire ce que son frère faisait à l'égard des saintes prédications, néantmoins au reste a servi aux autres exercices de piété, a fait les prières soir et matin, vaqué à la lecture et publique et particulière de la parole de Dieu, et même s'est évertué à leur donner en ses faibles commencements, deux actions en public, comme je l'apprends, non-seulement de la lettre qu'il m'a écrite, mais plus particulièrement de celle de Monsr Gues, personnage remarquable et pour son zèle et singulière piété, et pratiquant en cette petite église : je dis auprès de la maison de Monsr l'Ambassad^r^, et voici les propres termes de sa lettre :

« Nous avons eu du dit Sr votre fils deux actions publiques de piété, dans notre petite église à la maison de Hollande, d'ici et du canal, qui ont grandement plu à tous les frères assistants, et je m'en suis particulièrement réjoui, comme son plus particulier et plus intime ami. Les bonnes espérances que ces principes donnent de sa valeur doivent faire désirer à tous ses amis de le voir tant plus tôt hors de ces quartiers, ou il me semble, comme à lui, qu'il n'y peut pas bien prendre de lui-même les fondements qu'il faut pour la plus haute et plus digne vocation à laquelle se peuvent employer les hommes ; d'autre côté. pour ne rien cacher, Monsieur l'Ambassad[r] le voyant par ces deux actions publiques et par le continuel exercice des prières qu'il fait journellement, en sa cour propre, pour cultiver en sa famille la piété et crainte de Dieu qu'y ont enseigné nos pasteurs, est pour le congédier le plus tard qu'il pourra. »

Voilà ce qu'il m'en dit, dont il est retardé par delà. — On lui donne bien espérance de la bonne commodité de partir avec Mons. l'Ambassadeur à ce printemps, ce qui me serait un grand contentement, mais il croit qu'il y a peu d'apparence, et pourtant désirerait de partir au plus tôt, sinon que le commandement et service de monsieur l'Ambassadeur le retienne. Pour les frais du retour il lui faut emprunter argent. Je crois que la bienveillance et charité équitable de Mess. Srs les Estats ne permettra pas que ce soit à mes dépens, mais que gracieusement ils y auront égard ; aussi m'écrit mon cher fils que M. l'Ambassadeur lui a promis de lui faire continuer les gages de feu son frère.

Je recommande derechef très affectueusement cette affaire à votre prudence, piété et charité. J'entends que Mess. SSrs ont fait un honorable présent au sieur Outremer ; j'espère que leur bienveillance ne sera pas restreinte envers ceux qui en leurs infirmités se sont efforcés de leur rendre humble service.

Sur ce que vous m'aviez fait la faveur de m'écrire, que je vous fisse entendre à qui on délivrerait l'argent qu'il aurait plu à leurs Excell. d'ordonner, je vous avois supplié qu'il vous plut retirer le tout à vous, jusqu'à tant qu'ayant avis de la somme, j'avisasse par quelle voie on la retirerait, et je vous réitère la même requête, vous priant pardonner à mon importunité, et et au destourbier que je donne à vos grandes et importantes affaires et plus sérieuses et saintes occupations ; la candeur de votre prompte et charitable affection, jointe à cette considération que je n'ai nul de pareil courage, ni qui puisse davantage en cette affaire, et de la bienveillance duquel je puisse tant me prévaloir, me fait je l'avoue, enhardir si avant et outrepasser les bornes et limites de mon devoir ; c'est avec protestation de n'en vouloir abuser ci-après et offre de mon petit, mais très humble service, que pour le présent n'ayant autre que le désir de vous honorer et servir, prie Dieu qu'il vous soutienne en longue et heureuse santé pour sa gloire et le bien de son église, et continue de répandre ses plus rares et précieuses bénédictions sur votre personne et vos saints et vos fructueux labeurs ; c'est le vœu de celui qui vous demeure de cœur et d'affection entière, Monsieur et très honoré frère, très affectionné frère et très humble serviteur

J. Sartoris.

A Genève, ce 27 Mars 1638.

(Adressé à Monsieur Rivet, docteur en la Ste théologie à la Haye).

J. Sartoris à Rivet.

Monsieur et très honoré frère,

Je vous escrivis il y a environ six semaines par Mons. de Brederode ; je suis honteux de vous être si avant importun, mais puisqu'il a pleu à Dieu ramener par de ça heureusement mon second fils qui était allé en Constantinople avec son aîné au service de Mess. les Estats là où le Seigneur l'a appelé à soi ; et l'autre de retour avec bon congé de Mons. l'Ambassadeur de Hollande et avec lettres addressantes à Mrss., sur l'avis même de Mons. en la bénédiction de laquelle il lui a plu m'honorer, que je vous devais adresser les dites lettres, pour vous prier les présenter et recommander là où vous jugerez selon votre prudence. C'est pourquoi, je prends la hardiesse de vous en supplier, comme je fais très humblement. Je sais combien votre crédit et autorité peut peser envers leurs Excellences, lesquelles, comme Monsieur l'Ambassadeur m'écrit, il prie vouloir continuer à mon cher fils (qu'il a plu à la bonté de Dieu me ramener en vie), le gage établi par leurs Excell. à son feu frère : comme aussi de rembourser les dépenses de son retour depuis Constantinople, jusqu'ici, qui se montent à quatre vingt écus, sans que j'y ajoute un sol, laquelle somme il m'a fallu emprunter pour satistisfaire à celui qui la lui avait fournie tout le long du voyage.

Pour le temps, ils partirent tous deux d'ici le 15 Mars 1636 et le second est parti de Péra de Constantinople au commencement de Mars de la présente année, et arriva hier. J'ose encore, par le moyen de votre charité et bienveillance. le recommander à leurs Excell. en ce qui concerne cette affaire. Votre piété et l'offre gracieuse qu'il vous a plu me faire par celle dont vous m'avez honoré, en août dernier, me font outre passer les limites de mon devoir.

Je vous supplie me pardonner et derechef me faire la grâce d'écrire un mot d'avis de l'issue de cette affaire. Cependant je vous offre mon petit et très humble service et prie Dieu, qu'Il lui plaise vous conserver longuement et heureusement pour sa gloire, et l'avancement du règne de Jésus-Christ, mon Seigneur, comme aussi pour le bien de tous ceux qui vous aiment et honorent. Je suis de ce nombre, qui vous demeure de cœur et d'affection entière, Monsieur et très honoré frère, très affectionné frère et très humble serviteur, J. SARTORIS.

A Genève ce 9 mai 1638.

Il nous a paru intéressant de citer ici la correspondance qui a eu lieu au sujet de ce poste de Constantinople entre J. Sartoris et André Rivet, parce qu'elle nous fait voir sur le vif ce qu'était alors la condition faite au pasteur, et aussi quelle influence avait le savant Professeur de la Haye. C'est là un de ces mille traits qui mettent en relief la personnalité de ce remarquable théologien et professeur ; mais il faut aussi l'avouer, tous ces détails ne font pas un grand éloge du Comité qui était chargé de payer le traitement promis au pasteur de l'Ambassade. Il y a quelque chose de particulièrement navrant dans la démarche de ce malheureux père qui écrit à André

Rivet lettre sur lettre, pour le supplier de mettre à son service toute l'influence qu'il peut avoir, afin d'obtenir qu'on paie le salaire encore dû à son pauvre fils, dont la mort a brusquement terminé un ministère auquel on a décerné de justes hommages. Il est tout spécialement pénible de penser qu'aujourd'hui encore, après les expériences du passé, il y a des églises qui laissent leurs conducteurs spirituels dans la gêne et la pauvreté ; que de rapprochements douloureux on pourrait faire entre la condition matérielle du jeune D. Sartoris et celle qui est faite actuellement à des serviteurs fidèles, dévoués et capables, de l'Eglise du Christ !

André Rivet s'était déjà préoccupé très sérieusement de cette situation si pénible, et à plusieurs reprises, *nous en trouvons l'écho* dans les lettres qu'il écrivait à la Vénérable Compagnie. C'est ce qui nous explique en partie la liberté avec laquelle J. Sartoris lui parlait de cette question au sujet de son fils. On a vu comment il s'exprime dans sa lettre en date du 24 août 1637 :

« Le peu de soin qu'on a eu ci-devant de pourvoir au paiement de ceux qui ont été employés à cette œuvre, n'est pas pour donner courage, et à vous d'en disposer quelqu'un et à lui de s'y acheminer ; et j'ai dit que je ne peux le requérir de vous, si l'on ne promet qu'il y sera mis un tel ordre qu'on ne courra plus après sa dette. Sur quoi, ils ont ordonné avec le Conseil d'Etat, qu'il serait assigné un fonds proprement dédié à celà, et qui ne serait diverti pour aucune occasion »...

La Haye, le 24 août 1637. André RIVET.

Il ajoute encore qu'il faudrait pour le poste vacant quelqu'un qui pût prêcher en italien ; il se montre très inquiet de trouver un successeur à Sartoris, et il déclare que « ce serait une véritable honte que de laisser perdre cette succession ; on donnerait ainsi de la joie à ceux qui font tout ce qu'ils peuvent pour retarder cette œuvre. » (1)

C'est sans doute en réponse à ces lettres, à ces recherches, à ces préoccupations, que la Vénérable Compagnie envoya à La Haye le jeune Nicolas Oltramare, afin de lui faire prendre ses lettres de crédit auprès de l'Ambassade de Constantinople.

C'est au mois de septembre 1637 qu'il arriva en Hollande.

Arrêtons-nous maintenant sur un point qui a paru jusqu'ici assez mystérieux et qui est resté inexpliqué de cette époque de la vie d'Oltramare.

Nous voulons parler d'une note intéressante publiée dans le « Bulletin de la Société d'histoire du protestantisme français », No VII, d'après laquelle l'auteur, M. Waddington, paraît croire que le jeune Nicolas fut en effet désigné pour aller à Constantinople occuper la place laissée vacante par la mort de D. Sartoris. Voici cette note :

L'Eglise réformée de Constantinople au XVIIe siècle (Bulletin de la Société de l'histoire du protestantisme français. Septième année, page 129).

« Avant de quitter Constantinople, Antoine Léger avait été remplacé par un jeune pasteur nommé Sar-

(1) Archives de la Vénérable Compagnie. Mss de la Bibliothèque publique de Genève. Correspondance ecclésiastique.

toris, qui mourut peu de temps après son arrivée dans cette ville ; son frère, qui l'y avait accompagné, fit après sa mort, pendant quelque temps, les prières du matin et du soir, et les lectures publiques à la chapelle de l'Ambassade, quoiqu'il ne pût pas prêcher. Il était de retour à Genève le 8 mai 1638 ; ce qui fait supposer que dans l'intervalle, il avait été remplacé. Nous avons remarqué dans les papiers d'André Rivet une lettre des pasteurs et professeurs de Genève, écrite le 24 septembre 1637, pour recommander pour la place de chapelain de l'Ambassade des Etats-Généraux à Constantinople, devenue vacante par le décès du fils de M. Sartoris, un jeune pasteur, nommé Oultremer. Il était né à Genève d'une famille italienne, y avait fait ses études théologiques, et était depuis peu de temps revenu d'Angleterre. Cette lettre ajoute qu'il avait toujours cultivé sa langue originelle, et qu'il avait prêché dans les chapelles italiennes de Londres et de Genève.

Devint-il le successeur à Constantinople de Léger et de Sartoris ? Rien ne nous l'a appris, car là se bornent nos renseignements : nous pensons qu'il serait facile de les compléter et de tracer un précis de l'histoire de la petite communauté réformée de Constantinople, au moyen de documents qui doivent se trouver dans les archives de l'Eglise de Genève.

Waddington. »

Nous verrons un peu plus loin ce que devint Nicolas Oltramare au lendemain de ses démarches pour obtenir la place vacante à Constantinople (1).

---

(1) Voir l'Appendice pour plus de détails sur l'Eglise Réformée de Constantinople.

L'ACADÉMIE DE LEYDE

CHAPITRE V.

Nicolas Oltramare en Hollande. Ses démarches pour le poste de Constantinople. Résultat de l'examen.

Il n'arrivait pas en Hollande à l'aventure et sans recommandation. Comme plusieurs étudiants en théologie de cette époque, il était muni, — on va le voir — de lettres qui l'appuyaient dans les démarches qu'il allait faire en vue du poste auquel on pensait l'appeler. Ce fut au mois de septembre 1637 qu'il s'acheminait vers la Hollande. Il y venait apparemment pour un double objet : suivre quelques cours de la faculté de théologie de Leyde, où plusieurs professeurs de renom attiraient l'attention du monde religieux, et groupaient autour de leur chaire, comme cela se fait encore aujourd'hui, des jeunes gens de l'étranger ; puis, pour préparer les voies à la carrière qu'il avait en vue, et recevoir les lettres patentes de sa nomination officielle à la place que Sartoris laissait vacante à Constantinople.

Voici la lettre à laquelle pous venons de faire allusion, et dont Oltramare était lui-même le porteur : Elle est adressée à André Rivet :

Monsieur et très honoré frère,

Par la vôtre en date du 24e d'aoust dernier (1), nous avons reconnu qu'aviez aussi, comme nous, eu

(1) Voir plus haut la lettre de A. Rivet P. 120.

avis, en vos quartiers, touchant le décès du fils de M. Sartoris, notre cher frère, pasteur en cette ville, tant de l'église italienne que de la française, accident qui lui a été très sensible et à nous tous, tant pour l'affliction du père, que de la perte qu'y souffre cette petite église, étant encor presque en sa naissance et qui, (selon votre bon avis), requiert promptement provision pour son soustien.

C'est ce qui nous a de tant plus obligés, dès le premier avis qu'avons receu de Marseille, de penser à quelqu'un qui y pût suppléer, si nous en étions requis. Et sur cela, est ici arrivé directement d'Angleterre, le porteur des présentes, nommé Oultremer, né en cette ville, de famille italienne et élevé dès son enfance en cette académie où il a fait ses études. Et s'y étant adonné à l'étude de théologie, a toujours cultivé sa langue originelle, et domestiquement, et en ses exercices théologiques, même (comme il nous a dit), en consistoire de Londres où il proposait en langue italique.

Ensuite, étant ici de retour, il en a fait autant en l'église italienne de cette ville, et de là avons eu témoignage qu'il nous donnait espérance d'y servir utilement. Jusque-là, nous nous sommes contentés de l'exhorter à se façonner de bien en mieux, par la continuation de tels exercices, et se disposer à suivre au besoin la vocation que la Providence de Dieu lui ferait naistre.

Depuis peu de mois en çà, est bien arrivé ici un certain C... de Piémont, qui par les églises des Vallées nous est fort affectueusement recommandé. Il est âgé d'environ 35 ans, d'un esprit vif, non illitéré, fait ici des études en théologie, donne espérance et s'entretient en partie en enseignant la langue italique. Mais il a besoin d'espreuve, et pour le présent, ne pouvons songer à lui. Partant avons uniquement levé les yeux sur cet honnête jeune homme, non seulement manquant de toute autre provision, et ici et au-dehors, mais aussi comme l'ayant reconnu de courage, franc et volontaire pour entreprendre cette charge et voyage ; qui nous l'a fait juger digne de penser à lui.

Et pour cet effet, sitôt les vôtres receues, nous l'avons ouï en notre Compagnie sur un texte que lui avons donné. Son action nous ayant agréé, nous n'avons voulu passer plus oultre, mais simplement l'avons exhorte de s'acheminer par devers vous. Et d'autant plus vous nous signifiez par la votre en avoir le désir, vu l'occasion qui se présente du neveu de M. l'Orateur, qui a inténtion de s'acheminer par terre en ces lieux là. C'est ce qui nous a induit à hâter son départ, sans quoi il eût désiré passer encore ici l'hiver.

Nous le remettons donc totalement à votre prudence et sainte direction, à ce que si Mrs les Etats et vous l'avez pour agréable, il vous plaise lui donner la Mission convenable pour l'entretien de feu le Sr. Sartoris et le Sr. Léger ; vous prions très affectueusement continuer en cette bonne affection et procurer que la promesse soit effectuée tant envers les susnommés, qu'envers cestuy-ci particulièrement, qui sera par tel moyen plus encouragé de s'employer fidèlement à un si saint œuvre.

Nous vous l'envoyons donc après l'avoir recommandé à la grâce de Dieu et à votre faveur particulière ; et priant Dieu de bénir son voyage et ministère, supplions sa bonté continuer ses plus rares bénédictions sur votre personne et sur vos saints labeurs, Présider et assister de ses faveurs les conseils et exploits de leurs Exc., et vous donner moyen de témoigner par effet le service que leur devons.

Nous montrant ainsi toujours pour votre particulier, Monsieur et très honoré frère.

Vos plus humbles et très affectionnés frères et serviteurs.

Les Pasteurs et Professeurs de l'Eglise et Académie de Genève et pour eux Prévost, Perrot,
Th. Tronchin, F. Spanheim.

A Genève, le 24 de septembre 1637. (1)

Cet excellent témoignage de la Vénérable Compagnie avait une grande valeur. On remarquera du reste les expressions spéciales employées par les signataires de la lettre. Nicolas est appelé un jeune homme « honnête », « de courage », « franc et volontaire pour entreprendre cette charge et ce voyage » enfin tout ce qu'on sait de lui « le fait juger digne ». Mais il fallait encore que cette attestation fût confirmée par les pasteurs et anciens de l'Eglise française de la Haye, pour être valable auprès du Conseil des Etats généraux. En effet, ces messieurs se réunirent, selon la coutume, pour faire subir un nouvel examen au jeune candidat. Nous verrons quel est le jugement qui fut porté à son sujet.

(1) Collection de lettres à A. Rivet, Rivetiana, Leyde. Bibliothèque de l'Académie.

On lui avait donc fait subir un examen, on lui avait proposé un texte biblique et on avait entendu son sermon. L'avis de ces messieurs avait été unanime : « Son action nous a agréé, écrivent-ils, et nous n'avons voulu passer plus oultre, mais simplement l'avons exhorté de s'acheminer par devers vous ». Mais on fut beaucoup plus sévère à La Haye qu'à Genève ; on le jugea en effet trop jeune et « insuffisamment versé en la théologie, en grec et en hébreu »

Voici tout d'abord des extraits des résolutions qui furent prises par le Conseil des Etats généraux. Nous donnerons ensuite le rapport fait par André Rivet lui-même sur le résultat de ces négociations.

Par une lettre du 16 juin 1637, l'ambassadeur Haga, à Constantinople, écrivait aux Etats généraux pour leur communiquer la mort du jeune David Sartoris, pasteur dans cette ville. Il ajoutait qu'il serait opportun que les Etats voulussent bien demander à MM. les Pasteurs et Professeurs de Genève de leur désigner une autre personne capable de remplir ces fonctions. Là-dessus, des pourparlers s'engagèrent entre les Etats et André Rivet, professeur de théologie. Voici à ce sujet les délibérations qui furent prises en cette année 1637.

Extrait des résolutions des Etats généraux de 1637. (1)

Mardi 24 novembre 1637. (Fol. 519).

Résolutions prises hier, etc.

Après lecture à l'assemblée d'un certain mémorial communiqué par Mons. André Rivet à leurs Excel-

(1) Bibliothèque publique de Leyde.

lences au sujet du paiement aux héritiers de M. Sartorius, autrefois pasteur à Constantinople chez M. l'Ambassadeur Haga, de la somme qui est en retard ; ainsi que de la nomination d'Outremar à la place du défunt Sartorius pour l'exercice du Saint ministère à Constantinople, avec toutes les charges qui en dépendent.

Il est résolu et décidé après cette délibération de prier et charger MM. Huygens et Conders de parler et de conférer au sujet du mémorial désigné, avec le dit André Rivet, et de nous donner ensuite un rapport de leur conférence ».

Vendredi 27 novembre 1637. (Fol 521).

Les résolutions d'avant hier lues, etc.

Etant entendu le rapport de MM. Huygens et Conders, selon la décision de la résolution du 24 et de leurs Excellences, lesquels ont conféré avec M. A. Rivet au sujet de la nomination d'Outremar à la place du défunt Sartorius, pendant sa vie pasteur à Constantinople ; il a été décidé et résolu que le nommé d'Outremar serait consacré à ce service comme pasteur pour exercer le Saint Ministère à Constantinople, selon l'ordre des églises de ce pays.

Mardi 8 décembre 1637. (Fol. 531).

Les résolutions, etc.

Etant entendu le rapport détaillé de MM. Huygens et Conders, concernant les résolutions de leurs Excellences du 24 nov. dernier, ayant parlé avec M. A. Rivet au sujet de la réclamation des héritiers de M. Sartoris, pendant sa vie pasteur à Constantinople ; concernant son ministère et les dépenses qu'il a faites, ainsi que au sujet de la demande de M. d'Outremar qui irait remplacer le dit Sartorius pour l'exercice du St. ministère à Constantinople, où il a été nommé par l'Eglise de Genève sur l'ordre de leurs Excellences et ensuite désigné par les églises de ce pays.

Il a été décidé et résolu après délibération, de demander au Conseil des Etats qu'il veuille bien satisfaire au désir de l'un et de l'autre.

Mardi 15 décembre 1637. (Fol 540).

M M. Huygens et les autres ont rapporté à leurs Excellences les députés que la Faculté de théologie de Leyde a examiné le sieur d'Outremar de Genève, venu ici pour aller exercer le ministère de la parole de Dieu à Constantinople : et que la dite Faculté a jugé qu'il n'y avait pas lieu d'envoyer le dit Outremar à Constantinople ; parce qu'il ne pourrait pas être employé utilement pour ce poste : et que M. Rivet s'est offert pour faire connaître cette détermination à Genève, et qu'on devrait renvoyer pour cela Outremar chez lui, en lui payant son voyage et les dépenses aller et retour et pour tout ce qu'il a dépensé pendant son séjour ici. Après avoir délibéré à ce sujet, on a décidé de charger le commis Van der Haer comme receveur du droit de sauvegarde et de passeports, de payer au dit d'Outremar la somme de 300 florins, et le dit Van der Haer lui donnera la dite somme en échange de son reçu... »

Voici la résolution qui termina cette affaire et conclut les démarches faites par Nicolas Oltramare et ses protecteurs en vue de la nomination de celui-ci au poste encore vacant de Constantinople.

Relation de ce qui s'est passé en l'examen du Sr. d'Outremar, à nos Seigneurs très illustres, Messeigneurs les Etats généraux des Pais bas unis.

Suivant la charge qu'il leur avoit pleu me donner, j'ay appellé avec les pasteurs et anciens de l'Eglise Françoise de ce lieu. Mons. de la Rivière, pasteur de celle de Delff, et nous sommes trouvéz cinq Ministres de la parole de Dieu, qui avons oui par divers jours, et luy donnant tousjours deux ou trois jours entre deux, le dit proposant, en essais de propositions latine, Italienne et Françoise.

En suite de cela, nous l'avons examiné, pour cognoistre jusques où il auroit proffité es langues grecque et hébraique ; es parties principales de la saincte Théologie, es controverses de la Religion, le tout le plus meurement que nous avons peu.

Nostre jugement unanime a esté, qu'estant question d'envoyer un pasteur si loin, pour succéder a deux personnages de grand mérite lesquels ont jusques ici travaillé en cet œuvre, ce jeune homme auquel nous ne trouvons rien, que ce qui peut se trouver es communs escholiers, ne seroit pas propre a cette charge, et n'y pourroit estre envoyé avec l'honneur de l'estat, n'estant encore propre d'y servir à édification.

Car il est hésitant en son discours, peu méthodique, et ses conceptions encore foibles. Non assez versé en la Théologie, et fort peu en la langue grecque, moins en l'hébraïque.

Estant jeune comme il est, n'ayant d'ailleurs aucuns dons pour relever cette jeunesse, comme il y en a qui surmontent le défaut de leurs ans, nous estimons qu'il vaut mieux remercier Messieurs de Genève, et attendre que Dieu en suscite quelqu'un, ou par leur moyen ou par autre, qui soit capable d'édifier, sur le fondement de ceux qui ont si dignement travaillé : ce que nous avons esté obligés de représenter à nos Seigneurs pour la descharge de nos consciences.

Cependant, nous les supplions d'avoir égard à la nécessité de ce jeune homme pour luy donner moyen de payer sa despense et se retirer où il jugera à propos ; sur quoy nos Seigneurs faisant considération de son voyage venant, demeurant, et retournant, nous estimons qu'il ne peut s'acquitter à moins de trois cents florins, qu'il plaira à nos dits Seigneurs luy ordonner promptement afin qu'il ne fait ici de plus grandes despends.

Pour ce qui concerne feu Mons. Sertoris, nous représentons à Messieurs du Conseil d'Estat l'ordonnance de nos dits Seigneurs, en séparant ce qui avait esté proposé pour le S. d'Outremar. Mais la chose estant pour tirer en longueur et n'estant expédient que ce jeune homme fait ici plus long séjour, nos Seigneurs entreront s'il leur plaist en cette considération, pour n'en estre plus longtemps chargez, et je donneray advis à Messieurs de Genève de la bonne volonté de nos dits Seigneurs, et du défaut que nous avons trouvé à ce jeune homme, au regard d'une telle charge.

C'est ce que j'ay deu leur présenter, tant de ma part que de ceux qui m'ont esté adjoints en cette action, qui tous prions Dieu pour la prospérité de cet estat, afin que Dieu continuant et accroissant en nos dits Seigneurs le zèle d'advancer le Royaume de Dieu, toutes autres choses leur soient données par dessus.

Fait à la Haye, le 15 décembre 1637.

(Signé) André RIVET.

Nous ne savons quel fut le successeur de Sartoris au poste de Constantinople. Cependant nous serions portés à penser que ce peut bien être Georgius Gentius.

Georgius Gentius paraît avoir résidé à Constantinople vers cette même époque. Il avait été le condisciple de Nicolas Oltramare à la Faculté de Genève, car nous avons trouvé son nom parmi les étudiants de 1639. En 1640, 1641, il écrit de Constantinople au professeur Barlaeus et à Huyghens, secrétaire du Prince d'Orange, une série de lettres sur l'état religieux de l'Orient à cette date. Il a écrit une histoire juive, des Voyages en Orient, etc. (1)

Le jugement de Leyde causa certainement une grande tristesse à plusieurs personnes, mais ce fut une déception en particulier pour le jeune homme, pour toute la famille Oltramare et pour la Vénérable Compagnie. Nous basons cette supposition sur le fait que la famille emprunta en vue du voyage du fils à Constantinople, qu'elle regardait comme certain, une somme de 300 florins à la Compagnie, avec la promesse de la rendre quand les Etats auraient payé

(1) M. Mss de Leyde (Archives Collection Papenbroek).

le traitement du nouveau pasteur. Voici, en effet, ce que nous trouvons dans les Archives de la Vénérable Compagnie. Malheureusement l'un des actes qui suivent ne porte aucune date : « Scédule de 300 florins des Srs Outremer, père et fils, donnés pour le voyage de Constantinople à l'en rembourser quand ces Messieurs des estats y auront pourveu. »

Ce n'est point là, pour le dire en passant, un exemple isolé de prêts faits par la Vénérable Compagnie ; ainsi je relève un autre prêt de 300 florins fait le 28 novembre 1628 à « un frère », Mr Garnier (1) Ceci nous montre du moins deux choses : La première, c'est que la famille Outremer n'était pas dans une situation financière brillante, et qu'elle avait dû s'imposer, pour l'éducation de ses enfants et de Nicolas en particulier, des sacrifices assez considérables ; la seconde, c'est qu'elle jouissait à Genève d'une grande réputation d'honorabilité, puisque la mention de cette avance de 300 florins porte que c'est une « scédule », c'est-à-dire reconnaissance d'une dette sous simple sceau privé, et sans autre garantie que la signature du débiteur.

Rapprochons maintenant de cette indication deux autres données, fournies par les mêmes archives de la V. Compagnie.

Dans les comptes-rendus de l'année 1639, séance du vendredi 19 avril 1639, voici ce que nous lisons :

Dette du Sr Oultremer.

« Proposé que le Sr Oultremer ne prétendrait ne rendre les 300 florins dont il s'est scédulé à la Com-

(1) Livre des comptes de la Vénérable Compagnie de Genève (1637-1656).

pagnie pour son fils, ainsi qu'il seroit pressé de rendre le dit argent, vu que non seulement il y estoit obligé par sa parole, mais que son fils en avoit esté abondamment remboursé aux Païs bas ».

Puis dans une autre séance du vendredi 21 juin 1639, il est dit :

« Le Sr Oultremer promet de payer les 300 florins à lui prêtés.

« Le Sr Oultremer le fils, pr lr (par lettre) a prié la Compagnie de ne vouloir molester son père pour les 300 fl. que la Compagnie lui a prêtés pour son voyage d'Hollande, promettant de la payer dans un an, Dieu aidant, s'il plaît à la Compagnie lui octroyer ce temps ; ainsi le lui octroie, le père néantmoins demeurant toujours obligé à la Compagnie. »

Que devons-nous conclure de ces informations ? Y aurait-il eu véritablement deux fois une somme prêtée, l'une pour un voyage à Constantinople, l'autre pour un voyage en Hollande ? Cela nous paraît peu probable. Il est plus vraisemblable que désigné simplement pour aller à Constantinople occuper le poste vacant et n'étant pas accepté définitivement, Nicolas se sera décidé à séjourner en Hollande, d'où en effet il semble écrire à propos de sa dette, et ainsi il s'est trouvé que cette somme de 300 florins prêtée pour un voyage qui devait se faire, a changé de destination, et a été employée à un autre voyage qui s'est réellement effectué en novembre 1637.

CHAPITRE VI.

Séjour à Leyde : la Faculté de théologie.

A la suite de cet examen dont le résultat fut certainement une vive déception pour Nicolas, étant donné les précieux encouragements et les éloges qu'il avait eus à Genève, nous avons tout lieu de penser que le jeune homme se décida à suivre les conseils de ses juges de la Haye. Puisqu'on le trouvait « insuffisamment avancé dans ses études », il résolut de les continuer. Nous le retrouvons, en effet, encore en Hollande en 1638, et son nom figure sur l'« Album studiosorum » de l'Université de Leyde (1). Peut-être nourrissait-il en secret l'espoir qu'au bout de quelque temps, il serait de nouveau présenté, et cette fois accepté, comme pasteur du poste désiré, à supposer que celui-ci fût encore vacant.

Voici le relevé des étudiants en théologie qui d'après l'Album, suivaient les cours en 1637 et en 1638 et que sans doute Nicolas a dû connaître. Peut-être s'est-il lié avec quelques-uns d'entre eux.

1637. — Robertus Stephani.
Tossanus Cambier, Proveniensis.
Johannes Culemannus.
Gerhardus Alberti.
Samuel Lydius.

(1) Album studiosorum Academiae Lugduno-Batavae. MDLXXV-MDCCCLXXV. Accedunt nomina curatorum et professorum per eadem saecula. Hagae Comitum. Apud Martinum Nijhoff 1875.

Melchior Clock
Johannes de la Ferté.
Jacobus Clercq.
Antonius du Ruz.
Christianus Rave.
Johannes Bremerus.
Ivarus Nasparus Schoelius.
Petrus de Leonardis.
Elias Delmaeus, Anglo-Britannus. (1)
Jacobus Partridgeus.
Andreas Fontanus.
1638. — Quirinus Jansenius.
Samuel Guldemont (Hagae).
Martinus Leo.
Jacobus Onzelius.
Gerardus Detrenius.
Johannes Pachius.
Johannes Bourgesius.
Fredericus Caspari.
Johannes Tobias Major.
Georgius Kent, Anglus.
Mattheus Volant.
Carolus Simon.
Richardus Knightbridgius, Anglus.
Petrus Brelinus.
Lambertus Nagelius.
Georgius Gentius.
Johannes Offeringa.
Jacobus Melessus.
Petrus Brelinus.
Julius Ruellius.
Petrus Stephanus.

(1) C'était le fils du pasteur de Canterbury.

L'Université de Leyde était alors célèbre : sa réputation s'étendait bien au-delà des limites du petit royaume des Pays Bas. Et si ce fût un peu un événement imprévu qui retint dans cette ville pour un court séjour le jeune Nicolas, celui-ci dut certainement se féliciter de cette occasion qui lui était donnée de suivre les leçons de maîtres justement renommés.

En parcourant les lettres si intéressantes de l'époque, lettres dont la faculté de Leyde possède, disons-le en passant, une admirable collection, on est étonné de voir avec quelle vénération, avec quels éloges, chacun se croit tenu de parler à tel ou tel professeur de cette Université. Certes, à ce point de vue, il est permis d'affirmer que la Faculté de Théologie de Leyde, dans la personne de ses professeurs, jouissait d'une autorité au moins égale à celle de la Vénérable Compagnie des pasteurs et professeurs de Genève. Ainsi, la plupart des théologiens ou hommes de lettres leur écrivaient toujours suivant cette formule consacrée, ou telle autre analogue :

« Viri reverendi, admodum clarissimi, et excellentissimi,.... singulariter dilecti, » etc.... (1).

Arrêtons-nous ici un instant ; il vaut la peine de nous rendre compte de la nature de ce milieu dans lequel allait vivre Nicolas Oltramare.

---

(1) Cette manière de s'exprimer, nous devons le dire, était un peu dans les mœurs du temps, et faisait partie du langage universitaire. Aujourd'hui encore, à Leyde, le Recteur est toujours qualifié de « magnificus »; et les affiches annonçant les programmes des cours sont rédigées dans la vieille langue de Cicéron.

L'importance même de ladite Université est mise en évidence par la préface de l' « Album studiosorum », qui est l'œuvre de Guillaume de Rieu. Elle contient les déclarations suivantes :

« Academia Lugduno-Batavia numerat cives Academicos plùs quàm 70,000, inter quos exteros Anglos et Scotos, Gallos et Italos, Suecos et Danos, Russos et Polonos, Helvetos et Hungaros, Germanos ex nullâ non parte imperii, Afros et Indos, denique studiosos ex omni parte orbis terrarum ».

En 1638, le 16 avril, Gregorius Francus, seul professeur de théologie à Francfort sur l'Oder, écrit à l'Université. Il aimerait bien voir les professeurs de théologie de Leyde, mais cela lui est fort difficile.. « Longinquitas itineris » dit-il, « exquisita latronum immanitas, et aetatis meae (sexagenario enim propior sum) infirmitas, obstitere, quo minus desiderium meum implere potuerim ». Puis il ajoute :

« Interea solus pondus diei et aestum fero ; doceo, disputo, fulcioque Ecclesiae Reformatae coetum, quantum possum. Quodsi ego hinc discederem, evanesceret protinus tota Facultas theologica, dissiparetur ac difflueret coetus orthodoxus, triumpharent Papistae, et Lutherani ac quidquid hactenus per XX annos in hâc viciná Marchiâ nostrâque Academiâ plantatum est, ferè eradicaretur ».

Cependant il exprime le désir de s'en aller. Son traitement est en retard : il supplie qu'on lui accorde une pension ou un secours, et enfin qu'on l'arrache de ce lieu : « e lacu hoc tumultuoso et luto cœnoso me evocatis », ou du moins qu'on lui donne les moyens d'avoir un jeune auxiliaire.

L'année suivante il écrit encore : cette fois, ce n'est plus pour se plaindre, mais pour remercier du secours qu'il a reçu.

Ou bien c'est le landgrave de Hesse, Hermanus, qui écrit en 1655 à la Faculté pour annoncer qu'en présence des défections protestantes et des conversions au Papisme, il a lui-même confié un traité de Jean Mestrezat, dont il dit : « solidâ et prolixâ informatione insignis », à Franciscus Hogeren, professeur de droit, afin de le faire traduire du français en allemand. Puis il ajoute : « Laborem in me suscepi, priorem versionem revidi, correxi. Ad vos igitur, veritatis orthodoxae et rei litterariae amantissimos, nobis abeundum esse duximus, ut rem hanc vestrâ ope provehere dignemini. »

Le même Gregorius Francus dont il vient d'être parlé, avait ainsi fait l'éloge de la Faculté :

« Quia honoratis Deum praecipuâ quâdam et singulari orthodoxae religionis curâ et cultu : ideo Deus quoque vos honorat exultando gentem vestram : ut cunctis propemodum nationibus praeeminatis veritatis divinae propagatione, etc., »

Quelques années plus tard, un ancien étudiant, Johannes Duraeus, écrivait à la Faculté et s'exprimait ainsi, en témoignant sa vive reconnaissance pour le bien dont il lui était redevable : « Maximè debeo Academiae vestrae in quâ educationem obtinui meam, et Facultati vestrae, quae inter Protestantes velut primae magnitudinis stellae eminet ».

On le voit par ces quelques indications, l'Université de Leyde recevait de tous côtés de magnifiques éloges, et elle jouissait d'une universelle célébrité. Ce renom était surtout dû à ses professeurs. Johannes Polyander, Kerckhoven, Andreas Rivetus, Antonius Waleus, Antonius Thysius, étaient à différents degrés des hommes d'une grande valeur. Comme professeurs, comme écrivains, comme commentateurs, ils ont exercé autour d'eux une influence considérable. On est vraiment confondu en parcourant la correspondance de certains d'entre eux, de André Rivet, par exemple, de voir la quantité de lettres qu'ils écrivaient, tantôt en français, tantôt en hollandais, tantôt en latin, et surtout du nombre extraordinaire de questions littéraires, exégétiques, dogmatiques, etc. auxquelles ils savaient s'intéresser. (1)

(1) André Rivet a été en relations avec tous les chrétiens éminents de son temps, et il a joui d'un grand renom dans les pays protestants : il a été en correspondance avec F. Spanheim, L. Cappel, Moïse Amyraut, A. Léger, Sartoris, P. Dumoulin, Aurelio, etc.

Né à St-Maixent, dans le Poitou, en 1573, il devint pasteur de Thouars jusqu'en 1620, et chapelain de Claude de la Trémoïlle. Il fut délégué à cinq synodes différents. De 1620 à 1632, il fut professeur de théologie à Leyde, puis directeur du collège d'Orange et de l'école de Bréda. C'est là qu'il mourut en 1651. Il avait épousé en 1590, Suzanne Oiseau qui lui donna 4 fils et 3 filles, puis devenu veuf, il se remaria avec la sœur de Pierre Dumoulin. Rivet fut un calviniste rigide : il a écrit un nombre considérable de traités de polémique, de controverse, de dogmatique, de critique sacrée, etc. Il s'est attaché à combattre énergiquement l'école de Saumur, célèbre par certaines tendances théologiques qui paraissaient cotoyer le rationalisme. Moïse Amyraut en particulier, y attaquait le dogme de la prédestination et le remplaçait par l'universalisme. André Rivet fut un des plus ardents adversaires de M. Amyraut.

En l'année 1637, par conséquent un an avant l'inscription de Nicolas à la Faculté de Leyde, le recteur était Petro Cunaeo IV, et l'année d'après, c'était Constantin l'Empereur : en 1639, c'était Antonius Walaeus III.

Johannes Polyander Kerckhoven était lui aussi, un professeur de valeur. D'après un ouvrage hollandais de C. Sepp, il était d'une excellente famille, beau d'extérieur, taillé en athlète, d'un air imposant et avait un caractère très populaire. On pouvait, parait-il, lui appliquer ce mot · « Sine hoste, sine invidiâ ». (1) En 1611. il fut nommé professeur de théologie à Leyde et recteur de l'Université, élu par le prince Maurice, alors qu'il avait environ 43 ans. C'était un caractère conciliant. Il était fort estimé, dit-on, par Louise de Coligny, qui faisait de lui le plus grand cas. Il avait été pasteur à Dordrecht en 1610. Là, il avait eu de vives polémiques avec Athanase Cochelet sur la prédestination. Il en eut d'autres, et en très grand nombre, avec Rome : « Disputatio adversus invocationem Sanctorum, disputatio de advocatione reliquiarum, etc. » ; un discours d'inauguration qu'il prononça en 1611 fut, d'après F. Spanheim, fort remarquable : jusqu'à 8 fois, il fut nommé recteur, et la dernière fois, ce fut précisément l'année de sa mort.

Ce qui montre bien l'autorité dont jouissait André Rivet, et l'admiration qu'on éprouvait pour ses vastes connaissances théologiques, ce sont les qualifi-

(1) Het Godgeleerd Onderwijs in Nederland, gedurende de 16e en 17e eeuw door Christiaan Sepp, predicant bij de Brenk en Smits, 1873, passim.

cations enthousiastes que lui adressent la plupart de ses correspondants. Voici, à titre de spécimen, la suscription d'une lettre que lui écrivait Johannes Henricus Bisterfeldius. Cette lettre est du 3 février 1638 ; elle est envoyée de Albae Juliae, aujourd'hui Wissembourg :

« Admodum reverendo ac clarissimo viro Andreae Riveto, sacrosanctae theologiae Doctori ac Professori celeberrimae, Principalis aulae Antistiti, gravissimo, dignissimo Domino ac fautori mihi aeternùm colendo ».

Hagam COMITIS.

Disons, entre parenthèses, que la modestie du théologien, ou plutôt du grand chrétien qu'était André Rivet, devait, nous semble-t-il, être mise à une rude épreuve en présence de ces qualifications !

Enfin, pour avoir un peu plus complètement la physionomie de l'époque, citons quelques lignes de Polyander qui nous montrent quels étaient les travaux et l'activité des professeurs de la Faculté vers 1630 :

« Notre académie, écrit-il, (1) fleurit de plus en plus, Dieu merci. J'estime que vous avez vu nos thèses imprimées sous ce titre : « Synopsis theologiae purioris », comme aussi notre censure sur la Confession des Remontrants. J'ai mis en lumière mes commentaires, où plutôt ma méditation sur Jonas, etc. »

Leyde 2 May 1627.

J. POLYANDER.

---

(1) Lettre de J. Polyander à D. Ferry, fidèle ministre de l'Eglise de Christ à Metz-Bibliothèque du Protestantisme français. Correspondance O. R.

« Les Remontrants réfutent notre censure de leur Confession et nos thèses théologiques. J'estime que nous les verrons bientôt. »

8 décembre 1727.

J. POLYANDER.

En nous bornant à ces détails, nous terminons ce chapitre sur cette conclusion : Après avoir étudié la théologie à Genève, Nicolas Oltramare vint à Leyde pour un séjour d'une ou deux années. Nous ne pouvons fixer plus exactement le temps de son séjour dans cette dernière ville, non plus que le travail qu'il y a pu faire, ou les relations qu'il eut avec ses professeurs et ses condisciples. Il dut se créer certainement, comme aussi précédemment à Genève, quelques-unes de ces amitiés qui naissent si naturellement, entre étudiants de la même Faculté. Et cependant, en dépit des recherches très consciencieuses que nous avons faites à la Faculté de Genève, à celle de Leyde, dans les manuscrits du British Museum, et tout spécialement à travers les collections si originales des innombrables « Album Studiosorum » il nous a été impossible de retrouver la mention du nom de Nicolas Oltramare.

Mêmes lacunes, en ce qui concerne la thèse que sans doute Nicolas soutint à la fin de ses études universitaires en Hollande, avant sa consécration au Ministère. Nous ignorons également quelles furent ses opinions ecclésiastiques et théologiques. Peut-être a-t-il pris part, à ces discussions d'alors, qui ont si profondément agité les esprits vers le milieu du XVIIe siècle : sur la Prédestination, le péché originel, etc. Il était en effet très difficile de se tenir en dehors du mouvement théologique, et des luttes passionnées auxquelles furent mêlées les Ecoles de Saumur et de Leyde avec des penseurs tels que André Rivet, Spanheim, Moïse Amyraut, Josué de la Place, P. du Moulin, Louis Cappel, Gomar, de Saumaise, etc...

Mais nous n'avons pas découvert de données sur ce qui concerne Nicolas, et nous ne pouvons indiquer quelles étaient les tendances doctrinales du jeune étudiant.

CHAPITRE VII

Nicolas Oltramare à Londres.
L'Eglise Italienne de Londres.

De Leyde, Nicolas dut aller directement à Londres, après avoir reçu peut-être un appel de l'église italienne. C'est cette même année 1640 qu'il fut désigné pour la direction de cette congrégation. Voici en effet la délibération du Consistoire italien :

« Jo Clerck, Pieter Ryckau, Arthur Peaps, Joshua Mainet, anciens et diacres de l'Eglise italienne réformée de Londres, déclarons, par ces présentes, que, étant assemblés au nom de Dieu, nous avons décidé de nommer Nicolas Oltramare pour notre ministre. Et, comme il désire se faire consacrer, nous proposons d'en saisir le Cœtus pour demander l'aide des frères qui en font partie, ou du moins leur conseil et avis ». (1)

---

(1) Archives of the London Dutch Church 1568-1872, No 618 P. 46. edited by J. H. Hessels. London, David Nutt. 270, Strand, 1892.

Voici le texte même de cette délibération : « Jo Clerk, Pieter Ryckau, Arthur Peaps, Joshua Mainet, elders and deacons of the Italian church in London, testifie by these present, that being solemnlly assembled in the name of God we have concluded to entertaine Nicolao Oltramare for our minister. And for as much as he wants orders, that it should be moved in the Coetus to crave the assistance of the brethren in it, or at least, their counsel and advice. » No date, but 1640 ? M. S. engl. no seal.

C'est Mr. Hessels qui a mis entre parenthèses (1640 ?) cette date paraît la plus vraisemblable.

Qu'était-ce que cette église italienne dont Nicolas fut nommé le pasteur en 1640 ? Remontons à ses origines pour mieux la connaître.

C'est dans la première moitié du XVIe siècle, peut-être vers 1530, que les premiers réfugiés italiens vinrent chercher en Angleterre la paix et la liberté qui leur étaient refusées dans leur patrie. Le chroniqueur historien Strype nous donne à ce sujet des indications assez précises (1). Il nous fournit surtout des détails sur les principaux réformés qui ont joué un rôle important dans l'histoire religieuse de cette époque : Pierre Martyr, Bernardino Ochino, Emmanuel Tregellius, etc. (2)

« La cause de la religion, dit-il, fut grandement avancée par le concours que de très pieux et très savants étrangers apportèrent dans ce royaume par leurs connaissances et leur activité. Bien des professeurs distingués, défenseurs de la vraie religion, furent très appréciés par Cranmer, archevêque de Cantorbéry, qui les encouragea à venir, et fut leur protecteur ».

Pierre Martyr fut nommé professeur de théologie à Oxford : en 1549, il eut une controverse avec Bucer au sujet de la Ste-Cène. Il défendit contre celui-ci, alors professeur et lecteur royal à Cambridge, la

---

(1) Strype's ecclesiastical memoirs, Part I, vol. II, Page 321, etc.

(2) Cependant il faut observer que sur un point au moins cet auteur nous paraît commettre une erreur. Il dit : « Je pense que c'est vers 1547 qu'il faut placer les commencements de l'église des étrangers fondée à Canterbury avec l'appui de l'archevêque Cranmer. » (Ecclesiastical memoirs, anno 1547). Or, l'église ne fut guère organisée qu'en 1549.

théorie d'après laquelle le corps et le sang de Christ restent unis au pain et au vin. L'année suivante, il eut une autre controverse avec Jean à Lasco et Bucer sur le port des vêtements ecclésiastiques : c'était à propos de l'affaire de l'évêque Hooper qui avait refusé de prendre les habits épiscopaux, parce qu'ils avaient été déjà portés par les papistes. Pierre lui répondit avec beaucoup de bon sens : « Cela importe fort peu ; car ce n'est pas le vêtement qui rend pieux ou impie. » (1)

En 1553, à la mort d'Edouard, son protecteur, il se réfugia à Strasbourg, chassé par la persécution. De là, il écrivit à Calvin pour lui raconter « comment Dieu l'avait délivré de la gueule du lion, et comment plusieurs évêques et archevêques ont été persécutés et jetés en prison ».

En 1554, il lui écrit de nouveau en lui donnant des détails plus complets sur la persécution qui sévit en Angleterre.

Pierre était, comme dit Strype, « un homme des plus éminents ». Ce témoignage, du reste, est confirmé par John Fox, qui lui envoie de Francfort, en 1555, une lettre pour l'engager à venir dans cette ville et y devenir le pasteur des Anglais qui s'y étaient réfugiés. Il l'appelle « incomparabilem ac summum virum Doctorem Petrum ». Jules Bonnet dit de lui : « Il emportait dans l'exil l'estime des plus savants prélats italiens, Contarini, Bembo, Fregero, et il devait balancer, dans les rangs de la Réforme, la gloire de Calvin lui-même ». (2)

---

(1) Strype's, vol, III, 1ère partie. Préface.
(2) Vie d'Olympia Morata, p. 40. Ducloux, 1850.

Berardino Ochino s'était, lui aussi, réfugié à Londres vers 1548, après avoir été à Genève le premier pasteur italien du refuge : Cranmer l'avait appelé en Angleterre. Il semble avoir réuni à Londres les familles italiennes pour en composer un premier noyau. D'après Augustin Bost, il fut dans cette ville le pasteur des Italiens : mais c'est là, une affirmation qu'il nous semble difficile de préciser avec beaucoup de certitude (1). Quant à Emmanuel Tregellius, il avait quitté l'Italie vers 1549 : il se rendit chez l'archevêque de Canterbury qui le garda dans sa maison et se constitua son protecteur et son ami.

L'archevêque Cranmer était vraiment, comme dit Micronius, écrivant à Bulliger, le « patron des étrangers » (2) ; d'autre part, Bucer et Fagius écrivant aux ministres de Strasbourg le 26 avril 1549, s'expriment ainsi : « Nous avons trouvé chez le prélat notre très cher ami le Dr. Pierre Martyr avec sa femme et son serviteur Julius, maître Emmanuel Tremellius avec sa femme, tous hôtes de l'archevêque de Canterbury ». (3)

Tremellius fut nommé prébendaire de Carlisle et en même temps professeur d'hébreu, car il avait une connaissance remarquable de cette langue. Tremellius était originaire de Ferrare, juif de naissance, mais il se convertit au catholicisme, puis au protestantisme, et enfin se fixa à Oxford.

---

(1) Dictionnaire d'histoire ecclésiastique, sub. voce. Baron de Schickler, les Eglises du refuge, Tome I, p. 36, Fischbacher.

(2) Lettres de Micronius, 28 août 1550.

(3) Original letters, P. 535.

C'est donc autour de Cranmer, au palais archiépiscopal de Lambeth, que viennent se concentrer ces Italiens qui constituent le premier noyau de la Réformation du Refuge. M. de Schickler les appelle fort justement « le groupe de Lambeth «. (1)

Organisation de l'Eglise italienne.

C'est vers 1549 que fut célébré le premier culte du refuge à Londres : les cultes français et flamands paraissent avoir précédé de quelques mois le culte italien. Cependant, il semble que dès le mois de mars de cette même année, ce dernier ait été organisé par Bernard Ochino. Pierre Martyr lui, était à Oxford, mais Latimer, dans un sermon du 22 mars 1549, s'exprimait ainsi en présence du roi :

« Il y a au milieu de nous deux hommes de science, Pierre Martyr et Bernardo Ochino, qui ont chacun 100 marcs. Je voudrais que le roi accordât un millier de livres à de telles gens. » (2)

Par lettres patentes du 24 juillet de l'année 1550, le roi Edouard VI accordait aux étrangers de grandes faveurs : il ne leur donnait pas seulement un temple et des pasteurs, mais il reconnaissait en eux une personnalité civile, et les constituait même en un

---

(1) Opus citatum, p. 8.

(2) Le pape Paul IV lui-même rend ce témoignage à Bernardo Ochino, tout en déplorant sa conversion au protestantisme : « Ah ! Bernardo, que tu étais grand aux yeux de tous les hommes ! » Vie d'Olympia Morata, par Jules Bonnet, p. 39.

corps politique. Bien plus, il ordonnait expressément aux autorités ecclésiastiques et civiles de les laisser entièrement libres de se gouverner eux-mêmes.. Utenhove (1), Micronius et d'autres témoignent explicitement de leur joie et de leur surprise (2). Ce dernier écrit à Bullinger : « Nous sommes absolument affranchis, par les lettres patentes du roi et du Conseil, de la juridiction des évêques. Quelques-uns, surtout celui de Londres, sont opposés à notre dessein. L'archevêque de Canterbury, patron spécial des étrangers, a été le principal soutien et promoteur de notre église, au grand étonnement de plusieurs ». Quant à Utenhove, il écrit : « Les concessions ont dépassé notre attente, que dis-je ? On nous a accordé plus que nous n'avions demandé... »

« Et d'abord nous avons l'usage en commun du Temple des Augustins, que le roi a déjà dénommé le « Temple de Jésus » (3). Il a été donné à l'une et à l'autre nation et restauré aux frais du roi. Là, nous pouvons exposer la parole de Dieu dans toute sa pureté et administrer les sacrements selon l'institution du Christ, notre Seigneur, sans aucune superstition. La discipline ecclésiastique selon la parole de Dieu nous est aussi permise. En outre, chose que nous n'avions pas demandée, nous n'avons rien à faire avec aucun des évêques, pas même avec celui de Londres ; il est vrai que lui-même supporte ceci

---

(1) Lettres à Calvin, 1550.

(2) Micronius à Bullinger, 4 juin 1550.

(3) Ce nom a été conservé par l'église hollandaise de Londres. On peut le lire encore sur les vitraux de l'édifice.

fort mal. Bien plus, on a recommandé et strictement prescrit, à lui et aux autres évêques et archevêques du royaume, comme aussi au lord-maire, aux vicomtes (gouverneurs des Comtés) et aux aldermen ou juges de Londres, de ne se mêler en aucune façon de nos églises, mais de nous laisser agir et administrer à notre guise, bien que dans les cérémonies et les rites ecclésiastiques nous différions avec les Anglicans. Quatre ministres de la parole sont institués par le roi, deux dans l'église française, à savoir Richard Vauville et François Rivière, deux dans l'église allemande, Martin Micronius (qui était avec le seigneur Hooper) et Gaultier Delaenus. Nous avons un « superintendant », comme on l'appelle, ou contrôleur établi par le roi, le Seigneur A. Lasco, qui est à la tête (praefectus) de l'une et de l'autre église. L'élection des ministres, anciens et diacres, est à la pleine liberté des Eglises, mais les ministres élus comme aussi le supérintendant devront se présenter devant le roi afin qu'il les confirme lui-même. Tel est l'ensemble des lettres royales, et des plus authentiques que nous possédons. Ce n'est pas peu de chose sans doute que nous soyons affranchis du joug des évêques. Le Seigneur Dieu en soit béni aux siècles des siècles. Amen ! »

Jean A. Lasco fut officiellement chargé de l'organisation de l'église des étrangers (1). Il rédigea pour l'ensemble du refuge de Londres « toute la forme

(1) Ecrivant à Utenhove, en juin 1550, il lui parle de la « restitutio ecclesiarum ». Sans doute il veut parler de la réorganisation des églises des étrangers. (Opera, To. II, P. 641.)

et manière du ministère évangélique en l'église des étrangers, dressée à Londres, en Angleterre, l'an après l'incarnation de Christ 1540 ». Il n'était, on le voit, question que d'une seule communauté ecclésiastique. A. Lasco, écrivant lui-même à ce sujet à Ortzenius le 15 janvier 1551, s'exprime ainsi : « C'est la confession de foi unanime des églises germanique, (ou flamande), gauloise et italienne ».

* * *

C'est donc dans l'année 1550 que l'église italienne fut définitivement organisée d'une manière sérieuse. Du reste, Jean A. Lasco, écrivant à Bullinger dit : « Les ministres des Allemands (flamands) sont Gualterus, Delenus et Martinus Flandius, et les Français ont Franciscus Rivierus (1) et Richardus (2). Les Italiens auront aussi leur église, et pour pasteur, déjà désigné, un homme docte et pieux, doué d'un rare talent de parole, et qui a beaucoup souffert pour la gloire de Christ » (Il s'agit de Michel Angelo Florio, de Florence.)

Cette organisation était la même que pour l'église flamande et pour l'église française, comme aussi la confession de foi était la même. En voici les principaux éléments :

Un surintendant maintient l'harmonie entre les églises. Il est élu par celles-ci ; et il n'a aucune autorité de plus que les autres anciens au ministère de la parole ou des sacrements et en l'usage de la discipline à laquelle il est sujet, comme tous les autres.

(1) Perucel, dit la Rivière.
(2) Richard Vauville.

Puis, des ministres ou surveillants et anciens et des diacres qui ont la charge de subvenir aux pauvres.

Pour être membre de l'église, il fallait avoir reçu le baptême dès l'enfance et y avoir suivi une complète instruction spirituelle, ou bien en avoir accepté la confession de foi et s'être soumis à un examen particulier.

Culte.

Il se composait d'une prière suivie de l'Oraison dominicale, (1) du chant d'un Psaume, avec accompagnement d'orgue, du sermon, d'une prière, du décalogue, de la confession des péchés, de l'absolution prononcée par le ministre, du symbole des apôtres, des prières pour le roi, sa famille, les autorités, les églises, etc. Après enfin, venait la prière du Seigneur. Après cela, venaient à l'occasion les cérémonies privées, baptêmes et mariages, célébration de la Cène. Enfin, prière, bénédiction, et collecte à la por-

---

(1) Vergerio, charmé de cette liturgie du Dimanche, la traduisit en Italien et la publia à l'intention des églises grisonnes où il exerçait le ministère. « Quelques malins esprits », dit-il à la fin, « répandent le bruit qu'au royaume d'Angleterre, depuis qu'on en a chassé l'obéissance papistique, il n'y a plus ni religion, ni charité ; on peut voir ici qu'au contraire tout bien s'y trouve, et précisément le vrai et propre culte qui doit se rendre à Dieu, selon l'ordre du Christ. » La Forma delle publiche orationi e della confessione et assolutione la qual si usa nella chiesa di forestieri che e nuovamente stata instituta in Londra (per claritas Dei illuminavit eum et lucerna ejus est agnus.... Bâle. 1550.

te pour les pauvres. Pour le second culte du dimanche, on supprimait la partie après le sermon. Ajoutons qu'on s'agenouillait pour la prière.

La Cène se célébrait le premier dimanche de chaque mois, alternativement dans l'église flamande et dans l'église française, avec liberté à chacune de la célébrer plus souvent.

Quant à l'administration intérieure, les pasteurs et anciens se réunissaient une fois par semaine, s'adjoignant une fois par mois les diacres pour la reddition des comptes. Chaque fidèle qui en manifestait le désir pouvait y assister. Le premier lundi de chaque mois, on tenait le « Coetus », ou assemblée générale de tous les ministres, anciens et diacres, relevant du surintendant. Il servit de lien entre les congrégations française, italienne et flamande.

Une fois par trimestre avaient lieu les « Censures ». Tout fidèle avait droit de porter plainte contre la doctrine ou la conduite des pasteurs, anciens, ou diacres, à la condition d'être appuyé par deux ou trois témoins. Enfin, la discipline ecclésiastique était sévèrement exercée ; en cas de faute grave, le coupable après exhortation intime d'un ou deux fidèles, était convoqué devant le Conseil de l'Eglise, et là, se repentait, ou bien parfois devait faire une confession publique, le dimanche après le service. Alors, il était pardonné ; le pasteur lui donnait l'absolution, les anciens lui serraient les mains, lui donnaient le baiser de paix et l'on chantait un psaume de joie.

Contre le pécheur obstiné, on employait l'excommunication, dont les effets, cependant, restaient purement spirituels. Ainsi, ils n'entraînaient pas l'exclusion du culte. De plus, il était formellement indiqué « que l'excommunication est utile, non point pour la ruine et la perdition de ceux qui sont excommuniés, mais plutôt au salut et remède de leur obstination du péché, afin que finalement ils se réveillent comme du plus profond sommeil, et s'amendent. Que personne de l'Eglise, ajoute Lasco, n'endommage, ne méprise, ne diffame les excommuniés ou ne s'en moque ! Mais que plutôt on ait compassion de leur mal ! »

* * *

Telle était cette organisation que les églises du refuge devaient au génie du réformateur Jean à Lasco. Quant au lieu même du culte, il paraît que la communauté italienne, dès le début, n'en eut qu'un à sa disposition. D'un côté, le roi Edouard VI lui accorda l'usage du « Temple de Jésus », comme il l'appelait lui-même, et qui n'était autre que l'ancien couvent des moines augustins, situé dans Threadneedle street. De l'autre côté, nous verrons plus tard que les Italiens, dont le nombre augmenta beaucoup vers les premières années du XVIIe siècle, eurent un autre lieu de culte, situé dans la maison même de la riche et puissante compagnie des « Merciers ».

* * *

Il fallut de bonne heure appliquer, dans le sein de la communauté italienne, quelques-unes des mesures proposées par Jean à Lasco. Ce fut à propos de l'affaire Florio.

Michael Angelo Florio était pasteur et prédicateur italien dès l'année 1550. Il prêchait, nous dit Burn (1) et avec lui Strype, à un auditoire italien ; il avait pour traitement fixe, 20 livres par an, payables tous les trimestres par le Roi. Ayant été reconnu coupable d'immoralité, il eut à subir la censure et fut révoqué de ses fonctions ; cependant il s'humilia devant le Cœtus et paraît avoir été réintégré dans son ministère, au bout de quelque temps.

Mais il arriva que la plus grande partie de ses paroissiens se retirèrent peu à peu et revinrent au culte catholique. On ne connaît pas très exactement les raisons de cette déplorable désertion. Burn se demande si elle ne fut pas causée principalement par l'acte même pour lequel on avait suspendu le pasteur ; ou s'il n'avait pas mécontenté son troupeau en déclamant trop violemment contre le Pape et les doctrines Romaines (procédé auquel on n'était pas encore assez accoutumé) ; ou bien enfin, accusait-il trop sévèrement ses paroissiens de sécheresse de cœur et de lenteur à accepter les vérités chrétiennes (ce qui était d'ailleurs sa coutume) ? Ce qui est certain, c'est que l'église se désorganisa peu à peu, et que les contributions devinrent presque nulles.

Quelques années après, Florio en appela à Lord Cecil (2) il lui envoya les noms de quatorze de ses paroissiens, en les lui dénonçant comme coupables d'aller tous les jours à la messe.

(1) Burn John Southerden, History of the French and Walloon, Dutch, and other foreign protestant refugees in England. P. 229.

(2) Lansdowne Mss. Vol. 45, 29, British Museum.

« Ils sont naturalisés, disait-il, par conséquent ils doivent être sévèrement punis, comme le serait tout Anglais qui irait à la messe. »

* * *

A la mort d'Edouard VI en 1553, l'église italienne fut fermée et le temple d'Austin friars où se célébrait le culte, restitué à l'Etat.

Il serait assez difficile de dire ce que devinrent la plupart des familles qui composaient la congrégation. Mais il est certain que le culte italien fut suspendu pendant le règne de Marie Tudor (1553-1558. Les mesures prises successivement contre les églises étrangères durent aisément venir à bout de ce qui restait encore de communautés protestantes.

Nous ne savons pas d'une manière précise ce que firent les Italiens protestants. Quelques-uns abjurèrent, continuant sans doute le mouvement commencé sous le malheureux ministère de Florio : d'autres partirent pour l'étranger, suivant l'exemple de Jean à Lasco, Utenhove, Micronius, etc., qui s'embarquèrent en septembre 1553 pour le Danemark. Nous savons d'ailleurs, que l'année suivante, en mars 1554, tous les étrangers non pourvus de lettres de naturalisation, devaient quitter le Royaume sous peine d'être emprisonnés, de voir leurs biens confisqués et d'être livrés à leurs légitimes souverains. (1)

* * *

Cependant, vers l'année 1560, nous assistons à une véritable réorganisation des églises du refuge.

(1) Foxe, History of the acts and nonuments of the Church.

Pendant les premiers mois de cette année, les communautés étrangères tiennent plusieurs réunions avec l'intention formelle de reconstituer les congrégations dispersées sous Marie la Sanglante (1).

Mais ce n'est guère qu'en 1564 que l'église italienne reprend son fonctionnement normal. L'année précédente avait éclaté l'affaire de Jacques Aconce, membre de l'église italienne.

Cette dernière n'était point encore complètement reconstituée lorsque Aconce voulut, comme plusieurs de ses compatriotes, prendre part à la communion dans l'église française. On lui demanda de rendre préalablement compte de sa foi. Sur certains points de doctrine, en effet, Aconce se séparait de la foi de l'église. Il rejetait le baptême des enfants et la conception surnaturelle du Christ. Déjà avant lui, Bernardino Ochino avait répandu ces idées dans la congrégation italienne. L'évêque Grindal l'ayant sommé de se rétracter, il refusa. Dès lors, il fut exclu de la Cène dans toutes les congrégations du refuge en Angleterre. De plus, on décida au Cœtus que ceux qui n'avaient pas communié ne pourraient pas assister au culte.

Dès les premières années de sa reconstitution, l'église italienne trouva en Elisabeth la faveur et la protection dont elle avait besoin, car le gouvernement accorda entière liberté du culte aux Italiens qui appartenaient à la religion réformée.

Cette protection royale permit à l'église de se développer assez rapidement. Ainsi en 1568, il y avait à Londres 161 personnes qui fréquentaient l'église

(1) Strype, Life of Parker, Appendix VIII.

italienne. (1) Cette même année, nous avons la preuve que cette église est en pleine prospérité, car Guillaume d'Orange lui demande de l'argent pour une levée de soldats. et il le fait en ces termes : « La somme à laquelle nous vous avons taxé, vous disje ; de l'église flamande, française et italienne, résidantes à Londres, sera que par moi vous ayez à former mille escus pour être employés à affaires que nous trouverons nécessaires » (1).

Mais en même temps que l'église se reconstituait et se développait, une autre affaire de doctrine lui était soumise. Je veux parler de l'affaire de « Corranus ». Corranus était accusé de reproduire les doctrines de Servet ; il avait en particulier exposé des théories assez hétérodoxes sur l'éternité et la divinité du Christ.

Un livre qu'il venait de publier, en 1559, le « tableau des œuvres de Dieu », avait attiré l'attention sur lui, et ému plusieurs pasteurs et plusieurs laïques. Un pasteur flamand le signala à l'attention du Consistoire italien, qui cita devant lui, le 4 septembre, l'auteur de cet ouvrage, pour entendre condamner le « Tableau ». Corranus envoya une réponse justificative, que le consistoire n'accepta pas ; il la déclara pleine de mensonges, d'insultes et de blasphèmes, et interdisait à l'inculpé de participer à la Cène de janvier. Se fortifiant des conseils de deux ministres anglais et de deux français, dont Feu-

(1) State Papers. Domestic. Eliz. XLVII, 28 XLVIII, 279, British Museum.

(2) Collecte pour le prince d'Orange. Eccl. L. B. archivum. (II 87).

geray, la Compagnie, après deux discussions avec Corranus, maintenait l'interdiction, et s'en référait à l'évêque « afin qu'il empêchât les églises d'être envahies par un enseignement nouveau, étranger et confus » (1). Corranus fut donc définitivement expulsé

* * *

Dans le courant de l'année 1571, les églises du Refuge consacrent leur solidarité par une organisation synodale. Le synode général réuni à Emden au mois d'octobre n'avait invité que les églises étrangères de Londres des deux langues, mais il jeta les bases d'une vaste organisation ecclésiastique ; il fut décidé que les Eglises se réuniraient chaque année avec leurs voisines plusieurs fois en assemblées classicales, une fois en Synode de groupe. (Allemagne - Frise, la Croiz - Angleterre) et tous les deux ans en Synode général de toutes. En conséquence l'invitation au second Synode général fut adressée officiellement en janvier 1572, par l'Eglise d'Anvers agissant d'après les ordres reçus à Emden, aux trois églises du refuge de Londres, avec prière d'en écrire aux autres congrégations devant former le groupe d'Angleterre. En conséquence, le 10 février, le Cœtus se réunit sous la présidence du pasteur italien Baptiste Aurelio ; il fut décidé qu'on dresserait les classes et qu'on députerait au Synode général. Mais finalement la commission ecclésiastique, qui avait été consultée, répondit que :

« Tenir des réunions classicales dans le Royaume,

(1) B. de Schickler. Op. cit. 175. Tom. I. des églises du refuge.

n'était point permis. encore moins de se rendre à des Synodes à l'extérieur ou de souscrire à leurs décrets ; il leur déplaisait, d'ailleurs, d'apprendre par d'autres qu'on avait réuni une assemblée des églises pour la signature des articles ou des décrets d'un Synode d'outre-mer, car c'est absolument en opposition avec la loi et les statuts du Royaume ».

Aussi ne put-on donner suite à cette proposition.

* * *

Si l'église française de Londres continua de s'accroître par suite des événements de la St-Barthélemy, et l'église wallonne par suite des persécutions cruelles exercées par le duc d'Albe, l'église italienne, elle aussi, suivit un développement assez accentué. En 1572, pendant le ministère de Baptiste Aurelio, il y avait à Londres un grand nombre de Gênois et d'Italiens, qui firent, nous dit Burn (1), des fortunes considérables. C'était par exemple les familles bien connues : Galliardetto, César, Adelmar, Acerbo, Benedict, Spinola ; ce dernier obtint de la cour de grandes faveurs, à ce point qu'il eut la permission de faire passer aux douanes anglaises, des draps et des toiles ; l'archevêque Cranmer, afin d'encourager cette immigration, donna aux protestants italiens la liberté de se faire naturaliser gratuitement. Ils purent ainsi vivre et trafiquer en Angleterre avec la même liberté que les sujets anglais, à la seule condition de jurer fidélité et loyauté. Un grand nombre de marchands demeuraient dans la Cité, comme aussi d'autres qui étaient surtout venus pour fuir la persécution. (2)

(1) P. 226.
(2) Burn. 227.

Vers 1570, s'il faut en croire Burn (1), il y avait environ 128 Italiens et parmi eux un prédicateur qui exerça son ministère pendant 11 ans. Il s'appelait « Jeronimo Jerlito ». A cette même date, une représentation fut faite, (sans doute au Privy Council), à l'égard de quelques étrangers qui n'allaient pas à l'église. Parmi eux étaient Horacio Pallavicini, Evangelisto Constantino, Acerbo Volutini, Gyles Parepolo, Domingo Cussilari, Domingo de Camilo, Vincensius Faliolio, Marcus Grado, vitriers. (2)

Un peu plus tard, vers 1581, le même Horacio Pallavicini fut créé chevalier par Elisabeth. C'était, nous dit Durrant Cooper, un homme considérable (3). On raconte qu'il était venu en Angleterre sous le règne de Marie, pour recueillir des impôts qui étaient dus au Pape. A la mort de Marie, il devint protestant, se fit naturaliser, et garda pour lui-même l'argent qu'il avait ramassé pour le chef de l'église. L'auteur, il faut bien le dire, a l'air de n'admettre cette histoire que sous bénéfice d'inventaire.

* * *

Il nous paraît assez difficile de reconstituer d'une manière complète cette petite et intéressante communauté pour en mieux connaître la vie et le fonctionnement. D'ailleurs, n'oublions pas que son existence fut plusieurs fois compromise, et que des interruptions se produisirent dans le ministère de ses pasteurs. Les documents n'ont pas tous été conservés.

(1) P. 6.

(2) Lansdowne Mss. Vol. XXXIII, 59.

(3) Etrangers protestants en Angleterre. (P. XXI.)

et bien des papiers précieux qui la concernaient ont été anéantis par le grand incendie de 1666.

Nous pouvons cependant relever quelques points qui nous aideront à refaire un peu sa physionomie.

Vers 1580 elle a comme pasteur Jean Baptiste Aurélius, Joanna Baptista Aurelio. A cette époque, elle semble avoir une certaine importance. Ainsi elle est mise sur le même rang que l'Eglise française. et avec les deux autres elle constitue le Cœtus.

Le 24 juin 1580, les deux églises, l'italienne et la française, sont réunies en Cœtus ; il n'est pas fait mention de l'église hollandaise. L'affaire qui les a réunies est le cas du sieur Louis Tiery. (1) J. B. Aurélius signe la délibération avec ces mots : « dictorum fratrum nomine », et le Compte-rendu de la séance commence ainsi :

« Nos ministri et seniores Gallicae et Italiae Ecclesiae quae sunt Londini » etc.

Un peu plus tard, c'est l'affaire « Gaspard Gatti » qui troubla l'église.

Gaspard Catti était le beau-frère du précédent ministre italien. Il avait eu plusieurs fois maille à partir avec les autorités ecclésiastiques. Ainsi on lui avait reproché de se retirer de la communauté italienne et de faire bande à part. Il aurait même calomnié, paraît-il, l'autorité de l'église à laquelle il appartenait. Des frères, des ministres, des anciens, avaient raconté qu'un jour il avait provoqué, dans l'Eglise même, un tumulte scandaleux ; lui seul, assurait-on, devait en être rendu responsable.

C'était, paraî-il, un triste et peu intéressant

(1) Hessels, Archives. Tome III. Part. I., 648.

personnage ; il faisaït mauvais ménage, « bastonnant sa femme, se révoltant de la religion, allant à la messe. » Aussi le Cœtus l'avait-il déjà suspendu de la Cène.

Le 9 décembre 1581, le Cœtus examine de nouveau son cas qui, paraît-il, se serait encore aggravé. Il a usé, dit-on, de paroles diffamatoires contre l'autorité et l'ordre de l'église. On décide que ses fautes lui seront sévèrement représentées. et le Cœtus rédige la liste des articles sur lesquels des remontrances lui seront faites.

Affaire Caspard Gatti : Proposition des frères ministre et anciens de l'Eglise Italienne.

1. Qu'il s'est séparé de l'Eglise et exercices d'icelle sans cause.

2. A allégué qu'il ne pouvait communiquer avec Niphion. (?)

3. Puisque le ministre est seigneur appellant les anciens à sa volonté, et qu'il s'en servoit « pro formâ » voulant l'élection estre à la volonté du peuple.

4. Qu'il s'estoit fait maistre des biens de Panigeto et aultres accusations telles, ne voulant écouter les remonstrances et se retirant en cholère. dit qu'il en appelle à Christ.

5. Depuis, a esté admonesté par Justinian, Marguinas, M. Mathaeo, qui l'ont trouvé obstiné ; dit aux deux premiers qu'il avoit laissé la compagnie de ceux qui ont renoncé Christ du 8 octobre. Marguinas en temoisgne en général. Lequel Marguinas a dit qu'il avoit ouy dire que le Ministre estoit mercenaire, idiot, farfante...

6. Que Gaspari (sic) aussi approuat les bordeaux : acte du 12e novembre contenoit la deposition de Mortenaken que le ministre estoit loup mercenaire ayant usurpé les biens donnez par un Jherosme.

7. Les blasphèmes et querelles de sa famille.

8. Sa vie passée.

9. Le scandale dans l'église dernièrement.

10. Le mensonge qu'on lui auroit baillé la main.

Respond :

1. N'avoit parlé de l'église, mais bien qu'il s'estoit séparé à cause de Niphio, qui sent mal de la divinité du Christ et de la providense.

2. Que sinon souvent a laissé aller son serviteur et sa sœur.

3. Dit qu'il n'approuve la forme receue et que M. Guillaume ne peut exercer sa charge.

4. Dict avoir parlé des biens laissés par Raphaël.

7. Confesse aucunement.

9. Na faict tumulte.

10. Dict quil auoit entendu que le ministre l'avoit confessé. »

Sur un autre morceau de papier est écrit ce qui suit : c'est la confession de Gatti :

« Signore in cielo ad'alto, Jo cometto il mio spirito ne le tue mane. Jo demando dal padre dal figlio et dal spirito santo misericordia, et pardono a tutto il mundo. Jo perdono. Signore perdona a me, como Jo perdono, Signore, piglia da me questo maligno spirito fuori de la mia tentoria et mitti dentro il tuo bono spirito. Accio che il tuo bono spirito possa vincere il maligno con la posanza del padre, del figlio et del spirito santo. Dicendo le tue preghiere, Signore, et renden toti gratie. Amen. »

Le 5 avril 1591, Nicolo Marini écrit en italien une supplique au Cœtus des trois églises étrangères pour demander qu'on veuille bien lui procurer quelque emploi, car il ne veut pas passer sa vie à ne rien faire (1). Il signe : « Di quel venerabili Cœtus Humilissimo servitore Affectionatissimo in domino Jesu, Nicolo Marini, ministro della parolo di Dio ». (2)

Un peu plus tard, une autre difficulté surgit entre Jean Baptiste Aurelio et Frederico Genebelli, et voici la délibération que prend le Cœtus :

« Memorandum of proceedings in the Cœtus of the three foreign churches of London, in a dispute between Jean Baptiste Aurelio and Frederic Genebelli. »

6 mai 1584

Die jeudi 6e de may. Mr Baptiste (minister of the Italian church), enquis s'il auroit quelque chose à proposer contre Frederico Genebelli pour rejecter son tesmoignage, a respondu que combien que Frederico Genebelli n'ait jamais receu de tort de lui, ains plutôt tous bons offices, neantmoins il ne peut qu'il ne ejecte son tesmoignage en ce faict d'autant quoultre

(1) Voir Hessels, 1212.

(2) Plusieurs certificats, d'après Mr Hessels, numéro 1063, et plusieurs recommandations sur ce Nicolas Marini existent dans les archives : « They seem to refer to two brothers, *Arsenio Heremitta and Nicolo di Eremo*, otherwise called Nicolò Marini who, after their arrival in London, appear to have joined the italian congregation. The latter called himself « minister of the word of God ». Very little is as yet known of the London Italian community and there seems to be no further record of the two men to whom these testimonials refer. »

son inconstance et légéreté en daultres affaires, il a de longtemps monstré avoir et mauvaise volonté et desseing, en ceste cause. Car s'estant adressé à Vincent de la Barre, ancien de l'église italienne, il lauroit solicité daider à Nicolao, adjoustant qu'il estoit bien nécessaire, dautant. quun jour il seroit leur ministre.

Dauantage pourra quil Genebelli, auroit rapporté par mauvaise affection un avertissement amiable quil luy auroit donné de ne se mesler trop avant au faict de Nicolas et luy en auroit faict rapport aultrement que luy ne lauait donné pour exciter de la contention, comme il en estoit advenu.

Dauantage Frederico se plaignant à Sr Paul Tipoost de ce quon ne feroit pas asses de faueur à Nicolas, luy dist que pour ceste cause il ne se trouveroit plus en l'église italienne, Item. quil. Genebelli, s'est formalizé en ceste cause de tout en faueur de Nicolas et contre luy parlant finalement quau lieu de s'adresser à luy qui est son pasteur amiablement s'il eust trouvé quelque chose à reprendre en ses actions ou paroles, il en auroit plustot parlé clandestinement pour le diffamer, ce qui rend son tesmoignage rejectable, comme se montrant partial et plein de mauvaise volonté ». (1)

A la mort de Jean Baptiste Aurelio, pasteur italien, un certain Augustinus Adrianus, originaire de Venise, posa sa candidature à sa succession. Mais comme apparemment il n'avait pas avec lui de titres suffisants à le recommander au point de vue du talent ou du caractère pastoral, le Cœtus se réunit et

(1) Hessels, No 912.

rédigea une lettre qui fut adressée au Synode Evangélique de Chiavenna, et dans laquelle il demandait des renseignements sur le candidat. Voici la teneur de cette lettre que nous empruntons à l'ouvrage de Mr Hessels. (Année 1597) :

The Cœtus of the Dutch, Italian and French churches of London, to the Evangelical Synod of Chiavenna.

«Patres et fratres plurimum observandi, quandoquidem, per eumdem spiritum eodem fidei consensu, inter nos uniti sumus ut alii alios juvare consilio et operâ debeamus, vestram dilectionem confidentius in re magni momenti compellamus. Nuper venit ad nos isthinc Augustinus Adrianus, Venetus, in Italorum grege docendo Joanni Baptistae Aurelio, piae memoriae subrogandus.

Quantùm conjicimus nullius ecclesiae (cujus auxilium ad eam curam implorabamus), authoritas eum impulit unius demùm hominis Moscardi minimùm literis adductus iter satis longum suscepit. Duos exhibet subscriptiones, una eaque vicesima quarta junii die et anno 1596 data totius Evangelicae synodi in tribus foederibus Minister conversionem illius ad Christum confirmat.

Altera Decima die aprilis et anno 1597 facta, Johannes Bernardinus Bassus cum synedrio Genevensi morum probitatem necnon pietatem ac eruditionem ejusdem viri obsignat. De vocatione autem et missione, an videlicet ordine legitimo verbi minister institutus sit, an cùm bona gratia ecclesiae cui operam impendit, et sive famae jactura discessit, nullas profert literas quae de istis testimonium perhibeant.

Sanè Christiana moderatio non patitur ut in eum adhùc aliquem culpam impingamus praeter quàm summae incogitantiae. Verùm quoniam plerique currunt quos Deus non misit, plerique semel designati adeo sunt leves ut stationem suam subindè deserant, plerique seipsos propter vitae turpitudinem de suo gradu dejiciunt, ne peccaremus in Deum, ecclesiam, et in sacrum consensum, quem maximè in gubernanda Domini domo inter sanctos vigere oportet, mandavimus ut a vobis literas publicas impetraret, quibus ab istis suspicionibus liberari posset, ad tum arduum munus hic nequaquam admittendus, priusquam fidem ipsius doctrinam et integritatem approbaveritis.

Quapropter has illis quas ad Dominum Scipionem Lentulum scribit adjungentes, rogamus obnixe vos ut maturè de hominis statu et conditione nos commonefaciatis, fratribusque vestris in hâc insulâ peregrinantibus consilium aliquod Ecclesiae salutare suggeratis.

Datum Londini quinta die septembris 1597.

Vestri studiosissimi Pastores et seniores Belgicae, Italianae, et Galliae Ecclesiae, quae omnes Londini coactae sunt ex eo totius Cœto praescripto.

Joannes Castellus, minister of the London french church omnium nomine. » (1)

Bien que peu nombreuse, la congrégation trouvait le moyen de faire des libéralités. Non seulement, elle soutenait ses membres pauvres, mais encore elle donnait à des étrangers des preuves touchantes de sa charité chrétienne. C'est ainsi qu'en 1583, elle remit des offrandes, dont nous ne connaissons malheureu-

(1) Voir Hessels, 1392.

sement pas le montant, à Maillet qui était venu de Genève pour faire une collecte au sein des églises du refuge. (1) Quand Maillet fut de retour à Genève, les Syndics du Conseil adressèrent leurs remerciements à MM. les membres du consistoire des trois églises. Il est vrai que ces libéralités des Italiens n'étaient que fort naturelles. C'était une manière d'acquitter la dette de l'hospitalité. Les Italiens avaient de bonne heure trouvé un excellent accueil en Suisse, et il n'était que juste que cette hospitalité fût récompensée d'une manière ou de l'autre.

Un autre incident vint mettre à l'épreuve la générosité de la Communauté. En 1588, la Reine ayant besoin d'argent, fit un appel à la Cité de Londres. Les étrangers lui fournirent la somme de Lst. 4,900; et parmi eux nous relevons plusieurs noms italiens, par exemple.

John Hublone qui donne Lst.	100.	— (livres st.)
Eustache Trevaccio	100.	
Horacio Palavicino	300.	
Philipe Cursini	200.	
Nicolas de Gozzi	200.	

Si l'on se rappelle qu'alors la valeur de l'argent était bien moindre qu'aujourd'hui, on sera certainement étonné de voir de pareilles libéralités. Il est vrai que c'était pour les réfugiés une excellente occasion de montrer leur reconnaissance envers une souveraine qui leur accordait toutes les faveurs qu'ils

(1) Les ressources manquaient, paraît-il, pour se défendre contre le duc de Savoie (de Schickler, P. 175).

pouvaient souhaiter, comme aussi envers la nation qui les avait accueillis avec tant de bonté.

Mais ce n'était pas seulement des Anglais ou des Genevois qu'ils étaient heureux de s'occuper. La paix religieuse dont ils jouissaient à Londres les faisait penser souvent à leurs frères persécutés dans d'autres pays, et à plusieurs reprises, ils se font ouvertement l'écho de ces pensées et de ces préoccupations. Ainsi le Cœtus tenu dans les années 1586, 1587, 1589, etc., contient ces phrases plusieurs fois répétées, avec une éloquente et saisissante régularité : « Attendu la grande calamité des églises des Pays-Bas, et du delà de la mer, des prières publiques seront célébrées dans les trois églises de Londres. »

* * *

J'ai nommé quelques-unes des familles italiennes qui composaient la congrégation. Il faudrait ajouter aussi les noms des familles « Antoine Bassano », « Paravicini », dont un membre, « Pierre », fut nommé alderman de Londres. C'était une famille originaire de la Valteline, près de Milan. (1)

Tous, cependant, n'étaient pas de ces familles qui sont l'honneur de l'église, et dont l'influence est excellente et la mémoire bénie. Témoin entre autres ce Grégoire, dont les « State Papers » conservent le souvenir (2)

Le 7 février 1636, un certain Vincent Grégoire, originaire de la Calabre, est cité devant l'église à

(1) W. Durrant Cooper, P. XXIX.
(2) Année 1636. P. 427 Public Record Office.

cause de sa mauvaise conduite. C'était, en effet, paraît-il, un triste personnage. (1)

Il avait déjà fait deux ans de prison, puis on l'avait relâché, sous condition et promesse de sa part d'éviter désormais de fréquenter les cabarets et toute sorte de mauvais lieux où il avait coutume d'aller, comme aussi de ne plus mendier ; il promet tout ce qu'on lui demande. Mais il reprend bientôt sa misérable existence.

Un jour il réussit à circonvenir une honnête jeune fille et il est sur le point de l'épouser. Il a reçu on ne sait comment l'autorisation. Mais voici que la cérémonie est interrompue inopinément par le beau-père, et le mariage ne se fait pas.

Trois semaines après, il recommence le même manège dans une autre église. Cette fois, le beau-père le fait arrêter et jeter en prison. Une fois en liberté Vincent essaie de tuer celui qui l'avait fait arrêter. Nouvel emprisonnement. C'était la septième fois qu'il tâtait de la détention. (On le voit, le surnom d'homme incorrigible était assez justifié !) Non seulement il ne se corrige pas de la manie qu'il a de se faire incarcérer, mais encore il a une autre faiblesse : celle de mendier ; et il paraît qu'il y avait ses petits profits, car au moment de sa dernière arrestation, on trouva dans sa poche une somme en or assez rondelette !

« Ce malheureux, ajoute la note en question, a causé un grand scandale en se donnant pour le pasteur même de l'église italienne ! »

(1) Dans le rapport en latin sur cette affaire il est appelé « hominem incorrigibilem ».

Deux années après, en 1638, Vincent Grégoire adresse une pétition à l'archevêque Laud, de Canterbury. Il lui expose qu'il a été emprisonné pendant trois semaines à Westminster. Il affirme qu'après avoir examiné sérieusement son affaire, l'archevêque ne pourra faire autrement que de reconnaître son innocence. S'il a souffert, c'est uniquement par suite de la malice du ministre de l'église italienne de Londres et parce que les témoins qui ont déposé contre lui ont été subornés. Les biens des pétitionnaires étant sous séquestre, il supplie humblement qu'on veuille bien, contre certains gages qu'il s'offre à donner, lui rendre la liberté et lui restituer son argent. (1)

* * *

Pour compléter la physionomie de cette intéressante église, il faut citer ici un document inédit que nous avons découvert au British Museum (2). Ce n'est peut-être pas l'original, mais une reproduction dans laquelle on a vraisemblablement omis et la date et les signatures. Cependant, elle est classée dans les dates de 1620-1630.

Il s'agit d'une pétition en latin, adressée à l'évêque de Londres en faveur des pauvres italiens. Nous en donnons les principaux passages :

« Au très-illustre et très révérend évêque de Dieu à Londres, Gardien du grand sceau de l'Angleterre,

---

(1) Public Record office, State Papers, Année 1638. P. 207.

(2) British Museum Mss. Boswell Papers, vol. I 6, 391, f. 25.

Supplication des ministres (1) et des anciens de l'église réformée italienne qui se réunit en Christ à Londres ».

(Après avoir raconté les origines de la Réformation en Italie, la pétition s'exprime ainsi :)

« Les soldats de Léopold ont tout dévasté avec le feu et le fer de la manière la plus cruelle... Tous ceux qui ont pu s'échapper, de familles diverses et de conditions différentes, errent maintenant fugitifs à cause de leur foi, dans les champs et les montagnes de l'Helvétie ; nobles et plébéiens, riches et pauvres avec leurs femmes et leurs enfants, pères, mères, frères et sœurs, dépouillés de leurs biens, arrachés de leur patrie. Eux, dont le monde n'était pas digne ! Cependant en dépit du froid, du dénument, ils subsistent encore ! 20 ou 30 pasteurs chassés de leurs églises, sont réduits à mendier leur subsistance, en proie à la plus extrême misère.

Puissent, très digne évêque, les gémissements des malheureux parvenir jusqu'à toi. Favorise, nous t'en supplions, cette cause si noble. Et que l'Eglise d'Angleterre soit longtemps prospère, pendant que les entrailles des pauvres te béniront.

Nous, et avec nous toute l'assemblée des Italiens réformés, d'un commun accord, nous prierons toujours Dieu, comme nous l'avons prié jusqu'ici, avec la plus grande ferveur, pour qu'il te fasse croître en dignité et en miséricorde ! »

---

(1) Ce pluriel fait évidemment voir qu'il y a en ce moment à Londres au moins deux pasteurs.

Lieux de culte. — Mercer's Chapel.

Nous avons vu que le troupeau italien se réunissait pour son culte ordinaire dans le temple de Jésus, qui avait été accordé à la congrégation par Edouard VI. Outre ce lieu de culte, il y en avait un autre, appelé ordinairement « Mercer's Chapel », ou « Chapelle des Merciers ».

La Compagnie des Merciers est une association commerciale fort ancienne (1). C'est la première en importance des douze compagnies anglaises qui ont le privilège glorieux de fournir le lord-maire de Londres. Ce nom n'implique nullement que c'était là l'origine des marchands de soie, car ils vendaient toute espèce de marchandises, des jouets et de la mercerie. Mais comme la plupart des membres de cette puissante compagnie étaient des marchands, et importaient de grandes quantités de soies d'Italie, le nom fut peu à peu appliqué à la compagnie elle-même, et à tous les marchands de soie.

Or, cette compagnie avait des aumôniers attitrés, et de même qu'elle avait fondé ou soutenu plusieurs œuvres charitables, elle faisait des dons aux prédicateurs de divers sermons ou conférences (2). Déjà dans l'année 1550, le 11 mars, elle organisait avec l'aumônier spécial, une série de services dans une chapelle qui dépendait de ses bâtiments. Ils devaient lire dans ce local, le dimanche, lundi, mercredi et

---

(1) Pennant, Some account of London. P. 439.

(2) W. Herbert. History of the twelve great livery com panies of London. 2 vol. Tome I P. 267.

MAISON DE LA COMPAGNIE DES MERCIERS

Au rez-de-chaussée sont les boutiques, les magasins de drap, de soieries, de jouets, etc. C'est dans l'intérieur de l'édifice que se célébrait le culte italien.

vendredi, quelques passages ou paraphrases des Ecritures (1). Ce même jour, le prédicateur italien, qui faisait les services du carême cette année, se trouva avoir prêché sans permission spéciale ; on lui permit bien de continuer pendant le trimestre courant, mais il fut bien spécifié qu'il ne pourrait jamais prêcher à l'avenir sans une autorisation de la Compagnie.

Voici ce que nous lisons dans un répertoire ecclésiastique de Londres :

« Le maître, les surveillants et les aides de cette Compagnie avaient l'habitude (et cela se fit jusqu'à l'époque du grand incendie de Londres), de confier la chapelle à tel ou tel ministre, afin qu'il y célébrât le service, et dans ce cas, il devait être dûment autorisé par l'évêque de Londres. » (2)

La Compagnie des Merciers, en qualité de propriétaire de cet édifice, donnait ordinairement au pasteur 40 livres sterling par an ; c'est sans doute aussi le traitement qu'on donna à Nicolas Oltramare, de 1640 à 1646.

C'est dans cette chapelle, nous dit encore J. Watney, que les étrangers fixés à Londres aimaient à se rendre, et c'est une de celles au sujet desquelles Sir Thomas Rowe, le lord-maire de 1568, fit un rapport sur l'ordre des Lords du Conseil. Nous savons

(1) J. Watney, Account of the Hospital of St Thomas of Acon P. 157.

(2) Repertorium ecclesiasticum parochiale Londinense, par Ric. Newcourt. Tome I, p. 448, London 1708. British Museum.

encore par les Annales de Strype (1), que ce certificat fut écrit dans un grand livre, et d'après cette note, il y avait parmi ceux qui fréquentaient le culte des Hollandais et des Italiens, entre autres Gabriel Petrocho, un Vénitien ; un chirurgien, nommé Barbara, ainsi que sa femme et leurs enfants ; Jérôme Venalia, un marchand, un Vénitien, Lombard Venalia, etc.

C'était, à cette époque, le prédicateur Jéronimus Ferlitus qui attirait ainsi beaucoup d'auditeurs. Déjà en 1566, il avait été recommandé à la Compagnie par l'évêque de Londres. Il désirait prêcher l'Evangile dans la chapelle, le dimanche et les jours de fête, aux Italiens et aux autres personnages distingués du Royaume, qui connaissaient la langue italienne. La Compagnie accepta. Le 18 juin 1568, elle donna au pasteur italien, pour ses services, la somme de 3 livres, 6 sh. 8 d. Cependant, il fut stipulé dans ce règlement de comptes, que cela ne constituait pas un précédent pour l'avenir, c'est-à-dire que la Compagnie ne prétendait point s'engager à rétribuer les prédicateurs.

Vers la fin du XVIe siècle, la congrégation italienne subit une interruption dans le ministère de ses pasteurs, et en 1598, le 3 octobre, les anciens et diacres de cette église informent le Cœtus, qu'après bien des recherches, et malgré l'aide de bien des amis, ils n'ont pas l'espoir de trouver un ministre de leur langue. Alors, le Cœtus leur conseille de se joindre à l'une ou l'autre des églises française ou italienne (2).

(1) Vol IV. P. 569.

(2) Actes du Cœtus, 1598, Archives de l'église française.

En 1603, l'église n'est point encore reconstituée. La congrégation italienne a bien entretenu à la faculté de Genève le jeune David Guienne ou Guinée, qui était né dans cette ville de parents italiens réfugiés en Suisse, mais cet étudiant trompa ses espérances (1), et plusieurs années s'écoulèrent sans qu'on pût avoir un pasteur.

En 1605, l'église française nomme Abraham Aurelius, né à Londres, fils du pasteur italien Baptisto Aurelio (mort sans doute en 1598), comme adjoint de la Fontaine, Cappel et Marie. « Notre désir, dit le Consistoire, est de profiter aussi à l'église italienne selon les occasions que Dieu nous en présentera, (où le ministère fut interrompu par le décès d'heureuse mémoire feu M. Jean Baptiste Aurelio), devant que de l'attacher à la besogne, nous lui avons donné moyen d'aller séjourner une année en votre église et école, en voyant par le chemin les églises, pour se rendre plus familier l'usage des deux langues et ainsi les employer selon que le requerra l'édification des églises » (2). Nous savons, en effet, qu'Abraham Aurelio donna quelques prédications italiennes à Londres, jusqu'au moment de la reconstitution définitive de la communauté, c'est-à-dire vers 1609.

En 1609, en effet, après avoir été fermée pendant un certain temps, la Chapelle de Mercer's Hall, fut rouverte pour le culte public, et le service italien rétabli.

---

(1) Lettre de l'église à la Vénérable Comp. 6 mai 1597, Bibl. de Genève.

(2) Lettre de le Maçon à la vénérable Comp. (Bibliothèque de Genève.)

Un ancien moine, venu de Bruxelles, Ascanio Spinola, archevêque de Spalato, avait obtenu le concours du Conseil privé, de l'archevêque Bancroft, et de Ravis, qui fut évêque de Londres de 1607 à 1609. Cependant, Spinola ne réussit pas à se rapprocher des deux autres églises, la française et la flamande. Il est très probable que ces deux communautés n'avaient pas une fort grande confiance en Spinola. Celui-ci, toutefois, vivement désireux, semble-t-il, de reconstituer l'ancienne organisation, offrait de participer avec ses collègues à la Sainte Cène ; il s'engageait à n'y admettre aucun étranger sans leur consentement. Il leur demandait souvent leur opinion sur des questions de discipline, et il s'efforçait de ramener à son culte tous ceux qui comprenaient la langue italienne, afin, disait-il, « de nuire à l'Antechrist qui voudrait empêcher l'existence d'une communauté italienne à Londres. »

Mais les deux consistoires du Refuge persistèrent dans leur décision, et il paraît qu'ils n'avaient pas entièrement tort de tenir ainsi Spinola en suspicion, puisqu'en 1616, ce dernier retomba dans les bras de l'Eglise romaine.

Au commencement du XVIIe siècle, sous le règne de Jacques Ier, la chapelle des Merciers devint un rendez-vous à la mode (1). C'est là que les dames et les gentilshommes se rendaient en foule pour entendre les sermons du savant archevêque italien de Spalato (en Dalmatie), Antonio de Dominis, l'un des premiers convertis au protestantisme. En 1617, il

(1) W. Thornbury, Old and new London. Tom I. P. 380 Th. Pennant. Some account of London, passim.

y prêcha en italien son premier sermon devant une assemblée des plus distinguées. Il y avait là entr'autres auditeurs, l'archevêque de Canterbury, le lord chancelier, les comtes d'Arundel et de Pembroke, les lords Zouch et Compton. Pendant bien des années, cette chapelle fut ouverte pour le service italien, en faveur des marchands anglais qui avaient séjourné à l'étranger et qui contribuaient dans une certaine mesure aux frais du culte.

Ce Marc Antonio de Dominis était certainement un homme de valeur. Il avait été jésuite, puis il embrassa le protestantisme, et publia plusieurs écrits contre le pouvoir pontifical et certaines doctrines du catholicisme romain. Il était en un sens le précurseur de ce mouvement d'aujourd'hui, qui se dessine assez nettement parmi certains membres du haut clergé anglican, et des laïques comme lord Halifax, et qui poursuivent activement ce qu'ils appellent la « réunion des églises. » Antonio de Dominis plaidait chaleureusement cette cause. Il gagna les bonnes grâces de Jacques Ier, qui lui donna la direction des hospices et asiles de la Savoye, le diaconat de Windsor, et lui confia la charge de pasteur de l'église italienne réformée.

Cependant, la nomination au pontificat de Grégoire XV, son ancien ami, vint réveiller certaines ambitions de Dominis. Il déclara ouvertement au roi, le 16 juin 1622, qu'il voulait revenir à Rome pour s'occuper activement de l'œuvre de rapprochement entre les différentes églises chrétiennes. Mais sa prédication ayant paru étrange à la congrégation italienne, il fut cité à comparaître devant la haute cour de

Lambeth, reconnu coupable de complicité avec Rome et enfin expulsé d'Angleterre. Il dut partir le 27 avril 1623. Il fut admis dans le giron de l'église romaine, puis accusé d'hérésie, et enfin emprisonné dans le fort St-Ange, où il mourut mystérieusement. Après sa mort, son cadavre et ses écrits furent livrés aux flammes.

Pendant qu'il exerçait son ministère à Londres, on lui donna comme suffragant le jeune César Calandrini, qui appartenait à une famille italienne réfugiée à Genève au XVIe siècle. Calandrini avait étudié à Genève et à Saumur. Il fut nommé prédicateur ordinaire de l'église italienne avec licence de prêcher à Londres. On lui forma un Consistoire composé d'anciens et de diacres, et ainsi le Cœtus se retrouva constitué comme il l'avait été sous Edouard VI et sous Elisabeth.

Peut-être à partir de ce moment, du moins pendant quelques années, l'église suivit-elle une période de déclin, car nous voyons que, en 1626, le pasteur italien Alexandre et l'espagnol Pierre de Luna demandèrent à fusionner leurs églises ; l'archevêque de Canterbury s'en référa au Cœtus.

Un peu plus tard, en 1625, nous voyons qu'elle fonctionne toujours régulièrement ; Charles Ier a remplacé son père sur le trône d'Angleterre, et les églises du refuge se préoccupent de ce changement. Jacques avait proclamé comme un principe incontestable l'union de la Royauté et de l'épiscopat. Par suite de son mariage avec la sœur de Louis XIII, Charles Ier introduisit en Angleterre toute une suite catholique qui, naturellement, apportait d'une manière officielle la messe et les pratiques de la cour de Rome, tout en renouant les relations de la cour avec la ville éternelle.

Les églises du Refuge s'inquiétèrent de ces circonstances, et peut-être faut-il en voir un écho dans le discours que le ministre Primerose fut chargé de faire au roi le 30 avril 1625. Nous trouvons, en effet, son discours bien emphatique et bien long ; on dirait qu'il a des craintes, des doutes sur l'appui qu'il invoque de la part du souverain. Or, en même temps que les membres du XXIVe colloque, convoqués extraordinairement à Londres pour faire soumission à Sa Majesté, nous voyons que les députés des églises flamande et italienne sont aussi mentionnés.

Vers l'année 1630 ou 1635, il est assez difficile de préciser plus exactement, une lettre fut adressée à César Calandrin, alors pasteur de l'église française, dans le but de travailler de concert à la réunion des diverses églises protestantes. Cette lettre, écrite en italien et ne portant ni date ni signature, était à peu près conçue en ces termes : (1)

« Me rappelant votre vertu et votre doctrine chrétienne, je regrette que l'incertitude et la difficulté des chemins nous privent du plaisir de votre rencontre, et nous l'avons éprouvé d'autant plus lorsque nous avons vu la confession de foi de votre grand patriarche, Cyrille Lucas, de Constantinople, imprimée en latin et en anglais, dont on a beaucoup parlé dans le monde religieux. Les gens de bien pensent qu'elle

(1) Lettre sur l'unité des Eglises, Hessels, No 4359
Voir le texte intégral dans l'Appendice.

est authentique, ou désirent qu'elle le soit ; les autres déclarent qu'elle est fausse et attribuée à tort au très Révérend et St-Père, et que même si elle était vraie, elle ne pourrait être l'œuvre d'un seul homme, du moins .d'un patriarche, qui jamais ne s'accorde avec les autres.

Ayant conféré sur ce sujet avec quelques docteurs, doyens et évêques de notre église anglicane, qui désirent la réunion universelle de l'église catholique, si possible, ou du moins de ces églises ou membres de ce grand corps, qui sont reconnus comme tels, contre l'orgueil et la violence de l'autre église envahissante, qui s'élève au-dessus de toutes comme l'église universelle ; tandis que, si cette prééminence était due à quelque autre église, au sujet de l'antiquité, de la piété, de la doctrine, etc., votre très noble église et mère, l'Eglise grecque, pourrait aspirer avec cent fois plus de droit que l'Eglise romaine à un pareil honneur.

La meilleure partie, donc, croyant que cette confession n'a pas été faite à cette époque sans un but spécial et excellent, et ledit patriarche paraissant séparé entièrement de l'Eglise romaine et nous tendre la main de fraternité, puisqu'il se conforme en tous points à la confession de nos églises protestantes, catholiques et apostoliques, qui s'appellent et peuvent seules se dire formées sous des princes absolus : la « luthérienne », qui couvre presque toute l'Allemagne, sous différents princes, avec la « calviniste », en Suisse et dans les Pays-Bas ; puis « l'anglicane », qui participe des deux, et s'étend dans toutes les possessions de notre roi ; et moi, ayant parlé à ces dignes personnes de nos saintes dispositions pour le bien de l'Eglise universelle et spécialement de la nôtre (non afin de savoir si ladite confession est vraie, car cela, nous le croyons), mais afin que le patriarche puisse faire confirmer la confession par les autres patriarches, et par le plus grand nombre possible de vos archevêques et de vos évêques, afin que cela puisse paraître, non plus comme l'œuvre d'un seul homme, mais de toute votre église.

Et comme vous en avez fait un acte public et suffisant, si vous voulez nous l'envoyer ici par quelques-uns des vôtres, qui pourraient recevoir des instructions de l'Ambassadeur de notre roi à Constantinople, les dirigeant vers notre Etat et notre Eglise, cela rendrait un grand service à Dieu et à son Eglise, pour laquelle tous les chrétiens et surtout nous ecclésiastiques et pasteurs, nous devrions risquer nos biens et notre vie.

Vous savez que toutes les sectes inférieures et opinions qui existent parmi les Réformés, sont schismatiques ou hérétiques, obscurément répandues çà et là, et ne constituent pas un corps convenable ou une église organisée. Mais parmi les trois principales cidessus, il n'y a point de différence fondamentale, les Anglicans et les Luthériens sont ceux qui se ressemblent le plus ; les Calvinistes seuls, semble-t-il, sont un peu à part, mais seulement dans les questions de hiérarchie et de cérémonie. A part cela, elles sont comme une Trinité, bien que diverses de nom et d'attributs, cependant toutes trois étant la vraie religion, à laquelle notre sainte Eglise, s'associant comme une sœur aînée, ne peut manquer de recevoir un grand secours de ses autres sœurs.

Précisément, comme les anciens Druides, ayant une certaine connaissance de la Trinité, et ne sachant comment exprimer ce mystère, avaient trois dieux distincts, mais procédant l'un de l'autre, puis un quatrième, qui les comprenait tous (comme le faisaient aussi certains hérétiques, appelés à cause de cela « Quaterniens »), ainsi, mais bien plus justement, notre Eglise, jointe à nous trois, fera une douce musique à quatre parties, qui fera entendre jusqu'au ciel une douce et divine harmonie.

N'hésitez point à cause de cette vieille différence sur la procession du St-Esprit, qui bien comprise des deux côtés, ne détruit pas le fondement de la foi, parce que, bien que nous ne nous accordions pas là-dessus, nous sommes du moins d'accord sur ce point, que ce n'est pas un article qui ait jamais été décidé par un Concile œcuménique. »

Nous devons ajouter que nous ignorons la réponse qui fut faite à cette lettre.

* * *

Cependant, l'Eglise italienne allait traverser des jours difficiles ; William Laud, en effet, venait d'être appelé à l'Archevêché de Canterbury, et il semble dès le début, faire tous ses efforts pour livrer l'Angleterre au catholicisme. Il ne permet pas une seule infraction à l'unité anglicane, et dès 1632, il fait au Conseil privé un rapport des plus sévères contre les Eglises et les remèdes à y apporter. Deux ans plus tard, il cite les ministres à comparaître devant le tribunal ecclésiastique pour y répondre à plusieurs questions sur leur culte, leur liturgie, etc... C'est ce qu'on appelle les fameuses « Injonctions ». Bientôt, il ordonne à tous les ministres étrangers d'avoir à suivre la liturgie anglicane, et aux fidèles d'assister aux services de la paroisse anglicane dans laquelle ils habitent. Voici un spécimen des instructions reçues par ses subordonnés :

Au mois de mars 1636, le 16 de ce mois, sir Nathaniel Brent écrivait dans son rapport à l'archevêque de Canterbury, à propos des églises étrangères de la capitale, dans sa visitation métropolitaine : « A St-Marie le Bow, ont apparu devant moi les ministres des églises française, wallonne et italienne. Je leur ai soumis les deux demandes formulées ailleurs aux églises étrangères et observées par elles. Le Dr Primrose a dit quelques mots en opposition, mais il a été très bref. Le 10 mai suivant leur fut indiqué pour une réponse définitive.

Le lendemain, M. Host, ancien de l'église hollandaise, vint à moi au nom de son église, et déclara que les anciens et les ministres pouvaient être mandés pour exprimer leur acceptation. Mais, comme j'étais prêt à monter à cheval, je les fis prier de venir au jour indiqué. Je m'entretins avec M. Hughes, ministre de Watling street ; il déclara que toutes mes observations étaient sans fondement, et il prétendit seulement qu'il ne ferait point la révérence à la mention du nom de Jésus. Comme il persistait dans sa résolution, et ne voulait pas se rendre aux instances de plusieurs docteurs éminents qui étaient assemblés, je le frappai de suspension, à moins que, dans le délai d'un mois, il ne changeât d'opinion.

Il ne comparut que treize paroisses, et je ne me souviens pas d'autres incidents qui vaillent la peine d'être exposés longuement à votre Grâce » (1).

Mais Laud fut arrêté en 1641 sur l'accusation de la Chambre des Communes, enfermé à la Tour de Londres, où il languit pendant trois ans avant de rendre compte de son administration et d'être livré à l'échafaud.

Parmi les griefs formulés contre lui, nous relevons seulement le 12e : « Il a traîtreusement essayé d'occasionner des divisions et discordes entre l'église d'Angleterre et les autres églises réformées ; à cette fin, il a supprimé et abrogé les privilèges et immunités qui ont été accordées par Sa Majesté et ses Royaux ancêtres aux églises françaises et flamandes dans ce Royaume (2), et de diverses autres manières, il a manifesté sa malice et sa désaffection envers ces églises, afin que par une telle désunion, les Papistes puissent avoir plus d'avantage pour le renversement et l'extirpation des deux. »

C'est à cette église italienne dont nous venons d'esquisser les origines et les vicissitudes, que Nicolas Oltramare fut appelé en 1640.

* * *

---

(1) Réponse des églises françaises et wallonnes de Londres à ma métropole ; Addenda, Record Office, State Papers, Domestic séries, Charles Ier, 1636.

(2) Il n'est rien dit de l'église italienne : mais il ne faut pas en conclure qu'elle n'existe pas à cette date. Nous verrons plus loin qu'elle est en pleine prospérité : cela provient uniquement de ce qu'elle était moins importante que les deux autres.

Les renseignements sont assez clairsemés sur la période pendant laquelle Oltramare exerça son ministère dans l'église italienne. C'est la période difficile pendant laquelle l'archevêque est tout puissant ; pendans une année encore, il exerce une suprématie qui touche de près au despotisme. C'est certainement lui qui avait poussé Charles Ier à imposer aux Ecossais l'organisation épiscopale et la liturgie anglicane. En 1638, les covenantaires protestèrent avec énergie, et ce fut le signal d'une véritable révolution.

Laud, d'ailleurs, semblait faire tous ses efforts pour autoriser à croire qu'il comptait livrer à nouveau l'Angleterre au catholicisme.

C'est peut-être à cause de ces difficultés que les actes du Consistoire français possèdent peu de renseignements sur la vie intérieure de l'Eglise pendant cette période de 1640 à 1645. (1) Cependant nous relevons quelques indications qui ne manquent pas d'un certain intérêt.

Le 11 avril 1643, Oltramare est délégué dans les actes du Consistoire français comme devant prêcher à

---

(1) Il est assez intéressant de remarquer quelles étaient les connaissances linguistiques d'Oltramare. Non seulement il connaissait parfaitement sa langue maternelle, l'italien, mais le fait qu'il prêchait à l'Eglise française prouve que notre langue lui était bien connue. On verra plus loin, d'aprés son testament, qu'il avait plusieurs livres français entre les mains. C'est sans doute à Genève, qu'il avait étudié notre langue. Enfin on verra aussi qu'il avait une grande connaissance de la langue anglaise. Plus tard, il devint pasteur de l'Eglise anglicane ; il n'est pas impossible que pendant son séjour en Hollande il ait appris la langue hollandaise.

l'église française (1). Pour le jour du Jeûne, il y aura, est-il décidé, trois sermons : le 1er M. de la Marche, le 2e M. Cisner, le 3e M. d'Outremer, le dimanche d'ensuite M. d'Espagne.

Sans doute, la congrégation italienne dut vers 1646 subir une diminution assez importante ; nous l'avons déjà vu, il y eut dans l'histoire de cette intéressante communauté, des époques où le nombre de ses membres varia considérablement. Plusieurs indices même nous permettent d'affirmer qu'il vint un moment, comme en 1598 on y pensait déjà, où elle dût renoncer à exister par elle-même et à avoir un pasteur italien.

Au mois de février 1646, Nicolas est encore en fonctions dans cette église. Nous en avons la preuve dans ce fait qu'il est délégué de l'église italienne dans l'affaire de Cisner et M. de la Marche (2). Disons quelques mots de cette affaire, puisque Oltramare y a été mêlé :

De la Marche, pasteur de l'église française, abordait en chaire la question politique ; il la traitait avec une violence et une crudité de langage qui, à plusieurs reprises, provoquèrent des protestations et des plaintes. En 1644, lors de la défaite des troupes parlementaires par celles du roi, il s'éleva avec force contre ceux qui, dit-il, sont les premiers auteurs de la guerre et les opposants à la Réforme ; « il faut

(1) Sans doute il dut en être de même pour l'Eglise italienne. Se sentant plus ou moins menacées dans leur existence, ces congrégations tournent leur activité vers les affaires du dehors.

(2) Voir l'Appendice.

penser à ce qu'on peut faire contre eux, » faisant allusion au roi.

Une autre fois il exalte en chaire l'exploit de Phinéas tuant Zimri et Cozbi (Nombres XXV), et déclare que « nous aurions besoin encore aujourd'hui d'un nouveau Phinéas. » Dans des sermons qui durent parfois deux heures et où alternent les prophéties et les anathèmes, il cherche à inspirer aux fidèles l'esprit des Israélites qui mettent au fil de l'épée tous les habitants de la ville de Haï (Josué VII) et « pendent au bois le roy d'icelle ». — « Voyez, dit-il, les habitants sont mis au tranchant de l'épée, ce qui est une mort honorable, mais le roi est honteusement pendu à un gibet, pour nous enseigner qu'il faut traiter de mesme tous les rois qui s'opposent à la Saincte réformation. Avec ces mots, vous entendez bien de qui je veux parler ; vous scaves qui je veux dire. »

Ce langage violent indispose contre de la Marche une grande partie du troupeau, qui se sépare de lui. Là-dessus, d'autres s'étant séparés à cause de certaines opinions qu'ils avaient sur le baptême, il les excommunie et déclare qu'il les livre à Satan. Enfin, Cisner qui, depuis deux ans, attendait qu'on le nommât au troisième poste vacant, et qu'on tenait dans une position secondaire jusqu'à ce qu'il connût mieux la langue française (1), exige qu'on lui accorde un congé ou une confirmation ; de la Marche répond

(1) Complainte de l'Eglise française de Londres sur l'assèchement des eaux de Siloé. 1645.

en lui interdisant la chaire et l'assistance aux séances du Consistoire (1).

Il en résulta un tumulte considérable qui provoqua l'intervention du Lord-maire. Enfin, le Cœtus s'occupe de la question et la traite en une série de sept séances consécutives. (2)

Il est assez difficile désormais de dépeindre la vie de cette église. Cependant, en 1656 et même en 1659, elle existe encore. Ainsi, à propos de l'affaire Cisner et Delmé, elle fut appelée à prendre part aux réunions du Cœtus. Les Italiens figurent au procès-verbal comme ayant proposé une certaine rédaction, et dans le compte-rendu des actes et des discussions, il est dit que c'est l'église italienne qui a présidé (3). Déjà, en l'année 1652, Stouppe avait été consacré pasteur de l'Eglise française par J. Bulteel, de Douvres, et avait accepté de prêcher une fois par quinzaine à la communauté italienne qui se réunissait à la Chapelle des Merciers.

De 1656 à 1660, l'Eglise a pour pasteur Ph. de Bresmal, ancien prêtre et docteur en théologie. Après lui avoir fait subir l'examen ordinaire, le Cœtus lui imposa les mains et lui donna la présidence comme aux autres, à son tour. En 1659, à une assemblée de pasteurs qui s'est réunie à défaut du Colloque, pour se prononcer sur la candidature de Jacques Felles, Ph. de Bresmal représente l'Eglise italienne.

En 1660, le 18 juin, l'église italienne a délégué

(1) B. de Schickler, les Eglises du Refuge. T. II, 113.

(2) Voir aux pièces justificatives.

(3) Livre du Cœtus. Archives de l'Eglise hollandaise de Londres.

son pasteur pour se joindre aux pasteurs français et hollandais qui viennent présenter leur adresse à Sa Majesté Charles II. M. Stouppe prononça la harangue avec une grande éloquence (1).

A partir de cette dernière date, nous n'avons plus de renseignements sur cette intéressante communauté.

---

(1) Evelyn, Diary, 1660, British Museum.

CHAPITRE VIII

Nicolas Oltramare, pasteur anglais.

En 1646, Nicolas Oltramare quittait l'église italienne de Londres et devenait pasteur de l'église anglicane de St-John's, dans le Comté de Cornouailles, tout près de Plymouth.

Quelles pouvaient être les raisons de cette décision ?

Le troupeau italien est encore en pleine prospérité, et rien ne nous permet de supposer qu'il y ait eu alors interruption du service, comme cela s'était produit plus d'une fois, et en particulier à la fin du XVIe siècle. Comment donc se fait-il qu'Oltramare ait renoncé à une situation qui sans doute était assez agréable, avec le séjour de la grande métropole, pour en accepter une autre qui ne peut avoir été que modeste, dans une paroisse de campagne ? C'est là une question à laquelle l'absence de documents ne nous autorise pas à répondre d'une manière précise.

Quoi qu'il en soit, nous lisons, dans le Journal de la Chambre des Lords, en date du 22 décembre 1646 :

« Il a été ordonné, etc., que le Docteur Aylett ou son député légal, est autorisé et requis, par la présente, sur la présentation de cet ordre, de donner l'institution et induction à Nicolas Oultremare (sic), clerc, au Rectorat de St-Jean dans le Comté de Cornwall, qui est vacant par la démission du dernier occupant, « salvo jure cujuscunque » ; le dit Oultre-

SALTASH
Royal Albert Bridge
Budeaux Sta
Kings Tamerton
Wadgeworthy
Burrington
Weston Peverel
Ford
LYNHER RIVER
Anthony
St Johns
Kingdon
Hay
Trevol
Morice Town
HAMOAZE
DEVONPORT
Insworth Point
Southdown
Millbrook
Stone
Withnoe
Tregonhawke
Coombe
Wiggle
Kingsand
Cawsand
Rame
Maker Fm
Mount Edgcumbe
PLYMOUTH
St Nicholas Island
SOUND
CAWSAND
BAY
Light House
Landing
Break Water
PENLEE POINT
RAME HEAD
BAY

mare prenant la ligue nationale et le Covenant, et montrant sa présentation à cette charge sous le grand sceau d'Angleterre. (1)

Comme on le voit, Oltramare fut accepté en tant que pasteur de l'église établie, sans avoir cependant reçu une ordination épiscopale. Il faut dire qu'à cette époque ce n'était pas une chose impossible, et il existe d'autres cas de ce genre. Ainsi, en 1636, ce fut celui de Charles de Beauvais (2).

Charles de Beauvais était pasteur de l'église française ; en 1636, il offrait sa démission ; il se retirait parce que l'église avait un déficit de 363 Lst. Il ne voulait pas, disait-il, surcharger, comme le constate le témoignage qu'on lui remit, et il obtint un poste dans l'église anglicane. Plus tard, il fut ministre à Witham, puis il eut le rectorat de All Hallows à Londres, bien qu'il ne fût point pourvu de l'ordination anglicane, et il le conserva huit ou dix ans après l'Acte d'Uniformité, bénéficiant ainsi de la clause spéciale qui concernait les ministres étrangers résidant en Angleterre sous la protection royale, mais c'était une exception.

Il existe d'autres exemples de ces irrégularités.

---

(1) Journal of the House of Lords, P. 623, 1646 : « Ordered, etc. that Dr Aylett or his lawful deputy, are hereby authorized and required, upon sight of this order, to give institution and induction unto Nicolas Oultremare, clark, to the Rectory of St John's in the County of Cornwall, void by the resignation of the late incumbent, « salvo jure cujuscunque » : the said M. Oultremare taking the national league and Covenant and producing his presentation thereunto under the great seal of England. »

(2) B. de Schickler, Tome II. P. 47.

Ainsi, nous apprenons par le livre de Groteste de Lamothe (1) que dans les rangs du clergé anglican, on ne jugeait pas que l'ordination fût indispensable pour un pasteur étranger.

« L'archevêque de Spalato ayant demandé à Thomas Morton une nouvelle ordination pour un ministre déjà reçu au-delà de la mer, fut refusé, l'évêque déclarant qu'il ne voulait pas donner matière de scandale aux églises étrangères, et le ministre fut sans autre façon admis dans l'église anglicane ».

Le même écrivain cite un autre exemple : « M. Primrose, grand'père de celui qui exerce aujourd'hui son ministère dans l'église wallonne (1660-1713), était chapelain du roi d'Angleterre et chanoine de Windsor. quoi qu'il n'eût que l'ordination qu'il avait reçue dans les églises étrangères. Je puis joindre ici M. Du Moulin, quoiqu'il exerçât actuellement son ministère en France et qu'il n'eût d'autre ordination que celle qu'il y avait reçue, il avait un Canonicat à Canterbury ». (2)

St-Jean est une petite commune située à l'ouest de Plymouth (3). La paroisse est modeste, tranquillement et pittoresquement groupée au bord de la mer. Il y a là de jolies vallées et de riches pâturages, baignés par l'eau de la Manche du côté de l'Orient, et du côté de l'Occident par l'eau de l'Hamoaze, pe-

(1) Correspondance fraternelle de l'Eglise anglicane avec les autres églises réformées. La Haye 1705.

(2) Correspondance fraternelle de l'Eglise anglicane avec les autres églises réformées, La Haye 1705.

(3) A. J. Jewers, Heraldic church notes from Cornwall. P. 12, British Museum.

EXTÉRIEUR DE L'ÉGLISE ST-JOHN'S, CORNWALL

tit ruisseau qui forme ce qu'on appelle communément « le lac de St-Jean ». Le flot de ce lac vient jusqu'aux murailles du cimetière. L'endroit serait vraiment délicieux, si ce flot, en se retirant, ne laissait pas la rive couverte d'une sorte de vase gluante, et si l'atmosphère était moins humide.

Il est assez difficile de distinguer le village de loin, surtout en été, à cause des arbres qui entourent les habitations ; il faut dire aussi que celles-ci sont disséminées et séparées les unes des autres par des prairies, des bois et des vergers. On compte au plus une cinquantaine de maisons habitées, et la plupart sont des fermes ou des maisons de cultivateurs.

Le pays est très accidenté ; ce ne sont, de tous côtés, que des collines et des vallons, couverts de bouquets de chênes, de sapins et d'ormeaux ; et tout cet ensemble constitue une charmante retraite, un petit domaine où le pasteur doit jouer le rôle d'un véritable père de famille. Inutile d'ajouter qu'il lui est facile de bien desservir cette paroisse rurale.

Le rév. Kirwan, actuellement en fonctions, et qui nous a très gracieusement fait les honneurs de son presbytère lors de notre visite dans son église, en 1897, est logé dans un bâtiment vaste et commode, devant lequel s'étend une prairie qui sépare la maison de l'église et du cimetière, à l'entrée même de cette vallée baignée par le petit lac qui porte le nom du village. Ce presbytère a été entièrement refait ; il est tout à fait différent de celui qu'habitait Nicolas Oltramare.

Quant à l'église, elle est aujourd'hui encore as-

INTÉRIEUR DE L'ÉGLISE ST-JOHN'S, CORNWALL

sez semblable à ce qu'elle était en 1650. Elle est consacrée à St-Jean l'Evangéliste ; c'est une ancienne construction en pierre, contenant un chœur, la nef, un porche au midi, formant entrée, avec une tour carrée à l'ouest et datant du XVe siècle ; elle a un toit de forme pyramidale recouvert d'ardoise. Les vitraux du côté est sont un souvenir en mémoire du dernier pasteur, mort en 1863 : c'est un présent de sa veuve. L'église a été restaurée en 1868 et contient 100 places ; les actes pastoraux sont conservés avec soin, et ne remontent pas au-delà de 1616. La cure est ce qu'on appelle un Rectorat, avec un revenu annuel d'environ 200 Lst. et résidence au presbytère (2). Le tout est un don de W.-H. Pole Carew.

Comme il est facile de le voir, ce n'est pas une

---

(2) Kellys' Directory of Devon and Cornwall, 1893. British Museum).

St-John's is a parish situated on a creek of the river Hamoaze, 3 miles west from Torpoint and 7 south-east from St. Germans, in the Eastern division of the county, south division of the hundred of East, union of St. Germans, Stonehouse county court district, rural deanery of East. Bodmin Archdeaconry, and diocese of Truro. The church of St-John the Evangelist is an ancient building of stone consisting of chancel, nave, south porch and a tower of two stages, erected in the fifteenth century with a pyramidal slated roof, and containing 8 bells ; the monuments are of modern date ; the stained east window is a memorial to the Rev. James Campbell Crowley, late rector, who died in 1863, and was presented by his widow ; there is another in the nave, given by Margaret, widow of John Hext Boger esq. ; the church was restored in 1868, under the direction of Mr. White, architect, of London. The register dates from the year 1616. The living is a rectory, ti-

église importante, ni par le nombre des personnes, ni par la nature même de leurs situations sociales. En 1891, la population totale de la commune était de 194 habitants. Sans doute elle est un peu plus élevée qu'en 1820, mais malgré le développement qu'elle a pu prendre, elle est encore aujourd'hui l'une des plus petites paroisses du diocèse d'Exeter. En 1820, par exemple, certaines paroisses rurales sont beaucoup plus considérables : celle d'Anthony, sa voisine, comprend 2648 personnes, celle de Treomere, parmi les plus petites, en contient 173 ; celle de Boyton, 83 ; telle autre, 66 ; celle de St-Jean en renfermait alors 178 (1).

---

the rent-charge Lst. 116, gross yearly value Lst. 200 with residence, in the gift of W. H. Pole Carew esq. J. P. D. L. and held since 1874 by the Rev. John Henry Kirwan M. A. late fellow of King's College, Cambridge, who resides at Anthony. Here is a Primitive Methodist Chapel. In the cliff overlooking Whitesand bay is an excavation called « Sharrow Grotto », formed in 1784 by Mr. Joseph Nugger R. N. ; it is about 15 by 8 feet in area, with stone benches on either side, and the roof and sides are inscribed with verses. Charities amounting to Lst. 5/4 s. yearly, are distributed in bread. The Earl of Mount Edgcumbe, who is lord of the manor, and Walter Deeble Boger esq. J. P. are the principal landowners. The soil is clay and slate ; subsoil, clay and slate. The chief crops are cereals, potatoes and turnips. The area is 823 acres (including 125 of water) ; rateable value, Lst. 1,079 ; and the population in 1881 was 185.

Letters are received from Devonport. Torpoint is the nearest money order and telegraph office.

(1) The Bodmin register, par le rév. J. Wallis, Bodmin, 1831.

La commune contient environ 870 acres de terrain ; l'église est située dans une espèce de petite crique ou dépression de terre un peu isolée, à la tête de ce passage appelé lac de St-Jean. L'intérieur de l'édifice qui mesure cinquante-six pieds de longueur et dix-huit de largeur, est extrêmement coquet ; cependant les embellissements modernes qui y ont été tentés ne sont guère en harmonie avec la haute antiquité de son vénérable extérieur et de sa tour gothique. (1)

Telle était la nouvelle sphère au sein de laquelle Nicolas Oltramare venait exercer son activité.

Au cours de l'année 1646, il épousa une jeune fille anglaise, Philip (ou plutôt Philippa) Gyll (2).

Deux ans après, il leur naquit une fille qui fut appelée Elisabeth. Ainsi que le registre en fait foi, elle était née le 19 avril, un mercredi, entre dix heures et demie du soir, et elle fut baptisée par son père, ministre de St-Jean, le 21 avril. L'année suivante, le 15 janvier 1649, vers trois heures de l'a-

---

(1) An historical survey of the County of Cornwall, C. S. Gilbert. Tome II. P. 386, British Museum.

(2) Les actes pastoraux qui furent accomplis dans la paroisse de St-Jean sont conservés dans un registre où plusieurs noms sont devenus à peu près illisibles. Il commence ainsi :

« The 30th November 1653.

We underwritten doe approve Thomas Gaien as fitt to keep the register of St John's in Cornwall. Nicolas Oltramare, of Geneva, minister of God's words in the above mentioned parish ». Puis, plus loin, « Nicolas Oltramare, minister of St-John's, was married with Philip Gyl the 3d february, 1646 ».

près-midi, il naissait un fils qui fut baptisé sous le nom de Jean, le 19 du même mois, un samedi. Le 14 septembre 1652, c'était encore un garçon, Jonathan, qui naissait un mardi, vers neuf heures du soir, et qui fut baptisé par son père, le 17 du même mois.

A en juger par les indications que nous fournissent ces registres, Philippa n'eut point d'autres enfants.

Pendant plusieurs années, Nicolas Oltramare exerça donc son paisible ministère à St-John's dans les conditions d'un pasteur de l'Eglise presbytérienne, c'est-à-dire sans avoir reçu l'ordination épiscopale, tout en étant au service d'une paroisse rattachée à l'Eglise établie ; ce qui serait absolument impossible aujourd'hui était permis alors. Cependant, la situation des églises du refuge changea avec le Bill d'Uniformité. (1)

Le Bill d'Uniformité

Déjà sous l'épiscopat de William Laud, les églises du Refuge avaient été en proie à de vives préoc-

(1) Il existe dans les archives de l'Eglise hollandaise une lettre où nous relevons un détail concernant Oltramare. Henricus Altinge, écrivant de Groningue le 10 juillet 1657 à Philippus Op der Beck, pasteur de l'Eglise hollandaise de Londres, dit à la fin de sa lettre : « Give my greetings to the Reverends Calandrinus and Oltramare ». Ce détail montre bien que Altinge connaissait Oltramare, mais les relations de l'un et de l'autre étaient peu suivies, puisque le premier semble croire que Oltramare est toujours à Londres.

cupations ; en 1661, leurs craintes furent renouvelées par les décisions du gouvernement.

Le 25 octobre de l'année précédente, le roi Charles II avait proposé au Parlement une déclaration qui aurait peut-être satisfait le parti des presbytériens modérés. Il avait déclaré « qu'il serait content d'exercer de l'indulgence envers les consciences délicates, jusqu'à les dispenser d'user de telles cérémonies qui leur sont une offense ». Il avait en outre proclamé « que nul ne serait inquiété en matières de religion qui ne troublent point la paix du Royaume ».

En 1661, au mois de mai, les élections renouvelèrent entièrement le Parlement et l'élément presbytérien y fut faiblement représenté. Les évêques reprennent leur siège dans la Chambre des Lords, et on vote l'Acte déclarant que désormais les fonctions de la magistrature, celles de la plus humble municipalité, seraient interdites à tous ceux qui n'auraient pas pris la Cène selon les rites de l'église d'Angleterre. Enfin, à une majorité de six voix, les Communes votèrent le Bill d'Uniformité des prières publiques et d'administration des sacrements et autres rites et cérémonies.

Chaque ministre était tenu de faire usage du Common Prayer et de déclarer « qu'il adhère à tout ce qui y est contenu ». De plus, « nul ne pourra avoir aucun bénéfice ou administrer la Ste-Cène avant d'avoir été consacré par un évêque. Dans aucune église, chapelle ou lieu de culte public, on ne pourra employer une autre forme de prières. Personne ne sera admis à prêcher ou lire un sermon dans une église ou une chapelle s'il n'est auparavant approuvé et autorisé (licensed) par l'archevêque ou l'évêque, et s'il ne déclare adhérer sincèrement aux 39 articles. »

En somme, non seulement on rendait ainsi à l'anglicanisme tous ses privilèges, mais on ne tolérait à ses côtés aucune autre forme de culte anglais. Aussi l'on comprend que deux mille ecclésiastiques aient renoncé à leur situation officielle sans avoir eu le moindre dédommagement. Il est vrai, le Bill renfermait une clause spéciale pour les étrangers : « Les pénalités de cet acte ne s'étendent pas aux étrangers ou aux naturalisés des églises réformées étrangères », etc. Néanmoins, en réalité, chaque congrégation avait besoin de posséder des titres bien établis, faute de quoi elle était supprimée.

Quant aux ministres, la question de la réordination s'imposait. Sans doute, il y avait des cas où la validité des ordres conférés par les églises étrangères avait été reconnue, et où des bénéfices avaient été accordés à des ministres qui avaient reçu l'imposition des mains en France ou à Genève. C'était, par exemple le cas pour le pasteur de St. Jean. Cependant le Bill d'uniformité, en fait, jetait un blâme sur les ministres presbytériens, et déclarait l'infériorité ou la nullité de leurs droits spirituels. D'ailleurs, il leur fallu bientôt en pratique renoncer à l'espoir d'être soutenus par l'état ou d'obtenir des bénéfices quelconques, à moins d'être rattachés à des paroisses ayant à leur tête des pasteurs pourvus de la consécration anglicane.

Nicolas Oltramare se décida à régulariser sa situation et en 1661, le 4 octobre, il reçut la consécration dont il avait besoin. Elle lui fût accordée par l'évêque d'Exeter sur la présentation du roi Charles II :

« Rectorat de St Jean, Cornwall :

Le 4e jour d'octobre, dans l'année du Seigneur 1661, le Seigneur évêque a admis Nicolas Oltramare, clerc, au rectorat du dit St Jean à la présentation du très sérénissime souverain en Christ, notre Seigneur Charles II, par la grâce de Dieu roi d'Angleterre, etc.... notre patron, et l'a constitué lui-même notre recteur.

Jean, évêque d'Exeter par la Providence divine ». (1)

Si nous voulons nous rendre un compte approximatif de ce qu'était cette cure de St Jean, il sera intéressant de reproduire ici un document qui existe à l'office public d'Exeter : il est entièrement écrit et signé de la main de Nicolas Oltramare, et il est de l'année 1679, et du 13 mars. « Nicolas Oltramare

---

(1) Ist fruit office. Bishop's certificate of Institutions. St-John's Rectoria in Cornub.

Quarto die mensis octobris, anno Domini 1661, idem etc... dominus Episcopus admisit Nicolaum Oltramare clericum, ad rectoriam St-John's praedictae, ad praesentationem Serenissimi in Christo principis et domini nostri Caroli secundi, Dei gratia Regis Angliae, etc... viri patroni, ipsum que Rectorem nostrum ibidem instituit, etc.

Johannes, Providentiâ divinâ Exon Episcopus.

(Bishop's certificates, 1660-1665).

Public record office.

de Genève, est-il dit, signa le terrier, et certifia que la glèbe contenait entre 55 et 60 ares ». (1)

Liste complète du terrier de la glèbe, terrains et maisons appartenant à St John's en Cornouaille :

1o Un porche qui a d'un côté une laiterie et de l'autre le cellier, etc. (ici le papier est déchiré),... une petite chambre. Il a un mur de pierre et de terre recouvert de chaume.

2o Un couloir ayant à droite une pièce où se trouvent une table et une chaise (ici le papier est encore déchiré),... de terre, et à côté deux chambres et un petit cabinet. A gauche, deux chambres plus bas. Un mur de pierre et de terre, couvert d'ardoise, et une chambre couverte de chaume.

3o Les bâtiments extérieurs sont comme suit : un vaste grenier avec une étable à veaux, d'un côté, une étable, de l'autre, avec des murs de pierre et de terre, couverts de chaume, une étable et un four : les murs sont de pierre et de terre, couverts de chaume, la porcherie a un mur solide, couvert de chaume.

4o Trois petits cottages dans la ville de St Jean, le premier situé à l'est du cimetière, le second à l'ouest, le troisième aux bords de l'eau. Les murs des trois habitations sont en pierre et en terre et couverts de chaume. Chacune d'elles est attenante à un petit jardin ; toutes les chambres d'en bas dans le presbytère et dans les cottages ont la terre pour plancher.

Les terres du presbytère de St-Jean sont des terrains labourables, d'une nature rocailleuse et con-

(1) Parochial history of Cornwall, Tome I. P. 277, British Museum.

tiennent... (ici une déchirure) de 55 à 60 acres ou à peu près.

1o Le verger, deux petits jardins et trois petits champs attenant au verger sont estimés... (ici une nouvelle déchirure) et sont limités par la mer au nord-est, et par la grand'route au sud-ouest.

2o Cinq champs depuis le pont de St-Jean au pont d'Anthony sont estimés à quinze acres ; ils sont limités à l'ouest par le terrain de Wolson, et à l'est par la grand'route.

3o Trois prairies et un petit parc, estimés à deux acres ou à peu près, et limités par la grand'route au sud et les dunes de St-Jean au nord.

4o Deux petites prairies d'environ deux acres, limitées au sud par la grand'route, au nord par St-Jean.

5o Trois morceaux à l'est des dunes de St-Jean avec des prairies attenantes, l'un à l'est, l'autre à l'ouest, estimés à trois acres ; ils sont limités à l'ouest par la mer et au sud-est par le terrain de Mme Wills.

6o Deux petites prairies, l'une à l'est du moulin de St-Jean, l'autre à l'ouest, estimées à un acre.

7o Quatre champs estimés à vingt-quatre acres, limités par le terrain de Neildens, à (ici encore une déchirure)... et par le terrain de Mme Wills, au sud et par la grand'route à l'est.

Deux morceaux de terre sur les dunes de Gauble, trois sur les dunes de St-Jean au sud, estimés trois acres.

Toutes ces maisons et ces terrains sus-dits sont, par la Providence divine, en ce jour le 13e de Mars

1679, en la possession de Nicolas Oltramare, recteur de St Jean.

Plus bas : « Charles Wescott, churchwarden ».

Tout ce document, écrit de la main d'Oltramare, est rédigé en une écriture ferme et très lisible.

Le ministère du pasteur dut s'écouler de la manière la plus douce dans cette petite et tranquille paroisse de Cornwall. Sa situation, son isolement, les difficultés des communications avec les villes voisines, Plymouth, Devonport, la distance et les moyens de transport dans les paroisses des alentours, comme St German's, Saltash, etc., tout cela obligeait certainement les conducteurs de ces modestes congrégations à vivre beaucoup dans les limites de leur paroisse. D'ailleurs, les ressources du jeune ménage Oltramare n'étaient pas très grandes, et il fallait compter avec les dépenses. (1)

Les circonstances n'ont pas sensiblement changé aujourd'hui, et bien que les moyens de transport soient plus faciles qu'alors, bien qu'il y ait des services de bateaux à vapeur entre St-Jean et Plymouth, et une modeste voiture qui vous véhicule pour un shilling de Torpoint à St Jean, on peut se représenter à peu près ce qu'était dans ce presbytère l'existence d'un pasteur du XVIIe siècle.

---

(1) Nous avons déjà vu que la famille Oltramare de Genève n'était pas une famille fortunée. Mais plus tard, Nicolas Oltramare paraît avoir des ressources, car il parle dans son testament (voir plus loin), de deux maisons qu'il possédait à Rame et dans le village même de St-Jean ; ces deux maisons, il les avait achetées. Peut-être Philippa Gyll lui avait-elle apporté quelque dot en l'épousant.

Comme travail du dimanche, il avait régulièrement ses deux services, celui du matin et celui du soir, avec une école du dimanche, car on sait quel soin on accorde dans toute la protestante Angleterre, à cette partie si importante de l'éducation de la jeunesse. Quant aux autres actes pastoraux, ils prenaient une petite partie de son temps, puisque la paroisse était petite, et il n'y avait sans doute, pas plus qu'aujourd'hui, qu'une moyenne de quatre ou cinq baptêmes par exemple, à célébrer dans le courant de l'année.

Un des grands événements de cette vie peu mouvementée, c'étaient les visites épiscopales. Tous les trois ans l'évêque d'Exeter parcourait son diocèse. (1) Mais il est inutile de faire observer que ces visites n'étaient pas tout à fait du genre de celles qui sont confiées dans l'église réformée, par exemple, aux visiteurs synodaux. Ceux-ci sont véritablement des visiteurs d'église et de toutes les églises. Ils n'en regardent aucune, si petite qu'elle soit, si éloignée, si déshéritée qu'elle puisse être, comme indigne de leur intérêt et de leur sollicitude. Il n'en était pas de même alors pour la paroisse de St Jean et d'autres, situées assez loin du siège de l'évêché, et d'un accès plus ou moins facile. L'évêque se rendait d'ordinaire à Launceston ou à Bodmin, villes assez centrales et assez importantes du comté de Cornwall, et

(1) Le pasteur actuel de St Jean, le rév. J. Kirwan, nous a cependant assuré que maintenant l'évêque fait ces tournées non plus tous les trois ans, mais bien chaque année; il est vrai qu'elles se font plus aisément qu'au temps de Nicolas. Mais l'évêque ne visite pas chaque année toutes les paroisses de son ressort.

c'est là qu'il s'installait pour recevoir les visites des pasteurs du diocèse. Quelquefois, cependant, il allait dans d'autres paroisses, et alors, le journal manuscrit qui est précieusement conservé au bureau public d'Exeter en fait foi, les moindres incidents 'du voyage sont marqués avec un soin minutieux. (1)

Ne semble-t-il pas voir un grand seigneur recevant dans son château les hommages de ses sujets ?

Il y avait certains frais obligatoires qui étaient à la charge de chaque pasteur, et que celui-ci fournissait suivant une nomenclature soigneusement indiquée. Ces frais ne varient guère, et le livre des visiteurs fournit à peu près régulièrement les mêmes notices triannuelles. Il fallait, en effet, subvenir aux dépenses des déplacements de l'évêque, il y avait tant pour les frais de bouche, tant pour le registre, tant pour ceci, tant pour cela... en somme, le taux s'élevait à cinq shillings huit pence, somme assez considérable pour l'époque. (1) En voici du reste le relevé précis, tel qu'il est donné dans le livre même, en face du nom de chaque pasteur :

Diaeta	2	sh.	6 p.
Register	2	»	-
Appart	1	»	-
Dir	0	»	2
	5	sh.	8 p.

(1) Visitation book, public register, Exeter.

Ce livre contient des indications diverses sur ces tournées de l'évêque ; tantôt il est parlé d'une course à cheval, pour les confirmations dans une paroisse, tantôt d'une visite à une église, etc.

En 1662, l'évêque d'alors, le Dr Gauden, était venu faire sa tournée ; mais Oltramare ne se rendit pas à la convocation ; c'est ce qu'indique une note du secrétaire, par ces mots inscrits en regard de la mention de St-Jean : « Oltramare non comparuit ». Etait-il malade, ou retenu par quelque autre motif ? C'est ce que nous ne pouvons préciser. En 1665, trois ans plus tard, il se rend à l'appel de son supérieur. Cette fois, le registre porte la notice : « Comparuit. » Mais il y a évidemment une erreur dans la désignation du prénom d'Oltramare : en effet, le scribe dit : « St-John's, Rector John Oltramare » il a mis « John » au lieu de « Nicolas ».

En 1668, même écriture. Le scribe encore avait d'abord mis « John Oltramare, rector », puis il a effacé le nom « John », et a rectifié au-dessous « Nicolas », même phrase consacrée : « Comparuit ».

En 1671, c'est encore la même liste de dépenses et aussi la même expression : « Nicolaus rector comparuit ». De même en 1674. Trois ans plus tard, en 1677, Nicolas se rendit à la convocation d'usage ; mais le registre porte une notice assez particulière et que nous avons cru lire comme suit : « Comparuit, sed non ostendit postea ostensi sunt ordines apud Plymouth .» Qu'est-ce que cela veut dire ?

En 1680, Oltramare s'est rendu pour la dernière fois à l'invitation de son évêque, qui était alors Thomas Lamplough. Cette convocation eut lieu à Launceston, dans l'Eglise Ste-Marie-Magdeleine, le 21 août. Notre pasteur ne revint sans doute plus à Launceston, pas plus qu'à Bodmin ; une invitation plus solennelle et à laquelle personne n'a pu et ne pourra jamais refuser de se rendre, lui fut adressée par Celui qu'il avait fidèlement servi et qu'il avait déjà appelé dans son testament « son Dieu et fidèle Créateur ». Il y répondit dans la paix de son âme, car depuis bien des années il s'y était préparé.

Je viens de parler de son testament ; il existe à Exeter, au bureau des Registres du district, écrit de la main de Nicolas Oltramare. Il est assez explicite et nous fournit d'intéressants détails. En voici la traduction aussi exacte que possible :

« Au nom de Dieu. Amen !

Le 7e jour de juillet, l'année de Notre Seigneur Dieu 1671, moi, Nicolas Oltramare, faible de corps, mais sain d'esprit, je remets volontairement aux mains de mon Dieu et fidèle Créateur, mon esprit qu'il m'a donné dans sa bonté paternelle, quand il me forma dans le sein de ma mère, faisant de moi une créature vivante et raisonnable, moi, qui ne doute nullement que, dans son infinie miséricorde, pour l'amour de son bien-aimé fils Jésus-Christ mon Rédempteur, il ne reçoive mon âme dans la gloire.

Pour ce qui est de mon corps, je le confie à la terre, et je désire que mes amis, ma femme et mes enfants l'ensevelissent à la droite de l'entrée du cimetière de St-Jean, étant bien persuadé que, selon les articles de la foi chrétienne, au grand jour de la résurrection générale, quand nous comparaîtrons tous devant le tribunal de Christ, je recevrai de nouveau le même corps, par la puissance souveraine de

Dieu, non un corps mortel, faible et vil, comme il l'est maintenant, mais un corps incorruptible, fort, parfait, en toute manière semblable au glorieux corps de mon Seigneur et Sauveur.

Pour ce qui est de ma chère femme, Philip Oltramare, en qui j'ai toujours trouvé une compagne aimante et pieuse, je la nomme exécutrice de tous mes biens. Et parce que mon fils Jean Oltramare m'a coûté beaucoup d'argent, qu'il a dépensé alors qu'il était à l'Université, et pour d'autres raisons qui me sont connues, je lui laisse quinze shillings et tous mes livres (excepté sept, que je désigne dans un codicille ici annexé et que je laisse à ma fille Elisabeth).

Pour ce qui est de ma maison et de ma propriété à Rame, qui est maintenant en la possession de Epipho Belorne, je désire que lorsqu'elles tomberont entre les mains de ma femme Philip Oltramare, elle seule en jouisse durant sa vie ; et parce que mon fils John Oltramare a abandonné ses droits à son beau-frère Nathanael Northcote, pour certaine considération mentionnée dans l'acte dudit Jean Oltramare en date du 28 juin 1671, tous les deux, Elisabeth et Nathanael peuvent en jouir durant leur vie.

Et pour ce qui est de la maison de St-Jean, que j'ai achetée à Elisabeth Sergeant, que ma fille Elisabeth et mon fils Jean Oltramare partagent leur droit et la rente également entre eux, et qu'ils la gardent en bonne réparation avec des charges égales.

Quant à Elisabeth, fille aînée de mon fils Jean Oltramare, je lui laisse quinze shillings.

En témoignage de quoi, j'ai ici souscrit de ma

main et apposé mon sceau à ce testament ici présent, le jour et l'année ci-dessus désignés.

Nicolas Oltramare. »

Signé et scellé en notre présence.

Nicolas Kendall. — Alex. Cotteil.

* * *

« Catalogue des livres que moi, Nicolas Oltramare, je lègue, par mes dernières volontés et par mon testament, à ma fille Elisabeth Oltramare :

1o Un dictionnaire des langues française et anglaise, par Randle Cotgrave, imprimé par Adam Islip, anno 1632.

2o Un manuscrit de sermons que j'ai acheté à Exeter, le 23 août 1662, comme on le voit à la première page.

3o La méthode de la physique, par Philip Barrough.

4o Le saint refuge, ou ensemble de théologie, par J. Godolphin, imprimé l'année 1652.

5o Le miroir des exemples, par Samuel Clarke.

6o Le grand livre des martyrs, en français, par Simon Goulart, Senlisien.

7o La première et la seconde partie de la moelle des histoires ecclésiastiques, par Samuel Clarke. »

* * *

Ce testament de Nicolas Oltramare dit bien des choses, et quoique très simple, en un certain sens, il est cependant d'une fort grande éloquence.

Nous y remarquons, en particulier, une foi chrétienne des plus précises. Le pasteur de St-Jean ne s'exprime pas en langage théologique au sujet de ses convictions religieuses ; il n'entre pas dans beaucoup de développements sur les principaux articles de l'Evangile. Et cependant, nous trouvons dans ce vieux document une confession de foi assez explicite. Non seulement ce pasteur est prêt à comparaître devant son souverain juge, mais il est entièrement certain du salut gratuit qui lui a été obtenu par la rédemption de Jésus. Il attend avec assurance la résurrection générale et la transformation de son corps, suivant la belle déclaration de Paul aux Corinthiens.

Il est permis de penser qu'il a souvent médité la page admirable que ce dernier a écrite sur la mort et sur la vie à venir, et c'est certainement de ces magnifiques perspectives qu'Oltramare aimait à nourrir son âme vers les dernières années de sa vie. Ainsi les expressions : « corruptible, mortel, méprisable, infirme, incorruptible, immortel, glorieux, plein de force », sont exactement les mêmes expressions qu'emploie l'apôtre des païens.

Admirable exemple que celui de ce pasteur modeste, chef spirituel d'une humble paroisse de campagne, qui sans phrases retentissantes et dans un style simple et pur, exprime ainsi sa foi au salut accompli par le Christ ! Ce n'est pas, je l'avoue, sans une profonde émotion que j'ai lu et relu ces phrases claires, précises, où l'on sent un esprit bien équilibré, une conscience droite, une âme pieuse, qui depuis longtemps vivait dans une communion étroite avec le Père Céleste.

Ce qui nous frappe aussi dans ce document, c'est

un accent de grande humilité. On sent que Nicolas Oltramare n'a eu, dans son ministère de quarante années, qu'une seule ambition : servir et glorifier Dieu. Et au moment où sa carrière terrestre est sur son déclin, il affirme nettement sa faiblesse, son impuissance, sa dépendance absolue à l'égard de Dieu. S'il parle de lui-même (et il le fallait bien dans son testament), ce n'est nullement pour parler de l'œuvre qu'il a pu faire, du bien qu'il a accompli, comme chrétien ou comme ministre de Jésus-Christ ; non, c'est uniquement pour marquer clairement sa foi et ses dernières volontés, mais il s'exprime en homme qui reconnaît le bien fondé de la parole de Paul, et qui se l'est sincèrement appliquée à lui-même : « Qu'as-tu que tu ne l'aies reçu ? et si tu l'as reçu, pourquoi t'en glorifierais-tu, comme si tu ne l'avais point reçu ? »

Ce qui frappe encore dans ce testament, c'est l'expression d'une vive reconnaissance. Il tient tout de son Dieu, et il le reconnaît ; il le remercie de lui avoir donné un corps, bien que le corps soit « faible » ; il le remercie de lui avoir donné un esprit, dans « sa bonté paternelle » ; il le remercie d'avoir fait de lui un être « vivant et raisonnable », enfin il le remercie de lui avoir fait connaître « ses miséricordes infinies » en lui donnant son fils bien aimé, Jésus-Christ, pour rédempteur » : on pourrait ajouter, bien qu'il ne le dise pas expressément, qu'il est reconnaissant pour la famille qui lui a été donnée, et en particulier pour la compagne fidèle, aimante et pieuse que fut pour lui Philippa Gyll pendant son ministère de trente-quatre années à St-Jean.

Oui, c'est de la reconnaissance qui remplit son cœur. Bel exemple, admirable leçon que donne ce vieillard arrivé à sa soixantième année : humilité, foi, reconnaissance, ne sont-ce pas là des conditions excellentes pour se préparer au délogement, et n'est-ce pas en répétant les paroles de ce serviteur intègre de Dieu, qu'on aimerait dire ici-bas l'adieu suprême ?

Il eut certainement des joies au cours de sa vie. Il eut tout d'abord une aide dévouée à laquelle il rend un simple et touchant témoignage ; il eut le bonheur d'être entouré de quelques enfants et petits-enfants avec lesquels il eut des relations suivies, car leurs familles se fixèrent dans des localités peu éloignées. Il eut le bonheur, et c'en était un assurément pour un ministre de Christ consciencieux et zélé, de voir un de ses fils et un de ses petits-fils se consacrer au ministère. Enfin, il put jouir d'une position matérielle relativement aisée, puisqu'il fut le propriétaire d'une maison à St-Jean, et d'une autre à Rame. (1)

Mais, à côté de ces joies, Nicolas Oltramare et Philippa Gyll eurent une grande épreuve : leur troisième enfant, Jonathan, qui était né en 1652, leur fut de bonne heure enlevé ; le père ne parle point de lui dans ce testament ; or, ce dernier est de juin 1671, et comme le père a soin de parler des divers membres de sa famille, de sa femme, de son fils, de son gendre et même de sa petite-fille, comme d'autre part, il ne dit

(1) Bourg situé près de la mer, à environ 6 kilomètres de St-Jean.

pas un mot de son fils Jonathan, nous pouvons en conclure qu'à cette date le jeune homme n'était pas en vie. Peut-être est-il mort bien jeune, et en tout cas, avant l'âge de 15 ans ; il nous semble en effet, que si le testament du père avait été rédigé peu après l'événement, il y en aurait quelque écho dans un document où l'amour de la famille est si nettement accentué.

La date exacte de la mort de Nicolas Oltramare est assez difficile à déterminer. Mais c'est évidemment en 1680 que nous devons la placer. Nous en avons la preuve dans le document ci-après : c'est l'institution du successeur de Nicolas, Robert Hare. au rectorat de St-Jean. Ce document est daté du 17 janvier 1681 :

« Reverendus Episcopus, gratiâ Divinâ, admisit Robertum Hare, clericum, ad rectoriam et ecclesiam Sancti Johannis propter mortem Nicholai Oltromare (sic) ultimi incumbentis, etc. ad praesentationem illustrissimi in Christo principis et domini nostri, Caroli secundi, Dei gratiâ Regis Angliae, etc. viri patroni et regis fidei defensoris ipsum que rectorem ibidem instituit, etc... »

Bishop's certificates, 1680-1694.
(Public Record Office).

CHAPITRE IX.

La descendance de Nicolas Oltramare.

Voilà donc encore un de ces nombreux pasteurs étrangers qui sont venus se fixer en Angleterre, afin d'y jouir de la liberté religieuse qu'on leur refusait ailleurs. Sans doute, Nicolas Oltramare aurait trouvé une égale liberté s'il s'était établi dans le pays de sa naissance, dans cette Suisse hospitalière où tant d'autres, comme son père, avaient été attirés par la tolérance bien connue de cette nation. Mais en Suisse apparemment, et cela à cause même du nombre considérable de réfugiés qui rendaient difficile l'accès aux fonctions du ministère, il aurait rencontré bien moins de facilités qu'en Angleterre ; c'est donc dans ce dernier pays qu'il planta définitivement sa tente.

Qu'est devenue cette famille ? On devine l'intérêt qui s'attache à cette question. Au point de vue historique en général et aussi au point de vue des parents qui constituent les autres descendants de la famille qui vint s'établir à Genève en 1570, il vaut la peine de relever les traces des enfants et des petits-enfants du pasteur de St-John's, et c'est ce que nous avons essayé de faire, comme on le verra par le tableau que nous avons dressé ci-après.

Nicolas Oltramare épouse en 1646, Philippa Gyll, dont il eut trois enfants :

1o Elisabeth, née le 19 avril 1648, et baptisée le 21 du même mois.

2o John, né le 15 janvier 1649, et baptisé le 19 du même mois.

3o Jonathan, né le 14 septembre 1652, et baptisé le 17 du même mois.

Elisabeth épousa Nathanael Northcote.

John épousa Elisabeth Maynard, le 19 mai 1669. Ils eurent deux enfants :

Elisabeth, née le 4 avril 1670.

Jonathan, né le 19 mars 1671.

En 1668, John Oltramare est nommé pasteur de Brixton (1). Un peu plus tard en 1861, il est appelé à la paroisse de South Pool, Devonshire. Il

(1) Brixton is a parish and village, 3 miles south-east from Plympton station on the South Devon railway and 5 east from Plymouth, in the Southern division of the county, Plympton hundred and rural deanery, East Stonehouse county court district, Plympton St. Mary union, Plympton rural deanery, Totnes archdeaconry, and Exeter diocese. The church (dedication unknown) is in the Perpendicular style consisting of chancel, nave, aisles, vestry and a lofty tower containing 5 bells, all cast by Abel Rudhall, of Gloucester, in 1737. The register dates from the year 1668. The living is a vicarage, gross yearly value Lst. 103, in the gift of the Dean and Canons of Windsor, and held since 1866 by the Rev. Theophilus Jones M. A. of Brasenose College, Oxford, who resides at Elm Leigh, Plymstock. A charity of Lst. 29 yearly, derived from parish lands, is now in the hands of the Charity Commissioners, who are preparing a scheme for its disribution. The Rev. Richard Lane is lord of the manor and Henry Collins-Splatt esq. Joseph and Daniel Cane, B. R. P. Bastard, of Kitley, esqrs. Sir Francis Drake and Mrs Elliott (who is lady of the manor of Spriddelstone) are the principal landowners. The soil is loamy ; subsoil, limestone. The chief crops are wheat, barley and green crops.

avait été immatriculé à Exeter College, Oxford, le 3 mars 1664, à l'âge de 16 ans. Les registres de l'Université portent en note : « pleb », c'est-à-dire d'une situation ordinaire.

Jonathan, fils de John, né en 1671, devint pasteur de Plymstock (1), en 1708, et y demeura jusqu'en

(1) Plymstock is a very extensive parish, in the southern division of the county, hundred of Plympton, union of Plympton St. Mary, county court district of East Stonehouse, rural deanery of Plympton, archdeaconry of Totnes, and Diocese of Exeter, 3 miles east-by-south from Plymouth, on the margin of the Catwater and the Plymouth Sound, at the head of which is the Laira, a lake-like expanse of the river Plym. The church of St. Mary and All Saints, formerly appropriated to Plympton Priory, is a spacious edifice of stone, mostly in the Perpendicular style, consisting of chancel, nave, aisles and a tower containing a clock and 5 bells, all cast in 1739 except the second, which is dated 1735 : the church retains a finely-carved chancel screen and several monuments of the Harris family, who have resided here for more than four centuries : there is also an Early Norman font : the church has 400 sittings, of which 140 are free : it was restored in 1866, at a cost of nearly Lst 2,500. The register dates from the year 1591. The living is a vicarage, gross yearly value Lst 190, with residence, in the gift of the Dean and Canons of Windsor and held since 1855 by the Rev. Thomas Coulthard M. A. of Queen's College, Oxford. Here is a Chapel for Bible Christians. There is an almshouse, founded 1617, for five poor people and endowed by Sir Christopher Harris with a rent charge of Lst. 10 out of the manor of Goosewell ; there are also various other sums left by charitable individuals to be distributed among the poor of the parish : Warren's charity is for clothing ten poor boys and as many poor girls. The neighbourhood is noted for its limestone and marble : at Oreston, a populous village, are the quarries from which

1713. Il est mort le 14 avril 1714 et a été enseveli à Plympton-St-Maurice.

Pendant son ministère à Plymstock, il a été aussi, comme c'est encore aujourd'hui très souvent le cas pour bien des pasteurs anglicans, professeur, peut-être de langues mortes, à l'école secondaire de la localité (grammar school). Cette école existe encore, mais le nombre des élèves diminue beaucoup, à cause de la concurrence que lui fait le voisinage de Plymouth.

Jonathan se maria le 26 juillet 1698 avec Anne Hancock, dans l'église de St-German's, Cornwall. Ils eurent pour enfants :

John, né le 1er novembre 1700.

William, né le 8 décembre 1702.

Anne, née le 12 janvier 1704.

Nicolas, né le 13 mai 1710.

Anne Hancock mourut à Plympton-St-Maurice, le 20 juin 1713. L'année suivante, Jonathan Oltramare, son mari, était enseveli, le 14 avril, à Plympton, à l'âge de 43 ans.

Nous avons déjà dit que le troisième fils de Nico-

---

the immense quantities of material required for the construction of the breakwater at Plymouth were obtained. Extensive fortifications, called Fort Stamford and Fort Staddon, have been constructed here by H. M. Government and there are other fortifications at Bovisand, Mount Batten and Turnchapel. The Duke of Bedford is lord of the manor, to whose family it was granted as portions of the lands belonging, at the Dissolution, to Tavistock Abbey. The principal landowners are the Duke of Bedford, Baldwin Bastard esq. Thomas Bulteel esq. and John Bayly. (Kelly, Directory of Devonshire and Cornwall, 1893).

las Oltramare, Jonathan, qui était né le 14 septembre 1652, dut sans doute mourir de bonne heure. Il n'atteignit certainement pas sa vingtième année : le silence de son père à son égard, dans son testament, ne peut s'expliquer que parce que le jeune homme n'était plus de ce monde.

On remarquera avec quel soin touchant la branche de la famille s'attache à conserver, dans sa descendance, les prénoms des parents ou des grands-parents. C'est ainsi que les noms de « Nicolas, John, Jonathan, Elisabeth, Anne », etc., se retrouvent dans plusieurs générations. Ce détail nous montre au moins quelle force avait dans ces milieux le sentiment d'union et de concorde. et aussi, sans doute, le désir que tous éprouvaient, en rappelant les noms des ancêtres, de voir refleurir leurs vertus parmi les jeunes. Il faut bien avouer. par contre, que cette similitude de noms offre de sérieux inconvénients, lorsqu'il s'agit de reconstituer les généalogies ; il est, en effet, très facile de faire des confusions.

La famille Oltramare s'est-elle éteinte de nos jours en Angleterre ? Par suite des décès ou des descendances féminines avec lesquelles le nom s'est perdu, il nous a été impossible, malgré des recherches minutieuses et des annonces dans les journaux anglais, d'en retrouver un membre vivant de notre époque. Il se peut toutefois, que la famille ait encore des représentants, mais avec un nom autrement orthographié. Cette hypothèse est très vraisemblable, et nous l'appuyons sur un fait assez intéressant.

En 1898, au cours de nos recherches à Devonport, nous avons découvert une famille « Tramare » qui nous a affirmé qu'autrefois son nom s'écrivait Oltramare. Malheureusement, il nous a été impossible de découvrir des papiers sérieux portant l'ancienne et primitive appellation. Une dame « Tramare », domiciliée dans la ville en question, nous a raconté qu'elle a eu un vieux parent qu'on appelait « le vieux Tramare », (en anglais « the old Tramare »). N'est-il pas permis de supposer que le qualificatif « old a été peu à peu mis de côté, et que le nom est devenu simplement « Tramare » ? Ce serait une nouvelle variante de ce nom, qui tour à tour a été « Oultremer, Doutremer, Oltremary, etc... » Nous sommes portés à croire que cette dame de Devonport nous a dit la vérité, et d'ailleurs sa famille présente certainement des traits caractéristiques d'une nationalité étrangère.

Nous avons cherché soigneusement dans le cimetière de St John's la tombe de Nicolas : impossible de la découvrir. Au reste, il n'y a pas de tombe qui remonte à des dates semblables dans cette partie de l'Angleterre.

En certains cas, les Anglais paraissent vraiment ne pas avoir l'esprit de conservation. Ainsi, dans les cimetières, il n'existe pas d'inscriptions tombales remontant au commencement du XVIIIe siècle. Encore une fois, nous ne parlons que des cimetières que nous avons visités. Ni à St John's, ni à Plymstock, ni à Plympton St-Maurice, nous n'avons trouvé de date plus ancienne que celle de 1780 : et même à ce millésime, la plupart sont à peine déchiffrables.

Au reste, un connaisseur nous affirme que c'est surtout la faute à la pierre du pays. D'une nature schisteuse et friable, elle ne peut pas résister aux injures du temps : elle se fend ou se fond rapidement, et tombe en poussière : voilà de quoi faire le désespoir de tous ceux qui s'intéressent à ce genre de recherches historiques !

Un autre point à relever, c'est que les paroisses ne paraissent pas très soucieuses de conserver les documents qui les concernent. Ainsi, dans les trois églises mentionnées, nous n'avons rien, absolument rien découvert, comme pièces documentaires. Rien ne nous dit, par exemple, quelles étaient les dépenses annuelles de la paroisse pour les frais de culte, pour les pauvres qu'elles secouraient : rien qui nous apprenne quel était le montant des collectes faites à domicile ou à l'issue du service, rien qui nous dise les œuvres de bienfaisance que l'on soutenait, ce qu'on donnait aux Missions, quels étaient les diacres de la paroisse, etc... A Plymstock, le pasteur m'a déclaré qu'il n'avait pas même une enveloppe pour y serrer des documents... Il serait difficile d'être moins conservateur ! !

Cela nous a fort étonné ; en France, nous sommes décidément beaucoup moins animés de l'esprit de destruction : oui, quoiqu'on en dise, nous savons mieux conserver. Bien des églises réformées possèdent de vieux registres d'une grande valeur, grâce auxquels il est facile de reconstituer l'histoire du passé. La comparaison que nous pouvons faire ici est toute à notre avantage.

Pièces justificatives et complémentaires

APPENDICE I

Le refuge italien à Genève

Ce fut en vain (1) qu'un siècle après cette émigration, si funeste à l'Italie, un évêque déplora le départ de tous ces proscrits remarquables par la noblesse de leur extraction et l'éclat de leurs talents, qui laissèrent, pour se retirer à Genève, cette ville de Lucques où ils jouissaient des charges les plus relevées. Il n'était plus temps ; les fils des réfugiés italiens avaient poussé de fortes racines dans le sol de la liberté. Lucques devait les perdre à jamais, et Genève se réjouir de les avoir pour ses enfants. Un auteur italien, G. Léti, donne dans son style original sur l'émigration italienne quelques détails piquants qu'il nous semble tout naturel de citer.

« Il sortit aussi jadis de Lucques beaucoup de familles, dit Léti, qui transportées au delà des monts, embrassèrent la religion luthérienne et calviniste. Elles se montrèrent plus zélées dans l'exercice de ce culte que ceux même qui y étaient nés. Il existe maintenant à Genève beaucoup de ces familles, et plu-

(1) Vie de François Turrettini, par E. de Budé. Lausanne. Bridel 1871, P. 20.

sieurs se disent alliées aux principales maisons de Lucques. Je ne sais si les familles de Lucques disent la même chose de celles de Genève. On pourra, si l'on est curieux de le savoir, s'en informer en passant par Lucques. Je dirai cependant que les Lucquois n'ont aucun sujet de mépriser la parenté de messieurs les Italiens qui sont actuellement à Genève, (en exceptant l'article de la religion, qui pour l'ordinaire est un grave empêchement pour le plus scrupuleux). Ces familles vivent en effet et se conservent en très bonne réputation et en honneur. Plusieurs se sont alliées à des maisons très nobles de France et elles se maintiennent en grande estime par le négoce, non seulement dans Genève même, mais encore dans les principales places de l'Europe. Je citerai les familles Micheli, Diodati, Burlamaqui, Minutoli et Turrettini. Celle-ci possède le plus bel hôtel de la ville, d'où vient qu'on les appelle « Turrettini de la Grande Maison ». Je sais, ajoute Léti, que l'article de la religion empêche encore aux Lucquois de penser aux Italiens, leurs compatriotes d'origine qui sont maintenant citoyens de Genève ; mais quant au reste, soit en ce qui concerne la société humaine, ils n'ont pas lieu de les renier, puisque la gloire des familles s'accroît quand elles vont étendre leurs rameaux en divers lieux de la terre, et quand elles savent non seulement conserver, mais encore augmenter l'antique splendeur de leur origine. »

(Vie de François Turrettini, théologien genevois) 1623-1687, par E. de Budé. Georges Bridel, éditeur, Lausanne.)

APPENDICE II

Archives de l'église italienne. Bibliothèque publique, Genève. Extrait des minutes du notaire Etienne de Monthoux. — Année 1612.

Testament de honorable David Fayerne, veloutier, natif de Genève. (5 janvier 1612).

« Cejourd'hui cinquiesme du mois de janvier mil six cent douze, pardevant moy Estienne de Monthoux, citoyen et notaire juré de Genève, personnellement s'est constitué et establi honorable David Fayerne, maistre veloutier, natif dudit Genève, fils de feu honorable François Fayerne vivant habitant d'icelle, lequel voulant disposer de ses biens, en a ordonné comme suit :

Ledit Fayerne, testateur, donne aux paovres de l'Hostel Dieu de ceste cité cent florins. semblable somme de cent florins aux pauvres de la Bourse italienne (Eglise Italienne), dix florins au collège et aultres dix florins aux paovres de la Bourse française de ceste dite cité.

Item, et en considération de la bonne et sincère amitié que honorable Bonne Justinien, sa bien aymée femme, lui a portée, et des bons et agréables services qu'il a receus d'elle pendant la conjonction de leur mariage qui est de treize ans en ça, et qu'il espère encore recepvoir d'elle par cy après.

A ceste cause, il donne et lègue à sadite femme, la somme de deux mille florins petit poids, à les prendre et retirer par elle sur le plus clair et liquide de ses biens, pourveu toutesfois que lors du deceds d'iceluy testateur, il n'y ayt enfans de leur mariage, et oustre ce, veut qu'elle retire à elle toutes ses bagues, joyaux, robes, habits et aultres choses qui se trouveront à usage d'icelle, dont aussi il luy faict donation, nonobstant que par la donation mutuelle et reciproque qu'ils se sont faicte en faveur du mariage le premier jour de ce moys, il lui eust donné les dictz deux mille florins pour en jouir vie durant d'icelle tant seulement.

Ledit testateur, en tous et chacungs des aultres biens, droictz, institue ses heritiers seulz et universels, à sçavoir, Augustin, Jacques et François Oultremer, ses nepveux, François Gavard et Jehan Anthoine Oldenin aussi ses nepveux, et chacun d'iceux par esgale portion, à la charge que sa dicte femme en demeurera usufruitieresse et jouissante la vie durant d'icelle.

Faict et prononcé audict Genève en la banche de moydict notaire, DE MONTHOUX ».

APPENDICE III

Mémoire pour les Italiens réfugiés à Genève au sujet de l'Evangile. (Manuscrit in-folio d'une écriture du XVIIIe siècle, sans signature ; il comprend une histoire du Consistoire italien et la nomenclature des familles italiennes retirées à Genève de 1550 à 1558. Naturellement, il ne mentionne pas la famille Oltramare, qui ne vint que plus tard).

Après une courte préface, le manuscrit s'exprime ainsi :

Mémoire pour le Consistoire italien, pour estre présenté au conseil en 1678 :

« Les fidelles de la nation italienne ayans esté recueillis à Genève avec beaucoup d'hospitalité et de zèle pour le Seigneur, il s'y en rendit un tel nombre qu'à la fin de l'an 1552 leur fut accordé l'exercice de la prédication ordinaire sous l'autorité du magistrat, et par l'advis de M. J. Calvin, le Comte Celso Martinengo, de Bresse, fut establi pasteur de ce corps de l'Eglise qui s'assemblait au collège vieux : ayant desja esté pourveu à l'assistance de ses pauvres, dès le commencement de l'an 1551, avant cet établissement de prédication par des personnages députés pour cet effect sous la mesme authorité et mesme advis.

Dès le mois de mars 1556, trois ans après l'establissement de l'ordre de l'escole ou Académie, feut aussi establi en corps de consistoire pour la conduite de ceste église avec le pasteur, composé de quatre anciens et de quatre diacres, entre lesquels anciens qui estoyent des plus considérables du troupeau, furent le marquis de Carraciola, homme de la première qualité du royaume de Naples.

La Seigneurie, voyant ceste assemblée croistre par la bénédiction de Dieu, ordonna par arrest du 13 juin 1555, qu'elle eust le temple de la Magdeleine pour les Saintes Cènes, le dimanche qui suivroit la Sainte Cène française à l'heure ordinaire de la prédication françoise. Puis on leur accorda pour temple ordinaire, l'auditoire où se font les leçons en théologie, où depuis ils ont faict leurs prédications, catéchismes, consistoires de leur collège (comme ils l'appelaient), les distributions des aumônes à leurs poures, à jour et heure ordonnés, leurs assemblées générales de temps en temps sous la protection et singulière bienveillance de la Seigneurie, qui les a maintenus dans ces fonctions ; qui mesme pour leur tesmoigner plus expressément sa protection, assigna la maison du cloistre de St-Pierre pour un pasteur italien, qui par effect a esté possédée par M. Balbani, pasteur, dès l'an 1561, jusques en l'an 1583 : et par M. Basso, son successeur, et ne fut baillée à Mr. Perrot en l'an 1614 que sous la promesse de sa Seigneurie d'en bailler une aultre, si un pasteur italien en avoit besoin, puisque MM. Diodati et Turrettini avoyent des maisons. C'est ce que sa Seigneurie a recognu depuis...

Ladite Eglise dès l'an 1556 a esté toujours conduite par un ou plus de ses pasteurs avec le Consistoire, composé comme ci-devant, lequel tous les ans sans exception, jusques à présent, a été reveu ou renouvelé par une assemblée générale. Ledit corps du Consistoire s'assemblant toutes les semaines régulièrement pour pourvoir aux besoins de l'église, notamment pour l'inspection des noms, des divisions des familles qui estoient visitées de temps en temps régulièrement pour recevoir et examiner ceux qui venoyent du Papisme, ayant mesme entr'eux l'usage des censures avant la Ste Cène, et des règlements par escript pour leur conduite dans leur assemblée, qui paroissent avoir esté establis dès le commencement et reveues en l'an 1564.

L'Eglise ayant joui de cet establissement dès lors, et des prédications le dimanche et sur semaine; comme Dieu luy fit la grâce d'avoir deux pasteurs qui estoyent professeurs de théologie, MM. Diodati et

Turrettin, dont la mémoire est en bénédiction, desquels celui-là a servi plus de cinquante ans, celui-ci environ vingt ans : afin que les pasteurs eussent plus de liberté pour le service de l'église française et de l'Académie, elle se réduisit en l'an 1614 à se contenter d'un prêche pendant la semaine, sauf le dimanche pour la célébration de la Ste Cène, qui se faisoit à l'auditoire le jeudy matin.

L'Eglise donc continua sans aucune altération, mais sa Seigneurie désira pour plus de commodité des prêches sur semaine, se servir pendant l'hyver du dit auditoire. L'Eglise dès lors ayant cédé à ce sujet l'usage de l'auditoire pour le jeudy à huit heures, se réduisit, quoiqu'avec notable incommodité, aux heures d'après-midi, pour ce temps-là d'hyver.

Estant depuis si longtemps établie sous l'authorité du magistrat qui de temps en temps en a donné des marques si expresses, après s'estre privée de partie des fonctions de ses propres pasteurs et depuis plus de 60 ans, réduite à un seul exercice la semaine, pour la prédication et pour la séance du consistoire, audit auditoire sauf les dimanches de Ste-Cène, ladite église ne peut avec justice ou apparence de raison être troublée aujourd'huy en la possession de ce reste d'avantage dont elle a joui depuis tout ce temps. » (1)

---

(1) Bibliothèque publique de Genève, Mss. Collection Jallabert. M. J. 14.

APPENDICE IV

Eglise italienne.

Les assemblées commencèrent en 1542. Bernard de Servaz et Celse Martinengo furent les premiers ministres italiens à Genève.

Liste des principaux Italiens émigrés pour cause de religion.

1550 — Joseph Fogliato, de Crémone. — Barthélémy Roncarlo, de Plaisance.

1551 — Galeazo Carracciolo, marquis de Vico, royaume de Naples. — Paolo Buonacica, ministre. — Latentio Ragnone, de Sienne, ministre. — Ami Varro, piémontais, ministre. — Michele Varro, id. — Simone Pauli, de Florence.

1552. — Celso-Massimiliano Martinengo, comte de Brescia, ministre. — Gio.-Aluigi Paschale. — Francesco Garino di Dragonerio. — Gio.-Tomaso Garino, id. — Francesco Sartoris, di Chierj, et Sébastianno Sartoris, di Chierj, frères, avec leurs deux sœurs.

1553. — Francesco Marchiolo, de Crémone. — Gio.-Ant. Pellissari, di Musso. — Gio-Bernardino Ventuglia. — M.-A. Lombardi.

1554. — Gio.-Paolo Alciati, piémontais. — Stéfano Rivoine, di Cavorra. — Bonifatio Morina, di Cavorra. — Giofredi Morina, di Cavorra. — Gio. Pietro, Milanais. — Giulio-Caesare Paschale, di Sicilia, avec son épouse. —

Antonio del Buono, di Novarra, avec son épouse et cinq jeunes fils. — Jacobo Tomarni. — Giofredi Morino.

1555. — Peregrino Malconteto, di Cremona. — Buono Puerari, di Cremona, avec son épouse et un jeune fils. — Tomaso Aime, di Cremona. — Gianetto Perone, d'Angrogne, avec sa femme et cinq jeunes fils. — Pietro Testa, di Villafaletta. — Hippolito Peregrino, di Carignano. — Domenico Bertone, di Valle Perana, avec son épouse et quatre jeunes fils. — Gio. Lod. Reymondo. avec son épouse. — Paolo Arnolfini, di Lucca. — Jacomo Molinello, di Genoa. — Rocco Martillino. di Pisa. — Antonio Grosso, di Basilicate. — Francesco Sartore. — Antonio Giustiniani. — Francesco Lucca. — Bernardino Veri, di Cremona. — Luigi Remondo. — Jacomo Buoni.

1556. — Nob. Nicolao Bolbari, di Lucca, avec sa fille Philippa. — Nob. Francesco Micheli, di Lucca, avec sa femme et trois jeunes fils. — Maria Malli, di Lucca. — Guglielmo Balbani, di Lucca. — Nicolo Liena, di Lucca. — Girolamo Liena, id. — Bartolomeo Bartocci, di Città Castillo. — Antonello Archidiacono, di Messina, avec son épouse et deux filles. — Stefano Barbieri, di Genoa, avec son épouse et quatre fils. — Gio. Battista, di Messina, avec son épouse. — Stefano Iserotto, del Monferrato. — Valentino Gentile, di Consenza nel regno di Napoli (heretico condemnato a Berna). — Bernardino Pellissari, di Musso, avec son épouse et son fils. — Nicolao Gallo, di Sardegna. — Alessandro Bruno, di Molina, in Piemonte. — Nicola Sartoris, di Chieri et Gio-Francesco, fratelli. — Rocco, di Lucca. —

1557. — Nicolo Ballari, di Lucca, avec son épouse. — Gio.-Antonio Eleforte, di Cunio : Esaie Eleforte, id : Gio-Daniano Eleforte, id. ; les trois frères. — Giofredi Rinaldo, di Dragonerio. — Jacomo Campagnola, Veronese. — Constantino Spada, di Venetia. — Antonio di Policastro, di Reggio. — Marco Benevenuto, Vicentino. — Paolo-Camillo Balsomo, Milanese.

1558. — Antonio della Perosa. — Bernardino Garino, di Dragonerio. — Tomaso Emmanuelo d'Avigliano. — Filippo Emmanuelo, id. — Giulio Combagio, Cremonese. — Scipione Calandrini, Lucchese. — Gio. Pietro Molinaro, di Verona. — Antonio Molinaro, id. — Domenico Molinaro, id. — Lorenzo Molinaro, id. — Cipriano Vallerio, di Siviglia, traduttore della Biblia. — Giovanni di Molina, di Varracine d'Arragona. — Alonzo Battista, di Canarie. — Lopes Cortès, di Castiglia. — Pietro Martino, di Dragonero. — Batista Clerico, di Verona. — Gio Tomasi Barbieri. — Jeronimo di Simone, di Perosa. — Antonio Lombardo, di Dragonero. — Antonio Bertona, Piemontese.

1559. — Gio Antonio Pellissari avec son épouse et

ses quatre fils, di Musso. — Giovanni Ramello, di Chieri. — Francesco Lamberto, Ferrarese. — Gio Lamberto, id. — Scipione Lentulo, Napolitano. — Simone Vicentino. — Gio. Battista Pelegrino, di Palermo. — Vincenzo Montaldo di Mantua. — Filippo Orsello delle Guardie, in Calabria. — Aloysio d'Antonio, Venetiano. — Vincenzo Bonicello, di Lucca. — Gio Francesco Gallateo, Piemontese. — Allessandro Lanzori, di Mantua. — Constantino Foresta, di Verona. — Gio. Antonio Lentulo, di Napoli. — Carlo Sartoris, peut-être plus tard.

1560. — Nob. Andrea del Ponte, frère du doge de Venise. — Guiseppe del Pio, Genovese. — Antonio Marrangoni, di Venetia. — Regolo, di Lucca. — Christophano di Castiglione, di Monte-ferrato : Cesare di Castiglione, id. — Giuliano Calandrini di Lucca. — Antonio Re, di S. Sisto in Calavria.

1561. — Sforza Ferro, Bolognese. — Paris Appiano, di Locarno. — Stefano Marcone, di S. Sisto, in Calavria. — Antonio Mignano, delle Guardie in Calavria. — Francesco Messaro, di Oleto. — Antonino Duco, d'Almes, in Piemonte. — Pietro Paolo Brunello, d'Avillana.

1562. — Lazaro Rocca, di Turino. — Gaspard Orsello della Val d'Angrogna. — Felice Borsello, Napolitano. — Giulio Cesare Borsello, Napolitano. — Paolino Minutoli, di Lucca. — Onofrio Marino, di Dragonerio. —

Gio Simone di Rossi, di Napoli. — Fausto Sczzini (capo della setta Sociniana).

1563. — Emmanuelo Malvicini, del Marchesato di Salluci. — Gio. Francesco Bianco, di Dragonerio. — Battista Curto del Lago di Como. — Pietro Casale, di Gravedone. — Gio Andréa Casale, id. — Bartolomeo Rosa, di Moria. — Pietro Aotonio di Moriano. — Gio. Andrea Rocca, di Brescia. — Tomaso Guerra, di Monte-Acuto. — Alberto Morando, di Modena. — Bernardino Drapperio, di Dragonero. — Colello Damiano, del regno di Napoli. — Sebastiano Re, di Chioggia. — Michele Manuel, di Avigliana in Piemonte. — Paolo Calavrese. — Antonio Jacomo Martino del Spello, di Torino. — Jeronimo Crotto, Cremonese. — Henrico Bigotto, di Dragoniero. — Antonio Capellaro, di Modena. — Stefano Barbieri, di Sonzino. — Gio. Guerra di Monte-Acuto. — Gio. Giulio Martinengo. — Melchior Frasso, di Messina. — Collantonio Grasso, id.

1564. — Francesco Castellano, de S. Salvatore in Monferrato.— Gio. Antonio Ratto, di Chieri. — Ulysse Martinengo. — Gio. Batt. Philippini. — Colla Guerra, di Monte-Acuto, in Calabria. — Pietro Cavello, di Monte-Acuto. — Andrea Marino, Veronese. — Martino Comba. — Vincenzo Pane. — Bartolomeo Gallo, Piemontese. — Tiferno Spina, Romono. — Antonio Archier, Sardo. — Simone di Simoni, Luchese, profess. poi in filosofia. — Gasparo di Moranda, di Modena. — Felice Pergola, di S. Sisto in Calabria. — Fabio di Medeci, di Sessa. — Giulio Dalfino. — Francesco Negro. — Agostino, di Turino. — Gio Marchiso. — Vincenzo Martinelli. — Jacomo di Lazaro, di Vicenze. — Michele Berton, Piemontese. — Antonio Odri, Piemontese.

1565. — Giorgio Ferrerio,, di Carignano. — Evangelista Offredi, di Cremona. — Siprione Giovene. — Giovani Simoni. — Sebastiano Costa, Genovese. — Alessandro Machiavelli, Bolognese.

1567. — Ludovico Simoni. — Battista Riva. — Francesco Micheli, di Cremona. — Venetio Bartolomei. — Nicola Pelissari. — Pietro Duca, d'Alba. — Stefano Rocca, di Vigliano. — Cesari Boniparti, di Novarre. — Carlo Diodati, Lucchese. — Cesare Cordoini, Napolitano. — Battista Nicola, di Cremona. — Francesco Molardo, di Turino.

1568. — Antonio Bertoldi, di Ferraro. — Gio. Bianco, di Vicenza. — Camille Cordoini, Napolitano. — Gottardo Canale, di Conigliano del Trevisano.

1569. — Gasparo Moraldo. — Girolamo Malcontenti. — Alonzo Battista. — Francesco Castiglioni. — Antonio Liena, Lucchese. — Gio. Stefana Pellissari. — Pietro Castella. — Battista Capris Girolamo Santo. — Uzaro Cardoini. — Gio. Antonio Sala. — Paolo Brunello. —Francesco Mollaro. — Jacomo del Bono. — Vicenzo Martinello. — Uzaro Boniparti. — Anibale Merlo. — Pietro Cabriolo. — Jacomo Colombino.

1570. — Gio. Antonio Sala. — Tibaldo Duca, d'Alba. — Sebastiano Bianchi, di Vicenza. — Oracio Paravicini. — Antonio di Ferrari, Mantuano. — Bernardino del Ponte, di Vicenza. — Antonio Gallo, da Truciso.

1571. — Giovani Arnoldo, di Avigliana in Piemonte. — Christophano Rossello. — Antonio Massimo, medico. — Biagio Antonio de la Riva, Piemontese.

1572. — Antonio Viviano, del Marchesato di Saluce. — Alessandro di Grandis. — Vinturino Guerra.

1573. — Marco Offredi, di Cremona. — Cesare Lombardi, di Bonati, nel regno di Napoli. — Angelo Bartolini, Bolognese. — Marco Antonio, Milanese. — Ermes Trene, conte di Vicenza. — Nicolo Trene, di Vicenza. — Nob. Manfredo Balbani, Lucchese.

25 oct. 1574. — Aloviso Scanovino. — Goleazzo Ponsone, Cremonese. — Nob. Cesari Albani, Lucchese.

11 février 1573. — Nob. Pompeo Diodati, Lucchese.

16 mai 1575. — Nob. Francesco Turrettini, Lucchese.

19 déc. 1575. — Nob. Michele Burlamachi, Lucchese.

28 sept. 1575. — Nob. Benedetto Calandrini, Lucchese.

1577. — Bernardino Carpinelli, Piemontese. — Luigi Busso. — Alfonso Martines, Spagnuolo.

— Girolamo Orcino, di Pavia. — Jacomo Sansanne, Padovano. — Filippo Bruno, del regno di Napoli. — Ludovico Conti di Leipel. — Bartolomeo di Leipel. — Jacomo Pucrari, Cremonese. — Perrin Cotti, Piemontese. — Antonio Coveglio, di Montacuto in Calabria.

1580. — Giuseppe Guisani, Milanese. — Marco Antonio Lombardi, del Regno di Napoli. 8 février 1580. — Hector Conte Romano.

1581. — Ludovico Franco, di Monte, Piemontese. — Antonio Girardi, di Facta in Puglia. — Pietro Baroni, di Facta in Puglia. Antcnio Girardo, di Sospello.

1582. — Sebastiano Peres, Spagnuolo. — Giulio Paravicino, Milanese.

1584. — Gio. Favas, Spagnuelo. — Emmanuelo Favas, Spagnuolo. — Diodati Boniparti. —

1587. — Giacomo Antonio, di Gardone, Bretoano. — Fabricis Burlamacchi, Lucchese. — Jacomo Marin, Gascon.

1589. — Gio Franeesco, Milanese. — Giovani Barbieri, di Bubiano in Piemonte. — Daniello David, di Droniero. — Gio. Giorgino Pallavicino, di Valtellina. — Hipolito Sadcletto, di Valtellina. — Ludovico Sadoletti, di Valtellina. — Giuseppe Simonetto, di Carmagnola.

1596. (environ) — Vincenzo Minutoli, Lucchese.

1602. — Ferdinando Sasseti, Fiorentino. — Giovani Barsotti, Lucchese. — Magno Catelino, medico, Piemontese, di Droniero. — Giuseppe Marino, Piemontese.

1607. — Pietro Luigi Gilberto, Calabrese. — Lazaro Delfino, Genovese. — Bernardino Sala. — Angelo Salo, medico. — Panfilo Romano. — Vincenzo Barali, Bolognese. — Paolo — Visconti del Monteferrato.

1612. — Gio. Lud. Calandrini, fils de Jean Calandrini.

APPENDICE V

Liste des Ministres de l'Eglise italienne de Genève, d'après les années de leurs élections.

1542 Bernardin de Servaz. — 1551 Celse-Maximilien Martinengo, de Brescia-: mort à Genève en 1557 (1). — 1556 Simon Fiorillo, comme catéchiste. — 1557 Lactance Ragnoni, de Sienne ; mort à Genève en 1559 (2). — 1559 Jean-Baptiste Rota, du Piémont, par intérim. — 1560 Julien Calandrini. — 1561 Nicolas Balbani ; mort en 1587. — 1561 Pierre Agasta, catéchiste. — 1562 Fauste Socino (3). et François

(1) Les Italiens élurent après lui, Pierre Martyr, alors à Zurich, et comme il ne put venir, ils choisirent Lactance Ragnoni.

(2) On élut après lui, Jerôme Zeccho, ministre à Strasbourg, et Emmanuel Tremellius, ministre de la cour du duc des Deux Ponts, mais ils ne purent venir, et le choix tomba sur Julien Calandrini.

(3) Fauste Socin, né à Sienne en 1539, qui devint chef des Sociniens.

Portus prêchèrent peu de temps à l'église italienne, sans être salariés. — 1588 Jean-Baptiste Rota, déchargé en 1589. — 1590 Jean-Bernard Basso, du Piémont, mort en 1612. — 1612 Jean Diodati, mort en 1649. — 1612 Gaspard Alexius, qui ne prêcha que quelques fois. — 1612 Bénédict Turretini ; mort en 1631. — 1619 Jacques Sartoris ; mort en 1690. — 1644 Antoine Léger, du Piémont ; mort en 1661. — 1648 François Turretini, fils de Bénédict ; mort en 1687. — 1653 Fabrice Burlamacchi, envoyé à Grenoble en 1654. — 1663 Bénédict Calandrini. — 1675 Michel Turretini. — 1688 Antoine Léger, fils d'Antoine. — 1694 Jean Alphonse Turrettini. — 1707 Vincent Minutoli. — 1709 Bénédict Pictet. — 1719 Michel Léger, mort en 1745. — Samuel Turretini. — Augustin Cardoini (1). — 1745 Bénédict Turretini. — Léonard Burlamacchi (2).

Depuis 1762, on ne prêcha plus à l'Eglise italienne, mais les pasteurs de l'Eglise nationale y célébrèrent encore quelquefois des baptêmes et des mariages jusqu'en 1792.

---

(1) Ces trois derniers furent approuvés ensemble le 17 mars 1719.

(2) Bénédict Turrettini et Léonard Burlamachi furent approuvés par le Conseil le 13 mai 1745, pour partager la place de Michel Léger, décédé.

Extrait du Tome I de l'histoire de Genève, par Gaberel. Pièces justificatives pages 211-12. Titre : Eglise italienne.

APPENDICE VI

Famille de Nicolas.

I Augustin Oltramare, de Brigantin, en Italie, fut père d'Antoine, qui suit.

II. Antoine Oltramare, reçu B. G. le 4 avril 1608, mort à 70 ans, le 26 janvier 1645. Ep. 7 août 1600 Suzanna, fille de Francesco Fayorno, soit Faerno, de Crémone, dont il eut :

1 Augustin.

2 Jacques.

3 Françoise, bapt. 28 sept. 1606 (parrain : Marc d'Agosta, filatorio) ; femme, 16 juillet 1632 (contrat Pierre Gautier, VI), de Jean, fils de François Desmarins et de Jeanne Lambert, cit., elle testa le 27 novembre 1632 (Pierre Gautier, VI), et mourut le 8 décembre suivant.

5 Rodolphe.

6 Nicolas, bapt. 17 février 1611, immatriculé en 1629 à l'Académie de Genève, et le 24 février 1638 à la Faculté de théologie de l'Université de Leyde.

7 Un fils, né le 2 juillet 1613, mort le même jour.

8 Suzanne, bapt. 30 janvier 1617 (parrain · Sebastiano Oldevino), morte le 9 février 1617.

9 Elisée, née le 27 juin 1618, morte le 26 mars 1619. Ses frères et sœurs avaient été baptisés dans l'Eglise italienne ; elle le fut dans le temple de St-Gervais, comme le furent dès lors tous les enfants de la famille, dans les deux derniers siécles. Elle eut pour parrain Elisée Bas, B. G., maître teinturier, as-

socié de son père A. Oltramare (acte Etienne Ier de Monthoux, XXXIII) et fils de Jean-Bernard Bas, ministre de l'Eglise italienne.

10 Judith, bapt. le 18 mai 1620 (parrain : Mess. Girolamo d'Aquino), morte le 6 octobre 1675, femme: 1o 7 février 1641, de Pierre Josseran, de Lyon, habitant ; 2o de Pierre Benay, habitant.

11 Renée, bapt. 1er août 1622 (parrain : Antonio Lagissi), morte le 14 janvier 1692, (inventaire après décès) · femme : 1o 17 décembre 1643, de Pierre Redouté, cit., fils de Jean (contrat, Etienne II de Monthoux, V, 18 février 1648 : et confession même not., IX, 18 décembre 1652) ; 2o de Jean Joly, fils de Pierre.

12 David, émancipé par son père le 3 avril 1638 (Pierre Jovenon, VI), ép. 30 octobre 1642, Sara, ffeu Pierre Durand, cit.

(J.-B. Galiffe, le Refuge Italien)

APPENDICE VII

Le livre du Recteur.

Le « Livre du Recteur » a son histoire (1). C'est un document précieux. Il contient en première page, écrite à la main, sur le verso de la couverture, la note suivante, de juillet 1792 ·

« Ce livre, transmis depuis 1559 par Théodore de Bèze, aux différents Recteurs de cette Académie, dont

(1) Bibliothèque publique de l'Université de Genève. 151 Ca M. h G.

le nombre actuel est de 68, contient les statuts primitifs de l'Académie et du Collège, en français et en latin manuscrits et imprimés par Robert Estienne, avec les formulaires des sermens d'office du Recteur, des professeurs et régents, et la confession de foi que les escholiers, soient estudiants, faisoient et signoient autrefois devant le Recteur quand ils étoient admis dans l'Académie.

Suivent les noms des étudiants genevois et étrangers, inscrits par eux-mêmes. Cet usage remonte au temps où la confession de foi (P. 6) était acceptée et souscrite par les étudiants. Le Registre était alors la minute d'une foule d'actes religieux. Il n'est plus, à présent, que la matricule ou le dépôt des immatriculations des étudiants qui fréquentent les leçons publiques des professeurs.

Le prêteur des proposants a aussi son registre d'immatriculation où les étudiants n'inscrivent leur nom qu'après cette inscription-ci, qui constate leur admission.

Il reçoit d'après un ancien usage, Lst 4. 10 Cour. (?) des étudiants de B. lettres et de Philosophie, et Lst. 5 de ceux qui montent ou sont admis aux auditoires supérieurs. Cet argent se partage et il compte avec le Recteur, en rendant sa Prêture pour ce qui en revient à la caisse de la Bibliothèque Publique. »

APPENDICE VIII

Extract uit de resolutien van de Staten General van 1637

Martis, 24 november 1637j' (Fol. 519).

De resolutien gisteren genomen enz. Sijnde ter vergaderinge gelesen seeckere memorie aen, haer Hooq Mogende overgegeven bij den heer Andree Rivet raeckende de bet alnige vent gene d'erffgenamen van Mr Sartoris hee bevorooens in sijn leven predicant tot Constantinopolen bij den orateur Haga aen desen staet ten achteren sijn, als oock mede het beroup van Outremar in plaetse vanden voorss Sartorius saliger gesur rogeert te worden tot bedieninge vaun heilige Ministerium tot Constantinopolen voornoemt, met het geene daer aff ende aen dependeert.

Isnae voorgaende deliberatie goetgevonden ende verstaen mits desen te versoecken ende te committeren de heeren Huygens ende Conders om over den inhout van de voorss: memorie te spreecken ende confereren met den gemelten heer Rivet ende van hunne besoignes rapport doen.

Veneris den November 1637. (Fol. 521)

De resolutien van eergisteren sijn gelesen enz. lende sijne reys ende vesteerde costen gint ende needer ende die hij gedurende sijn verblijff alhier heeft geleden. Waerop gedelibereert sijnde is goetgevonden ende verstaen mits dese te lasten den commis vander Haer als ontfanger vant rechtder sauvegarden ende paspoorten dathij aen den voornoemdend'Outremar salhebben te betalen drie hondert guldens ende sae de voornoemden van der Haer de voornoemde somme in uytgeeff sijner reeckeninghe geleden worden sulan ende daert behoort.

Veneris den 27 November 1637 (Fol. 521).

De resolutien van eergisteren sijn gelesen enz. Sijnde gehoortt'rapport van de heeren Huygens ende Conders achtervolgens haer Hoog Mogende resolutie van den 24 deses gesproocken ende geconfereert, hebbende met den heer Rivet noopende het beroup van M. Outremar in plaets van M. Sartorius saliger, in sijn leven predicant tot Constantinopolen. Is nae voorgaende deliberatie goetgevonden ende verstaen dat de voorss Outremar als predicant tot bedieninge van het heilige Ministerium tot Constantinopolen nae d'ordre van de hercken deser landen zal worden bevesticht in sijnen dienst.

Martis den 8 December 1637. (Fol. 531)

De resolutien enz.

Sijnde gehoort het nader rapport van de heeren Huygens ende Coenders achtervolgens haer Hoog Mogende resolutie van den 24 November lestleden gesproocken hebbende met den heer Rivet nopende teene d'erffgenamen van M. Sartorius in sijn leven predicant tot Constantinopolen pretenderen ter saecke van synen dienst ende verscheyden oncosten als oock vant geene pretendeert M. d'Outremar die in plaets van den voornoemden Sartorius het heylige Ministerium Godes tot Constantinopolen soude gaen waernemen daer toe de Kercke tot Geneve hem op ordre van haer Hoog Mogende heeft beroepen ende alhier int landt bij de Kercke is bevesticht. Is nae voorgaende deliberatie goetgevonden ende verstaen mits desen te versoucken den Raet van State dat deselve den eenen soo wel als den anderen willen contentmerrt doen.

Martis den 15 December 1637. (Fol. 540)

De resolutien enz.

De heer Huygens ende andere haer Hoog Mogende Gedeputeerden hebben gerapporteert dat de Theologische faculteit tot Leyden heeft geexamineert Mr d'Outremar van Geneve herwaerts gecomen om tot Constantinopolen te gaen waernemen met Ministerium van Godtsheylige woort ende dat de voorss faculteit heeft geoordeelt dat de gelegentheyt van den voorss : d'Outremar sulen niet en is dat deselve daertoe met vrucht soude connecn geemployeert worden ende dat de heer Rivet aengenoomen heeft sulca nae Geneve over te schrijven, ende dat men oversulca desen d'Outremar soude behooren derwaerts te renvoyeeren. beta.

APPENDICE IX

L'Église de Constantinople.

Bibliothèque Pub. Académie de Genève, M. Ce 197aa. Lettres et pièces diverses. Porte-feuille 13. Année 1700.

Le 3 décembre 1700, dans une lettre adressée à la Vénérable Compagnie, les « procureurs et lecteur » remercient la Vénérable Compagnie, mais s'excusent de ne pouvoir suffire eux-mêmes à l'entretien d'un pasteur.

Messieurs et très honorés pasteurs et professeurs,

On ne nous a rendu vostre obligeante lettre, datée du 23 août 1699, que le 20 novembre 1700, qui est la seule que nous ayons receue de vous. Nous l'avons leue à nostre assemblée avec toute la satisfaction qu'est capable de nous causer ce qui nous vient de votre part, et toute l'édification qu'on peut tirer de sentiments aussi chrestiens et aussi apostoliques que sont les vostres à notre endroit ; et pour y répondre. nous prendrons la liberté de vous dire que si nostre assemblée estoit assez nombreuse et assez opulente pour entretenir honorablement un homme de mérite qui nous rompit le pain de la parolle de vive voix, nous n'aurions rien tant à cœur, et nous n'aurions pas esté assez négligents pour attendre que vous fussiez informés du besoin que nous en avions par quelques voyageurs particuliers qui, sans commission, vous ont peut-estre donné plus d'avis que la charité n'en semblait exiger. mais que nous aurions commence par apporter tous les soins humains pour pourvoir à la protection d'un pasteur et fait le plan de son entretien et de ses fonctions, et nous aurions exposé toutes choses dans une lettre par laquelle vous auriez esté suppliés, comme nos légitimes pasteurs, de nous envoyer celuy que vous trouveriez disposé à soutenir toutes les fatigues d'un long voyage, et que votre discernement vous feroit juger capable de nous faire en temps et lieu touttes les remonstrances et exhortations dont nous aurions besoin.

Mais, Messieurs, c'est avec un regret sensible que nous nous voyons aujourd'huy réduits à ne pouvoir faire d'autre response à la lettre dont ûous avez eu la bonté de nous prévenir, sinon que la bonne intention que nous avons sur ce projet n'est pas secondée par les moyens requis pour le conduire à l'exécution, et qu'à moins que la charité de l'Académie de Genève ne s'étende jusqu'à entretenir ici un pasteur à ses dépens (auquel pasteur nous pourrions procurer une protection et luy faire quelques présents), nous ne pouvons espérer l'avantage d'en avoir un.

Nous nous contenterons d'un lecteur qui nous lit les prières et les sermons, et instruit la jeunesse, et de quelques sermons françois que nous fait de temps en temps un jeune ministre que Monsieur l'Ambassadeur d'Hollande, par un pur mouvement de bonne volonté pour nous, et pour le soulagement d'un vieux ministre qu'il a depuis longtemps, a fait venir pour prescher en flamand et en français dans son palais, où il nous protège pour le spirituel, et où nous avons par conséquent la liberté constante de faire nos prières et de chanter les louanges de Dieu, et de faire tous les exercices de notre saincte religion sans crainte.

La vigilance de ce jeune pasteur le portant à partager ses soins entre son troupeau et nous, il nous administre quand nous le désirons, le sacrement de la Sainte Cène, et aux enfants, celuy du Baptême, fait les mariages, en un mot, nous en recevons presque tous les secours que nous pourrions attendre d'un pasteur qui ne seroit que pour nous.

Ainsi, Messieurs, nous conservons dans nos cœurs tout le ressentiment possible de vostre bonne volonté pour nous, et vous prions de nous accorder quelque part dans vos prières et de nous permettre de nous dire, avec touttes sortes de sentiments d'estime, de respect et de recognoissance,

Messieurs et très honorés pasteurs et professeurs, au nom de toute l'assemblée, vos très humbles et obéissants serviteurs,

Les procureurs et lecteur :

Jean Arlaud, Antoine Boulleau,
David Dumontay, Marc-Antoine Arlaud,
Aubry de la Motraye, lecteur.

De Constantinople, ce 3 décembre 1700.

(Adressée à Monsieur Tronchain, modérateur de l'Académie de Genève, à Genève.)

En 1711, un chapelain réformé est enfin établi à Constantinople. (Même collection).

Messieurs et très honorés pères et frères en Christ.

Je me donne l'honneur de vous apprendre que Mrss les Estats ont été disposés à la réquisition de son Excellence, leur Ambassadeur à la cour Ottomane, de luy envoyer un ministre qui scût prescher en flammant et en françois, afin de pouvoir édifier la petite assemblée Genevoise, qui se trouve à Péra de Constantinople.

Ayant donc receu l'agrément de Messieurs les Estats Généraux pour estre le ministre de son Excellence, je me suis aussitôt proposé de satisfaire à sa pieuse intention en leurs prêchant de tems en tems en françois et en leur administrant les saincts sacrements. Ayant été ensuite prié par ces Messieurs de me charger de la conduite de leurs assemblées, je me suis déterminé à le faire, voyant qu'ils le souhaitaient unanimement et voyant que le Seigneur bénissoit mes foibles efforts. Cela m'a engagé à solliciter son Excellence de permettre qu'on prêschat plus souvent en françois, ce qu'il a eu la bonté d'accorder, de sorte que je fais à présent environ les trois quarts de mes sermons en françois.

Je remercie le Seigneur de ce qui luy a plu augmenter de cette assemblée la portion qu'il en a daigné assigner en son héritage à cultiver, ce que je regarde comme une marque sensible de sa faveur, et je me réjouis de vous pouvoir par là donner en même tems à connoitre l'affection que Messieurs les Estats et que son Excellence porte à votre République en général et à l'Eglise en particulier, que tout le monde considère avec raison comme le commencement, la source et l'asyle de la Religion réformée, où elle est toujours conservée pure et d'où elle s'est répandue au long et au large, dans les pays et royaumes voisins, ayant fourni des pasteurs à la France et s'étant de tout tems rendue célèbre par les grands hommes qu'elle a produite (sic), et par l'Asyle qu'elle a donné à ceux qui ont été persécutés par la vérité.

Ce n'est donc pas sans raison que des puissans Royaumes et de grandes Républiques se sont, depuis ce temps-là, fait un devoir de vous donner dans les occasions des marques de leur estime et de leurs (sic) affection.

Puissies-vous toujours, Messieurs, estre l'ornement de l'Eglise et de vostre République. Puissies-vous toujours voir luire le flambeau de vostre piété et de vostre érudition au milieu des ténèbres de la papauté et continuer à nous donner des exemples de piété et de charité. C'est ainsi que « res parvae crescent », et que vostre Eglise subsistera florissante au milieu de tous ses ennemis.

Pour moy, Messieurs, je me tiens fort heureux d'avoir trouvé cette occasion pour vous exprimer ce que j'ay depuis longtemps pancé en entandant parler de vous, et de la grande charité que vous avez témoignée à nos pauvres frères de France, et je me félicite de vous pouvoir en même temps assurer que je suis avec beaucoup de respect, Messieurs et très honoré Pères et Frères en Jésus-Christ,

Votre très humble et très obéissant serviteur,

Pierre HARENC.

(Du Palais de Hollande en Péra de Constantinople, ce 8 de juin 1711.)

APPENDICE X

Lettre sur « L'unité des églises ».

Texte italien.

Si come il merito eminente di V. S. R. non di si poco m'è scolpito nella mente, che molte volte con interna gioja non mi ricordi della sua vera virtù e dottrina christiana : cosi altretante volte e con altretanto dispiacer non posso che non mi dolga che la lunghezza, incertezza e difficoltà de camini ci vieta la dolcezza d'un convenevole e profitevole commercio.

Il cui difetto m'ha però di piu toccato al cuore, da che vedemmo qui la vera e veramente solida, catholica, apostolica et orthodossa, confessione di fede del vestro gran Patriarca di Constantinopoli, impressa in latino et inglese. La qual ha dato assaj che parlar pe'l mondo a buoni e catholici.

I primi sentendo che sia vera, almeno desiderando sommamente che così fosse. Gl'altri a dritto o torto, voluntariamente publicando che sia falsa, e falsamente attribuita al Riverendissimo e Santissimo Padre: e che, se ben fosse vera non e pur che l'atto solo e singolar d'un huomo solo, o al più d'un patriarca: il quale ne in tutto, ne quasi nella piu parte non concorda con gli altri, ne gli altri con luj. Sopra di che havendo conferito con parecchi amici et personaggi gravi, Dottori, Decani e Vescovi di questa nostra chiesa Anglicana studiosi tutti questi della reunion universale di chiesa catholica se mai si puo col tempo: e fra tanto, di quella chiese almeno subcorpi, o da dir meglio, membri e parti di questo gran corpo, che per tali simplicemente si riconoscono, contra la soperbia, impeto e furia di quella altra chiesa invaditrice: che non solamente come un corpo, o membro fra gl'altri si porta, ma per capo unico et universale sopra tutti ambitiosamente s'innalza.

La onde se per antichita, pieta, dottrina e valore di puri santi e gloriosissimi Padri, Martiri e confessori, quella preeminenza a qualche Chiesa si dovesse, la nobilissima vestra madre chiesa Greca, cento mila volte con più dritto, e ragioni Theologali, non Politiche, rispetto a Christo non al Imperador, a quel honore dinanzi a la Romana aspirar potrebbe. Ma dove che frà Potenti e Monarchi del mondo, coloro che possono conquistare il dominio sopra gl'altri, ccn autorità e potenza gli signoregiano : il nostro buon Signore espressamente disse à suoi, *ὑμεῖς δὲ οὐχ οὕτως; ἀλλ' ὃς ἐὰν θέλῃ γενέσθαι μείζων ἐν ὑμῖν, γενέσθω ἐλάχιστος.*

La miglior parte dunque credendo che detta confession non se fatta in questi tempi senza qualche buon e particolar fine. o piu tosto, publico e santo disegno presente del santissimo Patriarca, apparendo visibilmente che si stacca affatto della chiesa Romana e parendoci che ci porga amichevolmente la mano di fraternita e associatione. poi chè in ognipunto fundamentale si conforma di tutto alle confessione delle nostre chiese Catholiche Protestanti, veramente Apostoliche e Orthodosse : che sono e solamente che si posson dir formate non che riformate, e mantenutte sotto Principi assolutti : la Lutherana. che cuopre quasi tutta la Germania sotto di diversi Principi ; con la Calvinistica negli Sguizzeri et Paesi Bassi ; poi l'Anglicana, che participa d'amendue, e si stende in tutti i regni e dominii del nostro Re.

E havendo ja parlato a quei valenti huomini di V. S. R. e della sua santa dispositione al ben de la Chiesa Universale e specialmente de la vostra, jo son stato da donero essortato di scriuerle : non veramente saper se detta confession fosse vera. che per tal la teniamo ; ma sendo vera, che per il ben general de la Chiesa, e particolar vostro, il santissimo Patriarca voglia pigliar a carico di far la confirmare da gl'altri Patriarchi di Grecia, suoi fratelli, e del miglior numero che si possa, de vostri santi Archiuesconi, e Vesconi, a che si vegga che non sia solamente l'opra d'un solo, ma di tutta vostra chiesa in corpo. E havendone fatto un atto publico e bastante, se li V. V. S. S. R. R. han per buono, di mandarcelo qui per alcuni de vostri che pigliuo direttione d'all' Imbasciator di nostro Re a Constantinopoli, per indirizzarli al nostro stato e chiesa ; non c'è dubio ne riesca un gran servicio a Dio e utilittà maggiore a la sua chiesa. Per il che non solo tutti Christiani, ma di più uoi Ecclesiastici, e Pastori delle lor greggie, siamo obligati d'esporre tutte le nostre facoltà e vite col nostro sangue, non che tutta la sollicitudine, diligenza e labor nostro.

V. S. R. sa che tutte le opinioni, e sette inferiori, o subdivisioni che si trovano fra di Reformati non sono altro che (non so se debba dire), scismatiche, o heretiche, oscuramente sparse quà et là, tali in effetto che non fan alcun corpo di considération, o chiesa solenne e formata, in qual si voglia parte e sotto qualsi voglia Principe che le mantenga altrimente che di pura mercè e toleranza, come i Giudei. Ma fra le 3 sopra dette principali non c'e differenza veruna fondamentale. L'Anglicana e Lutherana si rassomigliano di più. La sola Calvinista pur ch'un poco siscosti ; ma pur in niente altro, che nella Hierarchia, e materie cerimoniali. Al fondo non son che come una pura Trinita, diverse in nomi et attributi, ma pur tutte 3 una vera, santa et medesima Religione.

Alle quale la vostra santissima chiesa aggiungendosi come sorella maggiore, e per gli anni venerabile, non potra nella sua vecchiezza et dobolezza accidentale, ritrovandosi sotto un Principe heterodosso, se non ricever grande ajuto et apoggio dalle, sue altre sorelle, che se ben minori, si ritrovano, la Dio merci, molto più gagliarde e vigorose per viver sotto Principi σύνδοξοι; καί πατέρες τίθηνοί.

E si come gli antichi Druidi, havendo pur qualche raggio di conoscenza della Trinità ; non sapendo esprimere quel profondo et inestricabile misterio, facevano 3 Dii distinti da per se, ma procedenti l'un dell'altro ; e poi un 4o che li comprehendeva tutti 3 ; come ancora alcuni Heretici, percio detti Quaternioni, cosi, ma molto più a proposito, la vostra chiesa aggiunta alle nostre 3, fara con noi una soave musica da 4 parti, che rendera sin al cièlo dinanzi a tutti gl'angeli e homini, per lor gran conforto, una harmonia divina, e suono, e concento, se ben forte veramente, per via più dolce e grato a gl'orecchi della Maesta di Dio.

E non si dubiti punto per quella antica differentia nella procession dello Spirito Santo che ben intesa d'ambe parti, non distrugge il fundamento della fede ; che se ben in quello non concurriamo con voi, fin a quello almen concurriamo dall'una l'altrabonda, che non articolo deciso da alcun concilio oecomenico mai ; e fin a tanto che se ne possa un tale convenevolmente ragunare, dove le ragioni damendue parti ben udite, l'una sorella rapisca dolcemente l'altra nella sua opinione, noi altri Riformati in questo mentre (se la charita si puo insegnar il somigliante, del che non facciamo dubio,) sapremo da veri et veramente fedeli fratelli τηρεῖν τὴν ἑνότητα τοῦ πνεύματος ἐν τῷ συνδέσμῳ τῆς εἰρήνης, e per questioni tanto sottili e delicate, soffricias chedung ἐν τῷ ἰδίῳ νοῒ πληροφορεῖν.

(Lettre adressée à Monsieur Calendrin, fidèle ministre du St-Evangile, en sa maison à Stapleford-Abbots.)

Calendrin ayant été appelé à Londres en 1639, cette lettre n'a pas été écrite postérieurement à cette date.

APPENDICE XI

Ad illustriss. et Reverendiss. D. Episcopum Lincoln magni sigilli Angliae custodem, etc. Dominum nostrum benignissimum.

Supplicatio ministrorum et seniorum Ecclesiae Reformatae Italianae, quae Christo collegitur Londini.

Accepimus indubitâta fide ex literis primùm et publico sigillo ipsorummet Rhoetarum cum nondum penitus essent excisi, tùm vero etiam nuperrimè ex literis professorum Genevensium et Tigurinorum, miserabilem valdè statum Ecclesiarum nostrarum in Rhoetiâ oppressarum. Non tantùm quoad eos qui adhuc supersunt, non contemnendo numero ex infanda illâ lanienâ Vallis Telinae, sed maximum accidit et miserandum incrementum ab iis qui nuperrimè enses evaserunt Austriacos, cum Leopoldiani milites ex improviso securos, (contrà fidem paulo antè datam,) obruere, principium facientes ab inferiori Engadinâ et sic totum illum tractum quo est tertia Rhoetarum confederatio, dicta X jurisdictionum, (unà cum domino Mayenfeld valle Munster et pluribus aliis ecclesiis in viciniâ iis quae maximè erant Reformatae), igne et ferro crudelissimè devastantes.

Quae tamen ipsa paucis antè mensibus insigni miraculo non aliis quàm rusticis et culinariis armis jugum armati et bellicosissimi militis feliciter excusserat. Ceciderunt fortes...

Quicunque evasere diversarum familiarum et conditionum homines, tam nobiles quam plebeii, divites, pauperes, cum uxoribus et liberis, patres, matres, sorores, filii, propinqui affinis martyrum, patriâ planè excisâ, bonis exuti, propter religionem exsules in agros et montibus helveticis vagabundi errant.. fame, nuditate, frigore, tantùm non exstincti. XX vel XXX Pastores ecclesiis pulsi pro extremâ inopiâ ad stipem emendicandam redacti...

Genevenses qui superiori anno Valtelinianos intolerabili sumptu introniserant in viscera, nunc advenas coacti urbe prohibere ob ingentem annonae caritatem et impendentis obsidionem metum : conferunt tamen aliquid subsidii profugis pro virili suâ. Tigurinae et vicinarum fideles quantùm possunt levaminis in generali annonae caritate afflictis fratribus subministrant. Hollandi et Zelandi quoque nuper charitatis et commiserationis fraternae exemplo ipsos sunt consolati.

Christum in membris suis clamantem dedignari non fert animus Christianus ; negligere officium certè nos prohibet ; fons perennis verae charitatis donis non exhauritur, oneribus non defatigatur. Et reverâ, inter tot cruentas ecclesiae nostri temporis calamitates, pars quae nobis incumbit hactenùs Dei beneficio minima est.

Ad te, Dignissime praesul, perveniant ejaculatus miserorum. Fave, supplices precamur, optimae causae. Et floreat diu multum Anglicana ecclesia, dùm latera pauperorum tibi benedicent.

Nos que, et totus Cœtus Italorum Reformatorum unà cum ipsis, ut hactenùs ita semper pro tuae dignitatis et consolationum incremento apud Deum quantâ maximâ possumus devotione intercedemus. (1)

APPENDICE XII

March 16 1636

Report by Sir Nathaniel Brent to the archbishop of Canterbury, concerning the stranger churches in London, in his metropolical visitation :

« At St Mary Bowe there appeared before me the ministers and the elders of the French, Dutch and Italian churches. I laid upon them the two inquisitions formerly put upon the stranger churches elsewhere and obeyed by them.

Dr Primrose spoke somewhat in opposition, but not much: the 10th of May ensuing was assigned for their final answer. The day following, one Mr Host, a Dutch elder, came to me in the name of that Church, and desired that the ministers and elders might be sent for to propose their obedience.

But as I was then ready to take horse, I wished them to come at the time appointed. I convented one Mr Hughes, minister of Watling street, who denied all my objections, except only his disobedience in not

(1) British Museum, Boswell papers, vol. I 6394, f. 35. 1600-1648.

doing reverence at the name of Jesus. Because he persisted in his opinion and would not yield to the grave persuasions of divers learned doctors there present, I suspended him in case he did not change his mind within a month.

There appeared only thirteen parishes, and I do not remember any other matter that deserves your Grace's more particular knowledge ».

(Endorsed by Archbishop Laud. The answer of the French and Walloon churches in London at my metropolis · visitation there. — Copy 1 1/2 p. p.)

(Addenda ; preserved in the « Public Record Office ». State Papers, Domestic Series, Charles Ist. 1636. P. 553.)

APPENDICE XIII

Pasteurs de l'Eglise italienne de Londres

Voici, aussi approximativement que possible, et d'après les données que les archives déjà indiquées ont pu nous fournir, quels paraissent avoir été les pasteurs italiens de l'Eglise réformée de Londres, avec la date et la durée probable de leur ministère :

Bernardino Occhino 1549-1550.
Michel Angelio Florio 1550-1566.
Jeronimus Ferlitus 1566- 1580.
Baptiste Aurelio 1560- 1584 (?)
Michel Angelo Florio 1585-1596.

De 1596 à 1609, il y a une interruption.

Antonio Spinola 1609-1616.

Marc Antonio de Dominis 1617-1622.
Alexandre 1626-1636 (?).
Nicolas Oltramare 1640-1646.
Philippe de Bresmal 1656-1660.

Après cette dernière date, il paraît ne plus y avoir d'Eglise italienne constituée : les deux autres, la française et la flamande ayant sans doute absorbé ce qui pouvait en subsister encore.

APPENDICE XIV

Eglise de Londres
La Marche et Cisner devant le Cœtus

A

Actes du Cœtus (1).
1645-1646.

« Vera Copia » de l'acte fait 1645, 18 mai, dans le Cœtus :

« Le Cœtus étant assemblé à la requête des frères de la Congrégation flamande, les d. frères ont remontré que l'occasion de cette réunion était le bruit général des grandes divisions et conflagrations dans la Congrégation française à propos du choix d'un ministre, lesquels ils craignaient être de nature à entraîner la ruine et la dissolution de la susdite Congrégation, si elles n'étaient pas arrêtées à temps. En conséquence, ils se considéraient tenus en conscience d'apporter leurs meilleurs efforts pour l'apai-

(1) Ces actes sont en anglais.

sement des présentes discussions par leurs avis et conseils fraternels. Ce à quoi les Français répondirent qu'ils prendraient la matière en plus ample considération, à la prochaine séance de leur consistoire.

« Vera copia » de l'acte du 3 décembre 1645 :

« Le Cœtus des trois églises étant réuni à la requête des frères flamands, on expose que d'après la rumeur publique, M. de la Marche aurait dit dans ses sermons, certaines choses préjudiciables à la personne du roi, et qui pourraient en conséquence rejaillir sur toutes les Eglises étrangères, au péril d'icelles ; et que les mêmes auraient été récemment plus répandues encore par un livre imprimé, notamment « que nous aurions besoin d'un Phinees » et qu'il aurait fait une explication dangereuse de la pendaison du roi d'Aï.

« M. de la Marche et les frères du Consistoire français furent suppliés, pour la satisfaction des Eglises, de déclarer si ces faits étaient vrais ou non. M. de la Marche refusa d'y répondre, à moins qu'on ne présentât l'auteur du livre. A la pluralité des voix, fut résolu que M. de la Marche se retirerait comme étant la personne dont on traitait : sur quoi, il se retira, mais protesta contre cette résolution. En son absence les frères français, interrogés sur les détails ci-dessus, sollicitèrent pour la plupart un délai, afin d'évoquer leurs souvenirs, ce à quoi l'assemblée acquiesça volontiers. Trois d'entre eux se rappelèrent qu'il avait comparé le peuple d'Aï à notre roi. M. de la Marche comparaissant, on le pria de nouveau de donner une réponse catégorique, afin de délivrer d'un coup nos Eglises de ce souci ·

il se refusa de donner actuellement une réponse, et prétendit que cette assemblée n'avait aucune autorité pour le lui imposer. Comme il se faisait tard, il reçut l'autorisation de retourner chez lui, et prétendit que tout acte subséquent de cette assemblée sur cette affaire conclu en son absence serait nul : sur quoi, après son départ, on recueillit les voix de l'assemblée sur la validité des actes de cette présente assemblée et sur les protestations d'icelui : fut conclu à la majorité des voix que les Actes demeurent, et que ni son absence, ni sa protestation ne peuvent les annuler. — L'Eglise flamande a présidé.

« Copia vera » de l'acte du 24 janvier 1646 :

« Le Cœtus des trois Eglises étant convoqué par les frères flamands sur l'information et requête de quatre des frères anciens de l'Eglise française le mercredi 21 janvier : quelques centaines des leurs ont assiégé le Consistoire, demandant d'une façon violente que la cause de M. Cisner soit décidée, ou au moins qu'il puisse prêcher jusqu'à ce qu'elle soit décidée, menaçant, si M. de la Place prêchait, dimanche prochain, de l'arracher de la chaire : Ce pourquoi, le Consistoire a été forcé de faire quérir le Constable et les officiers de Mylord Maire, et eux-mêmes, tout le Consistoire des Anciens et des Diacres de comparaître devant lui, de promettre d'envoyer à S. S. six de leurs députés, lundi, pour enquête sur l'affaire, et de prier en attendant les officiers de S. S. d'empêcher le désordre dimanche prochain dans et aux alentours de leur Eglise.

Fut avancé par les frères flamands que le moyen de prévenir le danger ultérieur de ce tumulte serait d'en supprimer les causes, et de donner quelque satisfaction au peuple plutôt que d'employer le pouvoir des magistrats, comme par exemple de laisser M. Cisner prêcher une ou deux fois, jusqu'à ce qu'il puisse y avoir décision sur son élection contestée, d'autant plus qu'on assure qu'il y a grandement lieu d'en agir ainsi, puisque M. de la Marche et le Consistoire, lorsqu'ils proposèrent de soumettre l'affaire à leur Colloque convoqué extraordinairement à ce sujet, avaient promis de le laisser prêcher s'il se soumettait au Colloque : et, pourtant, quand il eut consenti, non seulement ils refusèrent de le laisser prêcher, mais ils supprimèrent même son traitement. M. de la Marche, en réponse, confessa avoir donné une telle promesse, mais comme de lui-même et non d'après les votes du Consistoire. Fut résolu que les anciens Français feraient bien d'aller chez autant de leurs membres mécontents qu'ils le pourraient, s'efforçant de les apaiser par la promesse d'une prochaine satisfaction : et aussi chez Mylord Maire, afin que s'il était besoin le lendemain de la présence de ses officiers, cela puisse se faire de la manière la plus secrète et la moins apparente. Les frères flamands donnèrent aussi un Caveat aux frères de l'église française, s'ils comparaissent de nouveau devant Mylord Maire, d'être prudents dans leur façon de faire intervenir l'autorité de S. S. dans la décision de leurs difficultés ecclésiastiques, de peur qu'elle ne compromette toute la liberté et discipline, non de leur Eglise seule, mais de toutes nos Eglises étrangères. Ils promirent d'avoir soin de montrer que c'était seulement par suite du tumulte populaire qu'ils avaient été forcés de recourir au pouvoir du magistrat, et qu'ils comptaient n'en plus faire usage à l'avenir ».

« Vera Copia » de l'acte du 5 février 1646 :

« Le Cœtus fut convoqué à la requête de deux des frères anciens du Consistoire français au nom de plusieurs. Quand, en conséquence, il fut proposé par le président que les frères français exposent l'occasion pour laquelle ils ont désiré cette réunion, M. de la Marche. objecta qu'il était contre le bon ordre d'exposer dans le Cœtus chose quelconque non discutée d'abord dans leur propre consistoire particulier. Mais eux répondirent : « Certes, ils l'ont exposé dans leur Consistoire, et n'ont pu être ouïs et ont protesté qu'ils prendraient leurs recours ailleurs. » La pluralité des voix exigea que cette assemblée écoute la proposition des frères et juge ensuite si l'affaire devait être ou non tranchée en ce lieu.

Là-dessus. M. de la Marche sortit brusquement avec quelques-uns des anciens : Barthélémy Caulier, Jean Houblon. Jean Lillars, Jacques Dambrin, Jean Bauverlet, Jean de Quesne, Isaac de Lillars, disant qu'il ne voulait pas adhérer à la majorité dans ce cas, et qu'il ne nous y reconnaissait pas la qualité de juges. L'assemblée vota que le départ et la protestation de M. de La M. et de la majorité et de son côté étaient illégaux et déréglés. En leur absence, les frères français, David Bouquet et Jacques Forterie exposèrent leurs griefs sur les procédés de M. de la M. et de la majorité de leur Consistoire, sollicitant l'avis et l'aide du Cœtus, comme :

1o. En ce qui touche à ce qu'il prêche des doctrines nouvelles et séditieuses, se mêlant des affaires de l'Etat, on ajoute un exemple de plus à ceux allégués déjà le 3 décembre, que dans ses prières il ne nomme jamais le roi « notre roi », mais « le roi que tu as établi sur ton peuple ».

2o. Pour le tort causé à M. Cisner, qui fut légalement élu ministre de cette Eglise, qu'ils ont imposé silence à sa parole et enlevé son salaire. Et quand la question fut référée à treize arbitres, que M. Palmer empêcha l'effet de l'arbitrage, que tout le peuple attendait avec empressement. Consistoire et peuple s'y étant tous deux soumis. Que M. de la M. et son côté avaient repoussé les diverses ouvertures faites par eux en vue de hâter la solution : comme, par exemple, que douze puissent se réunir et en faire une fin, ou qu'ils prissent qui ils voudraient et que onze en décident, ou qu'ils réunissent les chefs de famille pour trouver un moyen d'apaisement, propre à satisfaire le peuple, ou qu'ils en réfèrent au Colloque et laissent dans l'entretemps, M. Cisner prêcher. L'arbitrage étant ainsi arrêté de ce côté, la volonté d'un seul homme empêchant ces treize de se réunir, bien que la matière soit mûre pour une décision, ils demandèrent avis au Cœtus s'il ne leur serait pas maintenant loisible de recueillir (si faisable) par signatures, le plus de voix possibles pour décider, dans un sens ou dans un autre de l'élection de M. Cisner ? Ne serait-ce pas la vraie décision désirée de tous, puisque le décret du Consistoire portait que cette décision ne devait pas dépendre d'un seul homme, mais de la majorité des treize délégués, ce pourquoi, on avait choisi un treizième, afin de rendre le nombre inégal et la majorité évidente.

3o. Qu'au lieu de donner satisfaction aux membres de l'Eglise sur leurs justes plaintes, il menaça de les poursuivre par la loi et d'inviter le magistrat à procéder contre eux par voie criminelle.

4o. Qu'il n'observe aucune de nos règles de discipline, mais gouverne tout selon son bon plaisir, ayant de son côté six ou sept anciens : il déclare d'abord son jugement sur la matière en question, et ses anciens suivent sans donner de raisons, ou sans écouter toutes celles qui peuvent être alléguées à l'encontre, en sorte que les autres anciens sont uniquement comme le zéro dans un chiffre. Il suspend de la communion tous ceux qui ne veulent pas se soumettre sur le champ à ses ordres, sans leur donner de délai ou d'avertissement, et souvent de son chef sans demander aucun vote au Consistoire. Et quand ils sont suspendus ainsi, qu'ils tombent malades, et qu'ils meurent, il ne cherchera pas à les réconcilier ou à leur offrir des consolations, quand même on l'on requiert, et qu'il en est temps encore ! Jamais il n'a voulu se laisser fléchir et accorder une entrevue à quelques anabaptistes, pour essayer de satisfaire leurs doutes, avant de les excommunier. Il n'observe pas pour le Consistoire des jours fixes, de manière à ce que le peuple sache quand et où s'y référer. Lorsque l'on proposa d'accomplir un acte de culte dans le Consistoire, il était parti et s'y refusa, en sorte que les membres de l'Eglise française ont été forcés de recourir à la paroisse anglaise, au préjudice de l'Eglise et en violations de nos règlements.

Les Actes du Consistoire sont altérés après coup sur sa suggestion, et quelques-uns ne sont pas du tout couchés sur le registre.

Plusieurs membres de l'Eglise se présentèrent, suppliant le Cœtus, pour l'amour de Dieu, de tendre des mains secourables à leur Eglise misérablement déchirée et au moment de périr. Jacques le Sage et Pierre Rousseau, témoignèrent avoir entendu M. de La M. prêcher en séditieuses allusions de Haï et Phinécs ; Pierre de la Roche dit qu'il l'avait entendu comparer notre Roi à Zimri et notre Reine à Cozbi : Pierre de Lorié, qu'il avait entendu prêcher que bientôt tous les pouvoirs supérieurs, monarchiques ou hiérarchiques, seraient abrogés, et que les Saints du Très-Haut régneront dans cette Sainte Réformation générale que Dieu a commencée en Angleterre. Et que Christ viendra régner ici... Le capitaine Pierre Belon ajouta que lors du dernier Jeûne, le 28 janvier, il prêcha très violemment contre le traité de paix, disant qu'il vaudrait mieux et qu'il préférerait que toute une bataille fût perdue du côté du Parlement que de voir se formuler des propositions de paix. Plusieurs autres se plaignirent des procédés illégaux du Consistoire, dont Pierre Barre, Isaac Maubert, de Vanné, Paul Dobri, Pierre Vigné, Jaspre Tempé.

Le Cœtus trouvant que ces dispositions et les plaintes précédentes des Anciens apportent à l'enquête ouverte sur sa prédication séditieuse des preuves précises et montrent qu'il continue encore sa façon séditieuse de prêcher et de se mêler d'affaires d'Etat, à l'encontre de sa promesse lors de son admission dans l'Eglise ainsi qu'il fut déclaré au Cœtus par les frères du Consistoire français, le 7 mai 1643, a décidé de prendre le loisir d'étudier sérieusement toute cette affaire dans sa prochaine réunion.

L'Eglise italienne a présidé.

(Nous insérons ici l'une des dépositions collectives — elle est en français — les annotations entre parenthèses sont de la main de Calandrin.)

« Demandons raison de cette H : Compagnye pour divers mespris que le dit de La Marche avec son Consistoire nous a faict. Lorsque à diverses fois nous avons réclamé le droit du peuple et privillege des Consistoires que le présent consistoire tasche à violler, ayant annuié par acte l'élection Juste et Légitime qu'un Consistoire Légitime a faict, sur quoy leur avons offert divers fois à remettre La ditte affaire en décision, ou a tous ceux quy ont porté charge en l'Eglise, ou aux principaux pères de familles, 3o. au Cœtus, et en 4e lieu au Consistoire flamand seul, ce quy n'ont jamais voullu accepter, ains continuant à le détenir de prescher luy ayant aussy détenu ces gages le destituant des moyens de vivre et privent le peuple de son ministère tant requeru pour sa doctrine orthodoxe.

Les Abrégés au sommaire des Points que l'on a remonstré au Cœtus.

1. Premièrement : que le sieur J. de La Marche preschant sur le VIII Chap. de Josué a dit que les habitants de Hay furent mis au tranchant de l'éspée et son Roy pendu. Ainsy seront les Rois et Princes quy sopposent à la réformation, disant ces mots, « vous m'entendez bien de qui je veux parler et vous savez qui je veux dire ».

2. Secondement : En la comparaison de l'exemple du Zelle de Phinée quy transperça Zimry et Cosby, prince d'Israel et Princesse de Madian, disant que nous avons besoin d'autre Phinée.

(Jacq. de Belleau a tesmoigné d'avoir ouï ces deux premiers articles et le 5me privatim mihi dixit, Calandrino.)

3. Tiercement : a dit que toutte puissance supérieure tant Monarchique que Hiérarchique sen vont estre abollies par les St du Souverain qui doibvent reigner par cette Ste Réformation généralle que Dieu a commencée en Angleterre. avec ses expressions que les fidelles quy ont esté icy ruinés et pillez doibvent passer la mer pour piller les autres. et amena pour cette effect le VIIe Chapitre de Daniel V 21 et Apocalypse 10 : 18 : (témoign. de Pierre de Lorié)

4. Quatrièmement. A dit et appliqué au Parlement particullièrement ce quy est dit au Chapitre 24 V. 14 etc. que celuy quy est assis sur cette nuée blanche estoit le Parlement, celuy au V. 15 estoit le Synode quy crient à ceux du Parlement de jetter leur faucille pour moissonner la moisson de la terre affin d'exterminer tous leurs ennemis quy s'opposent à cette sainte réformation.

5. Cinquièmement : Exposant le 13e Chapitre de St-Luc, sur l'exposition et application du figuier, dit que le Roy est le figuier, non seullement ne porte fruit inutille, mais nuisible, ayant desjà 3 Ans que Dieu l'attend à repentance, mais que voicy la 4me année et que s'il ne porte de bon fruict il sera coupé.

(Est nommé pour tesmoign dececi Pierre Blanchart le Consolateur.)

(Jaq. de Belleau item.)

6. Sixièmement. Est qu'il a dit en consistoire que le Roy ne viendra plus à Reigner ny lui, ny sa postérité.

Touchant la doctrine que M. de la Marche nous a preschée à divers fois et de divers passages de l'écriture saincte qu'il tord et pervertit, seroit trop long pour le présent ; seulemen nous prierons considérer ce quy s'en suit : qu'il a dit souvent que c'est à présent que Jésus-Crist vient reigner ici temporellement sur la terre, commençant à abollir la beste ou l'antechrist qui tombera bas selon son calcul l'an 1560, et a venu jusques à là de dire que c'est une article de foy de croire que l'Eglise de Dieu aura repos sur la terre parce que la parole de Dieu l'a dit.

« Touchant la détention de nos méreaux quy nous retiennent à aucuns depuis 7 à 8 mois sans nous donner justes raisons pourquoi ils le font.

(M. Coet. Jaq. Le Sage. 5 févr. 1646.)

« Copia Vera » de l'acte du 11 février 1646.

« Touchant l'Eglise française, puisque M. de la Marche, à la dernière réunion, a pris pour excuse qu'il ignorait les règlements et le pouvoir du Cœtus, les frères flamands lui remirent un extrait recueilli à cette intention des Livres du Cœtus qu'il emporta pour l'étudier. Fut proposé de lire l'acte de notre dernière réunion, mais M. de la M. ne voulut pas le souffrir, et ne voulut pas non plus consulter les voix de l'assemblée (lui étant président) et prétendit avoir protesté contre la validité de ce qui serait fait dans cette réunion après son départ et spécialement de ce que les Anciens offraient d'y exposer, par la raison, disait-il, qu'ils ne l'avaient pas exposé d'abord dans leur propre Consistoire ; ce à quoi les Anciens ont répliqué qu'ils l'avaient souvent exposé dans leur Consistoire, mais n'avaient jamais reçu aucune satisfaction, et avaient protesté l'apporter à une autre assemblée plus impartiale.

« Fut répondu que le Cœtus ne pouvait refuser d'ouïr aucun membre de l'Eglise et n'estimait pas qu'il fût juste de condamner leurs propositions à l'avance sans savoir quelles elles étaient : si on ne les trouvait pas ressortissantes de cette assemblée, ils les renverraient au Consistoire français. Et après avoir entendu les griefs exposés par les anciens, et la confirmation d'iceux par plusieurs témoins, membres de l'Eglise française, le Cœtus les jugeait ressortir d'autant plus de ce lieu, que c'étaient pour la plupart réponses précises et vérifications des doutes soulevés auparavant dans le Cœtus, par les frères flamands, sur la dangereuse intervention dans les affaires de l'Etat de M. de La M. en ses sermons, sur quoi la plupart des frères français n'avaient pas donné de réponse et avaient pris du répit pour évoquer leurs souvenirs.

« M. de La M. condamna de rechef les agissements de ce Cœtus, et menaça de les en faire répondre au Parlement et dans l'assemblée de Westminster. On lui répliqua qu'il ne pouvait siéger comme membre d'un Cœtus, s'il voulait de la sorte protester contre ses actes et s'y opposer. L'assemblée exprimant son désir d'entendre les réponses de M. de La M. aux susdites plaintes, il ne voulut entrer dans aucune discussion à ce sujet, prétextant d'une part qu'il était trop tard, et d'autre part qu'ils sont maintenant en train de terminer l'affaire entre eux.

« Finalement, l'assemblée consentit à se séparer, à condition de fixer un jour pour notre prochaine réunion et d'y examiner ces matières, ce que M. de La M. accepta, mais il dit ne pouvoir fixer de jour avant d'en avoir traité dimanche dans leur Consistoire ; il promit de choisir un jour de la semaine prochaine et d'en prévenir les frères flamands.— L'Eglise française a présidé.

« Copia vera » de l'acte du 23 février 1646.

« On rapporta que M. de La Marche, au lieu de donner rendez-vous au Cœtus comme il avait été promis, envoya jeudi deux anciens au Consistoire flamand signifier que depuis ces derniers temps, les choses étaient menées dans le Cœtus d'une façon désordonnée ; qu'il ne fallait donc point s'attendre à ce qu'ils lui donnent rendez-vous ; sur quoi, réponse fut faite que les Eglises y comptaient parce que M. de La M. lui-même l'avait promis avant la levée de la dernière séance, et que s'il avait quelques exceptions à soulever contre les agissements du Cœtus, elles ne sont pas de nature à être avancées ou examinées dans une autre assemblée que dans celle du Cœtus lui-même. Dans l'entretemps, M. le Keux, ayant recouvré l'original de la pétition de Douvres comme le Cœtus l'en avait prié, demanda avec instance qu'elle fut étudiée et corrigée dans le Cœtus, en sorte que les deux Eglises flamande et italienne résolurent de convoquer cette réunion, et renvoyèrent deux anciens signifier au Consistoire français leur résolution de se réunir aujourd'hui, en représenter la nécessité, vu qu'on ne pouvait la retarder davantage sans dommages pour la congrégation de Douvres, et exprimer leur désir de la coopération des frères français. M. de La M. avec la majorité de ses anciens la refusa absolument ; en conséquence, ils étaient absents de la réunion de ce Cœtus : comparurent seulement des anciens français Jean Edelyn, David Bouquet, Guillaume Martele, Samuel Vincent et Jacob Forterie ; Jacques de Maistre devait venir si la goutte ne l'eut empêché de marcher.

« La pétition de Douvres étant lue, le Cœtus conseilla à M. Le Keuz d'en corriger quelques détails M. Cisner se présenta à cette assemblée comme en appelant du jugement inique du Consistoire français qui, dit-il, annula son élection, lui interdit de prêcher, arrêta son salaire, repoussa tous moyens impartiaux de terminer leur différend, viola leur promesse de le laisser prêcher de nouveau s'il se soumettait au Colloque, et falsifia l'Acte y relatif dans le livre du Consistoire, empêchant encore la décision de treize arbitres à qui, d'un commun consentement, le Consistoire et M. Cisner en avaient référé, de même que le peuple consulté de maison en maison. Il prétend que les anciens et les diacres qui étaient en charge lors de son élection, maintiennent qu'elle est légale et que plus de 200 membres considérables et donateurs de l'Eglise ont désiré qu'il puisse prêcher, en sorte qu'il ne lui reste d'autre voie que l'appel à cette impartiale assemblée.

« Les anciens français présents dirent au Cœtus qu'au Consistoire la majorité a voté que son appel était nul et sans valeur, par la raison que M. Cisner n'est pas membre du Cœtus. Le modérateur consulta d'abord sur la légalité de l'appel, et du consentement unanime de tous les frères, on décida que le refus de ceux-là qu'il prétend lui avoir causé le tort dont il se plaint, ne pouvait annuler son appel, mais que, selon l'intention fondamentale de la première institution et de l'usage constant du Cœtus depuis plus de quatre-vingts ans, tout membre de ces églises étrangères se trouvant molesté par les agissements de son Consistoire particulier, doit trouver le remède dans le jugement de cette assemblée, ce qui fut signifié à M. Cisner ; on députa trois frères, M. Crosse, de l'Eglise flamande, M. Bouquet, de la française et M. Mainet de l'italienne, pour le signifier pareillement au nom du Cœtus au Consistoire français mercredi prochain, et solliciter leur présence au Cœtus de lundi suivant, en apportant les raisons, s'ils en ont, qui s'opposeraient à ce que le dit appel soit accueilli par cette assemblée. — L'Eglise flamande a présidé.

« Vera copia » de l'Acte du 2 mars 1646.

« Les frères députés par le dernier Cœtus rapportèrent que, s'étant acquittés de leur commission auprès du Consistoire français, M. de La Marche répondit qu'il était décidé à ne pas se rendre au Cœtus et que ceux de son Consistoire n'y viendraient pas non plus avec son assentiment ; que le Cœtus n'avait rien à voir ni à s'immiscer dans leurs affaires et que l'appel de M. Cisner n'était pas valable. En conséquence, le Cœtus s'étant réuni, M. de La M. et les autres demeurèrent absents comme lors de l'acte précédent, et de même il n'y avait, des anciens français, que cinq de présents. Ceux-ci exposèrent que hier, M. de La M., avec la majorité des anciens et des diacres, leur avaient fait défense expresse de paraître au Cœtus, et qu'ils en avaient appelé de cette défense au jugement du Cœtus. Sur quoi les voix étant recueillies, (les cinq frères français s'étant retirés), fut résolu à l'unanimité par tous les frères des Eglises flamande et italienne que cette protestation est désordonnée et schismatique, et que les anciens ne font que leur devoir en venant au Cœtus lorsqu'ils y sont convoqués, et que les autres anciens qui s'en absentent avec M. de La M. sont coupables de rupture de l'union des Eglises et de toutes les conséquences dangereuses qu'on peut en redouter dans la suite. L'assemblée fixa à quinzaine la prochaine réunion, et députa M. Prost de l'Eglise flamande et M. Oltramare de l'italienne, pour signifier au Consistoire français, au nom du Cœtus, que les Eglises sont très marries que M. de La M., avec quelques-uns des anciens, de se séparent de leur union, et que non seulement ils refusent pour la seconde fois de paraître au Cœtus après en avoir été avisés, bien que toutes ces dernières fois ils aient su qu'en plus de la controverse de leur propre Eglise, il y avait à délibérer sur d'autres affaires, qui les intéressent toutes, mais aussi que récemment ils ont défendu à cinq anciens de garder l'union avec le Cœtus : que le Cœtus a jugé cette défense absolument illégale et tendante à rompre l'union des Eglises. Qu'il a fixé à une réunion à quinzaine pour traiter des affaires qu'on trouvera avantageuses aux Eglises et qu'ils supplient lui et les anciens de les y assister. Et, avant que le Cœtus entre en plus ample débat sur aucune controverse intéressant l'Eglise française, il a jugé bon d'envoyer cette fois encore supplier instamment et persuader les frères du Consistoire français, selon leur promesse, de voir à terminer leurs affaires intestines de la manière la meilleure et la plus impartiale dont ils puissent convenir pour l'établissement de la paix et la satisfaction de leur Eglise en sang : sinon, à la prochaine réunion le Cœtus sera contraint, malgré leur absence, de procéder ainsi qu'il l'estimera nécessaire.

L'Eglise italienne a présidé.

« Les copies de ces sept actes du Cœtus ont été comparées par nous avec l'original et trouvées véritables, 8 novembre 1648. César Calandrin ».

B.

Annulation des Actes.

1648.

Quand la paix fut rétablie dans l'Eglise française de Londres, par le XXVIIIe Colloque, une centaine de membres persistant seuls à refuser à de La Marche la soumission désormais consentie par Cisner lui-même, le Consistoire eut à cœur de supprimer toutes les traces des accusations confirmées par d'irrécusables témoignages, et qui leur avaient valu le blâme formel du Cœtus. Il fit de cette annulation des procès-verbaux comme la condition du rétablissement de l'union, violemment rompue depuis trois ans. Désireux, de leur côté, de voir se renouer et se raffermir les anciens liens, n'ayant plus à faire rendre justice à Cisner, sentant aussi, on peut le penser, à quel point les circonstances politiques appuyaient Jean de la Marche. les Flamands à la majorité. sinon à l'unanimité, consentirent à étudier la question.

Le 17 août 1648 les frères français « demandent la radiation de certains Actes du Cœtus qui concernent le Consistoire français et spécialement M. de la Marche, un des ministres... Le modérateur propose, en leur nom, que tous les actes semblables soient entièrement anéantis, de peur qu'en les examinant ou en s'y référant, occasion ne soit fournie par eux à de futures divisions entre les deux Eglises. » Ce ne fut qu'après trois séances plénières et quatre mois de pourparlers qu'ils acceptèrent d'annuler six actes, maintenant le premier, malgré le désir formel des Français. De plus, Calandrin eut soin de garder dans les archives, la copie des délibérations invalidées. Le projet de radiation voté par le Cœtus, le troisième proposé est en ces termes :

Acte que les ministres et anciens de l'Eglise française considèrent qu'il est nécessaire d'entrer dans le livre du Cœtus pour la préservation et le maintien de l'union des Eglises flamande et française.

« Un Cœtus étant tenu le 28e jour d'août 1648, sur le désir des ministres et anciens de l'Eglise française, il fut unanimement décidé par les frères des Eglises flamande et française que les six Actes suivants, le premier du 3 déc. 1645, le second du 24 janv. 1646, le troisième du 5 févr., le quatrième du 11 fév., le cinquième du 23 fév., le sixième du 2 mars 1646, seront considérés comme nuls et non valables, pour deux raisons : d'abord parce qu'ils furent écrits au temps de la division qui se produisit dans l'Eglise française au sujet de l'élection de M. Cisner, un de leurs pasteurs actuels, élection qui divisa en deux parties la dite Eglise : laquelle division engendra diverses animosités entre eux, d'où procédèrent beaucoup de discours impertinents et d'informations fausses et passionnées contre M. de La Marche et plusieurs anciens français des deux côtés, y dénommés : lesquelles après sérieuse considération sont regardées par cette vénérable assemblée comme scandaleuses et préjudiciables, non seulement à l'Eglise française, mais aussi aux Eglises flamande et italienne ; secondement parce que ces débats et contentions entre les pasteurs et une partie des anciens de l'Eglise française ont été depuis apaisés par deux actes d'Amnistie ou d'Oblivion, l'un du 24 août et l'autre du 20 août, ainsi qu'il appert du livre des Actes du Consistoire français. Et, en conséquence, afin de couper court pour l'avenir à tous débats et contestations qui pourraient s'élever entre les Consistoires flamands et français au sujet de ces Actes ou de choses y contenues, et afin de poursuivre d'autant mieux l'affection et l'union entre les deux Eglises, et afin que les Actes du Cœtus puissent dorénavant être enregistrés dans l'ordre décent et la forme usitée d'habitude, nous déclarons que ces six actes ci-dessus nommés sont nuls et non valables.

(Archives de l'Eglise hollandaise de Londres.)

(J. Hessels, 1897, opus citatum).

APPENDICE XV.

Copie d'un document signé N. Oltramare, concernant le terrain et les constructions appartenant à la paroisse de St John's, Cornwall.

(L'original est à Exeter, Public Registrar.)

« A perfect list or terrier of the Glebe, houses, lands, appertaining to St John's in Cornwall.

1o. A Porch that hath on the one side the Dairy, on the other side the cellar, and.... (1) little chamber : it hath a wall of stone and earth covered with thatch.

2o. An entry having on the right hand a wall to which belongeth a table and a chair, and ... with earth and about them two chambers and a little closet ; on the left hand two lower rooms. A wall of stone and earth covered with slate, and one chamber with thatch.

3o. The out houses are as followeth : A large barn with a calves house on the one side, a stable on the other side with walls of stone and earth covered with thatch, a stable and a bake house, the walls whereof are stone and earth. covered with thatch, the hogstie has a strong wall covered with thatch.

4o. Three small cottages in the town of St. John's whereof the first is situated on the east side of the churchyard ; the second on the west side of the churchyard ; the third is situated about the water ; the walls of these are stone covered with thatch.

Each cottage hath a little garden annexed to it ; of the cottages all the lower rooms, both of the mansion house and the cottages... are... floored with earth.

The Glebe land of the Parsonage of St. John's, both of arable and rocky ground, containeth... five and twenty six acres or thereabout.

1o. The orchard, two little gardens, and three little fields adjoining to the orchard are accounted...

(1) Les lacunes sont dues à de petites déchirures tout le long de la feuille.

are bounded by the sea north east, and by the high way south west.

2o. Five fields from the bridge of St. John's, to the bridge of Anthony are accounted fifteen acres. They are bounded on the west by Woolson Ground and they have the high way on the east.

3o. Three meadows and a little park accounted two acres or thereabout, bounded by the high way, on the south, the downs of St. John's northward.

4o. Two little meadows accounted two acres or thereabout, bounded by the high way southward and St. John's northwards.

5o. Three pieces on St. John's, east downs, with meadows adjoining to them, the one on the east side, the other on the west, accounted three acres. They are bounded by the sea on the west, and by Mrs Will's land on the south east.

6o. Two little meadows, the one on the east side of St. John's mill, the other on the west side thereof are accounted one acre. Two little meadows towards the Kindons, half an acre.

7o. Four fields accounted four and twenty acres bounded by Neildens ground on... and Mrs Will's land on the south, and by the high way towards the east.

Two pieces on Gamble Downs, three pieces on St-John's south downs are accounted three acres ; all which said houses and lands are by the Providence of God, this thirteenth day of March, one thousand six hundred seventy nine, in the possession of Mr Nicolas Oltramare.

Rector of St. John's.

Sign. of Charles Westcott, churchwarden.

Ce document est écrit et signé de la main de Nicolas Oltramare.

APPENDICE XVI

Copie du testament de Nicolas Oltramare.

In the name of God, Amen.

The 7th. day of July, in the yeare of our Lord God 1671, I Nicolas Oltramare, weake in body but strong in minde, doe willingly render into the hands of my God and faithful Creator my spirit, which he, of his fatherly goodness, gave unto me when he first fashioned me in my mother's womb, making me a living and reasonable creature, nothing doubting but that, for his infinite mercie's sake, in his well beloved son Jesus Christ my Reedeemer, he will receive my soul into glory. And as for my body, I commend it to the ground, and I desire my friends, wife and children to bury it at the right hand of the entrance of the higher stile of the churchyard of St-John's, being most persuaded that, according to the articles of the christian faith, at the great day of the general resurrection, when we shall appeare before the tribunal of Christ, I shall receive the same body againe by the mighty power of God, not a corruptible, mortal, weak and vile body as it is now, but incorruptible, immortal, strong and perfect body in all parts, like unto the glorious body of my Lord and Saviour Jesus Christ...

And concerning my deare wife Philip Oltramare, whom I have found to be a loving and godly partner, I appoint her executrix of all my goods. And because my son John Oltramare hath cost me much money which he hath spent in being in the University, and for other reasons to me best knowne, I bequeath unto him fifteen shillings. And all my books — seven excepted, which I appoint and name in a codicille hereunto annexed, — which I bestow on my daughter Elizabeth. As concerning the house and tenement in Rame, now in possession of Epipho Belorne, I appoint that, when it shall fall into the hands of my wife Philip Oltramare, shee alone enjoy it during her life. And because my son John Oltramare hath resigned his right to his brother in law Nathanael Northcot for a certain consideration mentioned in the deed of the said John Oltramare dated the 28th of June 1671, then they both Elizabeth and Nathanael may enjoy it during their lives. As for my house in St-John's towne, which I bought of Elizabeth Sergeant, let my daughter Elizabeth and son John Oltramare have parting the right and rent equally between them both, and keeping it in good reperation with equal charges. To Elizabeth, eldest daughter of my son John Oltramare, I doe bequeath fifteen shillings. In witness whereof I have hereunto subscribed my hand and set my seale unto this my present last will and testament, the day and yeare first above written.

Nicolas Oltramare.

Signed, sealed in the presence of us, Nicolas Kendall, Alex. Cottell.

A catalogue of the books which I, Nicolas Oltramare, bequeath by my last will and testament, to my daughter Elizabeth Oltramare.

1. — A Dictionary of the French and English tongues, by Randle Cotgrave, printed by Adam Islip, anno 1632.

2. — A manuscript of sermons, which paper book I bought at Excester, Aug. 23rd. 1662, as it appeares in the first page.

3. — The Method of Physick, by Philip Barrough.

4. — The holy Arbor, or a Body of Divinity, by J. Godolphin, printed anno 1651.

5. — The mirrour of examples, by Samuel Clarck.

6. — The great book of martyrs in french, by Simon Goulart, Senlisien.

7. — The first and second part of the marrow of ecclesiastical histories, by Samuel Clark.

On the fourteenth day of March this will and codicil was proved by Philip Oltramare, widow, the executrix.

APPENDICE XVII

Registres de la paroisse de St. German's (Cornwall).

Weddings.

1698 July 26th. Jonathan Oltramary (sic), minister, and Mrss Anna Hancock.

M. Jonathan Oltramare, minister of Plymstock, was buried at Plympton St. Maurice, 14th April, 1714, Mrs. Elisabeth Oltramare having been buried there three years before, namely, 27th June 1711.

At Brixton was baptised on 4th April 1670, Elisabeth, daughter of John Oltramare, curate, and Mrs Elisabeth, his wife.

(Devonshire registers, British Museum).

Oltramare Nov. 1, 1700, John, son of Jonathan Oltramare, minister, baptised at Plympton St Maurice.
Dec. 1702. Williams... baptised.
Janv. 12, 1704. Anna, baptised.
May 13, 1710. Nicolas, son, baptised.
June 20, 1713. Anna Oltramare, buried.

APPENDICE XVIII

Membres de la famille Oltramare.

Nous avons dit que John Oltramare, fils de Nicolas, épousa en 1669, le 19 mai, Elisabeth Maynard. L'année précédente, en 1668, il avait été nommé pasteur à Brixton, près de Plymouth. Nous avons cherché à avoir des renseignements sur cette famille Maynard. Or, voici quelques détails qui nous ont été fournis très aimablement par le rév. E. J. Warner, pasteur à Brixton en 1897, et actuellement à Yealmpton, paroisse voisine de Brixton :

« Il y avait en 1628 à Brixton un pasteur du nom de Thomas Maynard. (Voir les registres du Chapitre de Windsor). Il était vicaire de la paroisse et demeurait à Sherford, près de Brixton. C'était sans doute le père de Madame J. Oltramare.

La signature d'un Sir John Maynard se trouve dans un document daté du 7 septembre 1658. Ce personnage était un des trustees d'un legs fait en faveur du pasteur de Brixton.

Un Thomas Maynard, junior, est mentionné comme

un trustee, et Thomas Maynard, senior, comme l'un des témoins, dans une pièce en date du 26 décembre 1617 : et dans ce même document, Thomas Maynard junior est désigné comme étant « le fils et l'héritier apparent de Thomas Maynard l'aîné. »

Dans une autre pièce du 26 juin 1660, il est question de « Thomas Maynard, gentleman ».

Dans une autre, du 19 mai 1699, il est parlé de Thomas Maynard, l'aîné, de Harestone, (localité voisine de Sherford.)

D'après un plan de l'église de Brixton, de l'année 1638, on peut voir que les Maynards occupaient « les premières places de la synagogue ». (sic), c'est-à-dire une immédiatement derrière le ministre, et les deux sièges de devant du côté sud.

La famille Maynard jouissait dans le pays d'une réputation considérable. Un de ses membres, Sir John, qui fut un magistrat des plus considérés, et qui s'était maintenu dans ses hautes fonctions à travers des temps fort agités, de Charles Ier à Guillaume III, vécut jusqu'à un âge très avancé. On raconte qu'il fut présenté à ce dernier au moment où il débarquait sur le sol anglais. Sir John avait alors plus de 80 ans ; le roi lui dit : « Sans doute, Sir John, vous avez survécu à tous vos collègues contemporains dans la magistrature ! » — « Oui, Sire, répondit-il, et si votre Majesté n'était pas venue, j'aurais survécu à la loi elle-même ».

APPENDICE XIX

(Les trois notices suivantes nous sont communiquées pendant l'impression du volume).

I

Jean Oltramare, Prince d'Achaïe. (1)

Louis, duc de Bourbon, hérita de la Principauté de Morée (Péloponèse) de Marie de Bourbon, épouse de Robert de Sicile. Après la mort de Louis de Bourbon, en 1390, l'anarchie régna à un tel point dans le fief de Villehardouin que « Jean Centurione Oltramarino », pour assurer la sécurité de la navigation génoise, s'installa dans le château franc de Cala-

(1) Henri Belle. — « Voyage en Grèce ». Hachette, Paris 1878. — L'auteur confirme cette note historique comme suit : Chapitre LXII. « Histoire de Calamata ». — « Une principauté française en Orient » :

« Jean de Sicile céda ses droits sur la Morée, à son « frère Robert, qui avait pour femme Marie de Bourbon. « Marie, après avoir gouverné seule quelque temps la Prin- « cipauté, la transmit à son neveu Louis, duc de Bourbon. « L'ancien fief des Villehardouins fondé en 1204 par Geof- « froy de Villehardouin, seigneur champenois, demeurait « donc en mains françaises. C'était en 1390, au moment où « le nouveau prince de Morée se préparait à quitter Paris « pour aller prendre possession de son principat ; la dé- « mence du roi Charles VII, dont il était un des tuteurs, « et les dissensions dans la famille royale le retinrent, et « il mourut sans avoir pu se rendre en Grèce. Pendant ce « temps l'anarchie intérieure et le danger extérieur augmen- « mentaient. Les Génois finirent par s'emparer de l'automata (1) et prit le titre de « Prince d'Achaïe ». Les Oltramarino exercèrent les droits souverains sur ce fief jusqu'à la conquête de l'Achaïe par les Turcs. Ils y développèrent la culture du ver à soie dans l'intérêt de leurs fabriques de velours de Gênes, universellement réputées (2).

« rité et du titre de prince d'Achaie, et les Centurione s'ins-« tallèrent dans le Château de Calamata jusqu'au jour où « ils en furent, à leur tour, chassés par les Turcs ». « Le voyage en Grèce » de H. Belle a été publié dans le « Tour du Monde ». Voir : Volume 35. Pages 359 et suivantes 1878. (Il ne peut être question dans cette note que de « Jean Centurione Oltramarino », le vainqueur du Corsaire Catalan Gonzalo Ramirez en 1385 : le même qui commanda la flotte gênoise à Soria et à Tunis).

(1) Calamata est, après Patras, la ville la plus importante du Péloponèse, à un kilomètre et demi de la mer. Dans « l'église des Saints-Apôtres » on remarque des sculptures qui témoignent des différentes dominations qui se sont suivies : La fleur de lys de France, le blason de la maison gênoise des Centurione Oltramarino et l'aigle de Venise supporté par deux lions (Communiqué).

(2) La Grèce a été en Europe le berceau de l'industrie séricole et c'était elle seule qui fournissait jadis des tissus de soie, l'Occident et l'Orient, mais l'invasion musulmane arrêta tout essor et l'exportation même de la matière première fut suspendue. Quand les « Centurione Oltramarino » furent chassés d'Achaïe par l'invasion turque, ils stimulèrent l'élevage des vers à soie en Italie pour les besoins de leur industrie. La fabrication des tissus de soie passa de Gênes à Genève au 16e siècle lors des persécutions religieuses. « Antoine Centurione Oltramare », fils d'Augustin qui embrassa la doctrine de Calvin, se réfugia à Genève en 1580 et y exerça la profession de « teinturier de soie ». Cette industrie de la soie passa ensuite de Genève à Lyon et l'on connait le degré de prospérité qu'elle y a acquis (Communiqué).

II

Jean Oltramare et le Sire de Coucy. (1)

Jean Centurione Oltramarino, à la tête des forces gênoises, conduit en 1395 la guerre contre Galéas Visconti, duc de Milan, père de Valentine, duchesse d'Orléans. Un grand nombre de seigneurs et de chevaliers français passèrent en Italie pour se joindre à lui dans cette campagne, notamment « Enguerrand, Sire de Coucy », suivi de 300 lances et de 500 archers picards, afin de reprendre Savone et le comté d'Asti que le duc de Milan avait donné en dot à Valentine, et dont il refusait de remettre la possession à son gendre.(2)

III

Le Bleu d'outremer (3)

Tout le monde connaît cette teinte du bleu appelée vulgairement « bleu d'outremer », mais la véritable origine de cette expression a été perdue de vue, par-

(1) Il s'agit ici de Enguerrand VII, dernier Sire de Coucy, fils d'Enguerrand VI et qui succéda à la Seigneurie de Coucy en 1346. Il mourut en captivité le 16 février 1397 à Burse en Bithynie, prisonnier de Bajazet, Empereur de Constantinople. — (Voir « Histoire de la ville et des sires de Coucy » par E. de l'Epinois 1859).

(2) D'après Dom du Plessis. — « Histoire de Coucy », l'Alouète. — « Histoire généalogique de la Maison de Coucy », Enguerrand se rendit maître de Savone et du Comté d'Asti et fut rappelé en 1396.

(3) Communiqué.

ce qu'elle est déjà lointaine. On serait tenté de l'attribuer, à tort, à cette délicieuse nuance de mer qui baigne la côte d'Azur. Pour s'exprimer d'une manière étymologiquement exacte, on devrait la dénommer « Bleu d'Ultramarino », nom qu'elle a conservé presque intact en Allemagne sous le vocable de « Ultramariner Blau » (1). C'est, en effet, dans les fabriques de velours de Gênes des Oltramare, (Oltramarino, et Ultramarino par corruption), que ce bleu fut, pour la première fois, industriellement employé au XIVe siècle pour la teinture des soies ; de là cette appellation rappelant peut-être le nom de l'inventeur, mais sûrement celui de ses vulgarisateurs.

(1) Voir les ouvrages techniques allemands.

www.ingramcontent.com/pod-product-compliance
Ingram Content Group UK Ltd.
Pitfield, Milton Keynes, MK11 3LW, UK
UKHW022006170726
13837UKWH00001B/17